中国县域 脱贫攻坚案例研究

ZHONG GUO XIAN YU
TUO PIN GONG JIAN AN LI YAN JIU

人民至上的织金县实践

陆汉文　主编
织金县乡村振兴局　组编

中国文联出版社

图书在版编目（CIP）数据

中国县域脱贫攻坚案例研究 ：人民至上的织金县实践 / 陆汉文主编. -- 北京 ：中国文联出版社，2022.10
ISBN 978-7-5190-4982-9

Ⅰ. ①中… Ⅱ. ①陆… Ⅲ. ①扶贫－案例－织金县 Ⅳ. ①F127.734

中国版本图书馆 CIP 数据核字（2022）第 177227 号

主　　编　陆汉文
责任编辑　周　欣
责任校对　张　苗
装帧设计　麦　田

出版发行　中国文联出版社有限公司
社　　址　北京市朝阳区农展馆南里 10 号　　邮编　100125
电　　话　010-85923025（发行部）　010-85923076（编辑部）
经　　销　全国新华书店等
印　　刷　北京虎彩文化传播有限公司

开　　本　710 毫米 ×1000 毫米　1/16
印　　张　21
字　　数　215 千字
版　　次　2022 年 10 月第 1 版第 1 次印刷
定　　价　48.00 元

《中国县域脱贫攻坚案例研究：人民至上的织金县实践》

编 委 会

主　任： 杨　桦　徐开焱

副主任： 刘　利　陈昌海　安华国

编写工作组

主　编： 安华国　陆汉文

副主编： 冯桂林　顾海萍　何志松　郑贵仁
蔡志海　徐　佳　雷　默　罗　聪

成　员： 王梓娟　高　江　龙如平　郑娜娜
卢　飞　梁爱有　陈晓琳　高远欣
王朝阳

目　录

第一章　织金县情与贫困状况

织金古名比喇，是仡佬族的居地之一。南北朝时期彝族先民入居，自隋至明朝皆为自治之地。清康熙五年（1666）始建平远府治理，后降为平远州。民国初年改为平远县，后改为织金县。织金县隶属于贵州省毕节市，位于贵州省中西部、毕节市东南部，乌江上游支流六冲河、三岔河交汇处的三角地带，东邻清镇市、平坝县，南与安顺市西秀区、普定县接壤，西同六枝特区、纳雍县毗连，北与大方县、黔西县隔六冲河相望。县域面积 2868 平方公里，东西长 82.5 公里，南北宽 66 公里。县城东距省会贵阳 120 公里，南离安顺 87 公里，北至毕节 155 公里，是黔中经济区的重要组成部分和毕水兴能源资源富集区的规划区域，也是毕节试验区联结黔中经济区、滇中经济区和黔北经济协作区的重要节点。织金县辖 33 个街道乡镇（其中 7 个街道，16 个镇，7 个民族乡，3 个乡）、574 个村级行政区域（其中 331 个行政村，8 个社区，235 个居委会）、2566 个村民组。[①] 2019 年，全县计生常住人口 85.77 万人，县内居住着汉族、苗族、彝族、白族、布依族等 26 个民族，少数民族人

① 该数据为 2016 年织金县撤乡设镇后数据。

口 36.32 万人，占比 42.35%，是毕节市的少数民族人口大县。

织金是全国最大的竹荪制种、生产和贸易基地，清香型红托竹荪驰名中外，有“中国竹荪之乡”的美誉。织金素有“煤海磷都”之称，以煤磷矿为代表的矿产资源丰富，储量大、品位高。此外，织金历史悠久，文化丰富，风光秀美。苗族跳花坡、三眼箫等民族民间文化异彩纷呈。县域内有织金大峡谷、乌江百里画廊等 60 多处自然风景名胜，100 余处历史文化古迹。

第一节　自然条件恶劣的多民族贫困县

贫困与生态环境脆弱往往是共生的。全国 14 个集中连片贫困地区均在不同程度上受困于生态环境问题，或干旱缺水，或高寒阴冷，或山高坡陡、水土流失、灾害频繁。而其中，西南部喀斯特地貌区是最典型的生态脆弱区域之一。[①] 织金正处于这一地区，长期面临着生态环境脆弱带来的严峻挑战，人民群众过着吃不饱、穿不暖的穷困生活。奥斯特罗姆的“社会—生态系统”分析框架提出，生态系统与社会系统之间是持续互动的。织金县的贫困是脆弱的生态环境与人类活动长期互动的结果。特殊的自然条件限制了当地居民的农业生产活动。为了维持生计，织金人不断上山开荒，导致植被退化、水土流失，人地矛盾愈加尖锐，生态系统也愈加脆弱。恶劣的自然条件造成了织金县历史性贫困和生态环境退化，形成了自

① 李培林、王晓毅:《移民、扶贫与生态文明建设——宁夏生态移民调研报告》,《宁夏社会科学》2013 年第 3 期。

古以来积贫积弱的落后面貌。

一、贫困历史悠久的织金县

织金之贫困由来已久，积累千年，根深蒂固。织金所在地原属边陲要荒，山水怪险，山石遍布，田碎地竭，灾害不断，清代以前属自治之地，长期由土司统辖。世代居住在此的仡佬族、彝族、苗族等民族在恶劣的自然环境中艰难谋生，尽管勤耕不辍，仍过着穿草履，饭稗米，居草舍溪洞，无衾枕褥席的生活。[①]蛮荒穷困，地瘠民贫，延续数千年。后吴三桂平水西，方结束此地的土司统治。康熙五年（1666），始设郡县，诗书教化，改善民生。但明清年间西南动荡，大小战事不断，农民起义频繁，民生愈艰。至最近百年，织金虽未遭受战火侵袭，但山水阻隔，交通闭塞，始终未能勃兴工商业，改进农业生产技术。当地居民仍保持着延续千年的落后的生产生活方式，生活极度贫困。

20世纪80年代，织金县的贫困受到国家的高度重视。1985年织金县年人均纯收入不足150元，被列入首批国家级贫困县名单中。1988年全县贫困人口36.84万人，贫困发生率高达62.62%。[②]根据年人均纯收入低于80元、粮食低于100公斤为极贫困地区标准，当年全县极贫困地区人口占全县贫困地区总人口的81.2%。在

① （清）黄元治：《平远风土记》，载贵州省织金县地方志编纂委员会编《织金县志》，方志出版社1997年版。

② 中共织金县委、织金县人民政府：《毕节试验区发展纪实——织金三十年》，2018年。

1994 年《国家八七扶贫攻坚计划》中，织金再次位列贫困县。2001 年重新确定的 592 个国家扶贫开发工作重点县中，织金依然在列。2011 年国务院发布《中国农村扶贫开发纲要（2011—2020 年）》，织金成为乌蒙山集中连片贫困地区扶贫开发工作重点县之一。

二、生态环境脆弱的山区县

生态型贫困发生于生态脆弱地区，该区域生态系统处于失衡或失衡边缘的状态，地理自然禀赋较差。贫困户本身抵抗风险的能力较弱，脆弱的生态环境使得这类弱势群体极易陷入贫困。[①] 独特的喀斯特地貌与灾害频发的气象特点塑造了织金敏感脆弱的生态环境，成为织金人民长期深陷贫困的根本性原因。

织金地处黔西高原向黔中丘原盆地过渡地带，属乌蒙山区高海拔岩溶地区。地势西南高东北低，最高海拔 2262 米，最低海拔 861.5 米，相对高差 1400.5 米，主要地貌类型为中山地貌。喀斯特地貌发育明显，地表崎岖破碎，山高谷深，切割度大，碳酸盐类岩石约占总土地面积的 82%，岩溶丘陵、峰林、竖井、暗河、天窗、溶洞、天生桥等地质现象普遍。由于强烈的喀斯特作用，生态系统敏感性高，极易受到酸雨等干扰而发生退化。织金煤炭含硫量较高，燃煤后二氧化硫排放量较大，加上特殊的喀斯特地质特征使得二氧化硫难以扩散，极易形成酸雨，影响农业生产。

喀斯特地貌成土作用较弱，生成 1 厘米同等厚度的土壤需

① 黄金梓、李燕凌：《突发环境事件与生态脆弱性地区返贫风险防控》，《江西社会科学》2021 年第 4 期。

2000—3000年以上，是其他类型母岩成土时间的10倍。[①] 由于土壤缺乏过渡层且石灰岩大面积出露，在缺乏植被保护的情况下，稳定性差，受到外界干扰极易产生水土流失，造成土壤贫瘠化，土层厚度下降，甚至出现土地石漠化。20世纪70年代，当地居民毁林开荒严重，森林覆盖率低至8.3%。据1998年《织金县水土保持总体规划》显示，全县水土流失面积达1847平方公里，占土地总面积的66.4%。其中耕地面积流失891.43平方公里，占流失面积的48.3%。尽管2000年以来实施了坡耕地水土流失治理、石漠化综合治理、天然林保护工程等生态恢复的项目，2011年全县石漠化面积仍高达50%。研究显示，以酸雨生态敏感性、土壤侵蚀生态敏感性和石漠化生态敏感性三项指标来看，织金县属于生态极敏感地区。[②]

气候变化及突发气象事件对生态环境的恶化有重要影响，也给地方农业生产带来严重损失，进而导致贫困人群生存条件的恶化。织金县属北亚热带高原季风湿润气候。虽夏无酷暑、冬无严寒，但由于地处云贵高原东坡，沟壑纵横，气候差异较大，旱、涝、风、雹、虫、低温等灾害频繁，有“无灾不成年”之说。1950年至1990年，全县每年均不同程度地遭受各种自然灾害，受灾面积共1290.56万亩，造成直接经济损失共25814.36万元。1982年洪灾，全县死亡63人，粮食减产7500吨。1983年暴雨，12小时降雨

① 李仕蓉、张军以、周文龙:《基于农户视角的贵州喀斯特山区石漠化治理》,《贵州农业科学》2013年第10期。

② 张玉韩、侯华丽、沈悦、董延涛:《乌蒙山片区矿产资源开发功能分区及扶贫政策探索》,《资源科学》2018年第9期。

量达175.6毫米，冲垮房屋1224间，吹倒树木6486棵，垮塌公路9处、桥梁11座，淹没电站2座，死亡6人，当年不能恢复的田土9161亩。1985年旱灾，粮食减产8万吨，县境内水利设施大部分损坏，经济损失巨大。1967—2006年，共出现64次冰雹天气，平均每年出现1.6次，最多年份达到5次。[①]轻则致植物枝叶脱落，造成减产，重则颗粒无收。织金地处贵州省暴雨中心地带，年降雨量1436毫米，居全省第五位。暴雨多、强度大，山洪、泥石流灾害频发。1967—2006年共出现178次暴雨天气，平均每年出现4.5次，最多一年出现8次；大暴雨出现18次，平均每2年出现1次；特大暴雨出现4次。[②]2014年，受持续暴雨影响，织金县内多处发生山体滑坡和泥石流，导致道路损毁，列车停运，严重影响人民生产生活。

三、水土资源匮乏的农业县

农业是织金县的重要产业，高度依赖耕地资源和水资源禀赋。然而，织金县耕地资源短缺和水资源的匮乏多年来制约着农业经济的发展。

耕地资源短缺。耕地作为重要的物质资本，是农户生计的基本保障，规模效应是制约农业生产效率提高的重要原因。喀斯特地区

① 蒙成、张青富、黄世继:《浅析织金县农业气象灾害》,《贵州气象》2008年第6期。

② 蒙成、张青富、黄世继:《浅析织金县农业气象灾害》,《贵州气象》2008年第6期。

平坝耕地稀少、坡耕地比重大、地形破碎，可用耕地面积狭小。县域西部属黔西高原地带，占全县总面积的 40.4%，区内深沟、峡谷、槽谷交错，山高坡陡。东部地区属丘原、河谷地带，占全县总面积的 59.6%，区内岩溶发育灰岩分布广泛，沟谷深切、交错，坡地、丘陵地占 97.3%。当地居民为了实现山区农业利益最大化，不断地上山开垦，导致本就贫瘠多石的山地水土流失严重，土壤有机质含量降低，宜耕土地面积不断缩减。按照全国第二次土壤普查标准，全县一、二级好田好土仅占耕地总面积的 4.2%；养分中等但不易被作物吸收利用的三、四级田土占耕地总面积的 52.9%；五、六级田土占耕地总面积的 42.9%，多分布于山高坡陡，水土流失严重的地带，耕层浅薄，肥力低，排灌条件差，产量极低。土薄易旱、土壤有机质含量低，农民长久以来广种薄收，是制约织金农业发展的最大“内伤”。为改善这一状况，织金县近年来大力实施生态恢复工程，水土流失、土地贫瘠的问题得到一定改善，但这同时导致农民可耕土地缩减，耕地资源短缺问题更加凸显。2009 年，全县耕地面积 406.31 平方公里，仅占土地面积的 14.17%，低于全省平均水平。其中，15° 以上的坡耕地占耕地总面积的 49.82%，25° 以上陡坡耕地占耕地总面积的 17.87%。[①] 在全县 31 个乡镇中，除实兴乡、鸡场苗族彝族布依族乡等 4 个乡镇外，其他 27 个乡镇均分布有 25° 以上陡坡耕地，近半数乡镇陡坡耕地面积占比大于 20%，其中三塘镇和自强苗族乡陡坡耕地面积占比超过 50%，如表 1-1。[②] 2010 年，

① 织金县统计局：《2009 年织金县统计年鉴》，2010 年 8 月。

② 该数据为 2016 年织金县撤乡设镇前数据。

全县人均耕地面积仅为0.57亩。可见，织金县可用耕地严重不足，土地产出低，加之人口基数大、增长快，导致耕地人口承载量大，人地矛盾尖锐。

表1-1 织金县各乡镇耕地面积、25°以上陡坡耕地面积及占比

序号	乡镇	耕地面积（亩）	25°以上陡坡耕地面积（亩）	陡坡耕地面积占比（%）	序号	乡镇	耕地面积（亩）	25°以上陡坡耕地面积（亩）	陡坡耕地面积占比（%）
1	阿弓镇	27046	2990	11.06	17	中寨镇	12198	2380	19.51
2	八步街道	25586	1163	4.55	18	金龙乡	30005	6628	22.09
3	白泥镇	15352	1964	12.79	19	龙场镇	20658	5042	24.41
4	板桥镇	17658	1146	6.49	20	马场镇	17760	1410	7.94
5	茶店乡	21587	3061	14.18	21	猫场镇	25926	6293	24.27
6	大平乡	12818	0	0	22	纳雍乡	12681	3549	27.99
7	官寨乡	11295	1236	10.94	23	牛场镇	28061	5843	20.82
8	桂果镇	17272	5793	33.54	24	绮陌街道	16008	315	1.97
9	黑土镇	16141	5542	34.33	25	三甲街道	10021	409	4.08
10	后寨乡	13087	3106	23.73	26	三塘镇	24471	13842	56.56
11	化起镇	28678	5822	20.30	27	上坪寨乡	14309	125	0.87
12	营合乡	12690	3483	27.45	28	少普镇	27456	3200	11.66
13	鸡场乡	27163	0	0	29	熊家场镇	18563	6859	36.95
14	实兴乡	15005	0	0	30	以那镇	23108	7860	34.01
15	普翁乡	12252	0	0	31	自强乡	11480	6011	52.36
16	珠藏镇	26957	3859	14.32					

数据来源：2009年织金县统计年鉴。

工程性缺水严重。水资源总量丰富，但工程性缺水严重是喀斯特山区典型的水资源问题。织金降水丰富，多年平均降水量超 40 亿立方米，在毕节市九区县中仅次于威宁县，排名第二；从地表水资源来看，织金县多年平均年径流量超 20 亿立方米，在毕节市九区县中也排名第二。[①] 织金县河流总长 450.41 公里，平均每 1 平方公里有河道长 0.157 公里，年径流总量 23.23 亿立方米。然而，由于地质条件复杂，工程受益区分散，导致当地工程造价及供水成本高，投入远大于产出。政府和个人无经济能力支撑取水工程建设，由此造成缺水。

20 世纪 80 年代，全县人畜饮水普遍存在困难，缺水人口、牲畜比例达 50% 以上。喀斯特地貌地表保水能力和调控能力差，降雨很快沿裂隙、漏斗、落水洞及缺土缺林的坡面注入地下和深切河谷，水流以垂向运动为主。[②] 同时，诸多溶洞、地下暗河、漏斗状泄水口、落水洞等提高了修建水库的技术要求，增大了施工成本和难度，严重制约蓄水工程的建设，导致水资源的灌溉和供水能力严重不足。此外，喀斯特山区具有人居分散，土地零星分散，土薄易旱等特点，导致集中供水难度大，工程受益面积分散，经济效益差，投入远大于产出。由于上述原因，居民饮用水以分散供水方式为主，主要来源于封闭式水柜或者半封闭式水窖收集的未经任何处理的表层岩溶水、屋面收集的雨水以及桶装水，且有季节性缺水现

① 毕节市水利局:《毕节市水资源公报（2013 年）》。

② 朱文孝、李坡、贺卫、张燕、李怀珍:《贵州喀斯特山区工程性缺水解决的出路与关键科技问题》,《贵州科学》2006 年第 1 期。

象。广大农村群众日常生产生活用水在旱季需要到距离较远的蓄水设施或河流取水。当地流传着“雨季房上水，旱季跑断腿”“一日三担水，肩膀磨破皮”的说法。农业高度依赖水资源，由于农田水利工程配套不足，耕地有效灌溉面积小，严重制约农业发展。2013年，全县总耕地面积157.17万亩，有效灌溉面积为34.74万亩，有效灌溉率仅为22.10%。

四、多民族杂居的人口大县

在影响经济增长的因素中，人口是非常重要的因素。马尔萨斯学派认为，人类社会的资源是有限的，人口规模越大，可能导致经济增长越缓慢。[①]受到喀斯特地区山水阻隔的制约，织金当地信息闭塞，文化教育落后，非农经济发展缓慢，人口红利长期未能显现。而在少数民族生育文化的影响下，人口的快速增长与有限的自然资源之间的矛盾日益尖锐，成为降低社会整体福利水平，导致区域贫困的重要因素。

织金县居住着26个少数民族，人口较多的有苗族、彝族、白族、布依族、仡佬族、蒙古族、回族、水族等。2017年末，少数民族人口572915人，占总人口的46.41%，其中苗族131362人、彝族54598人、白族2875人、布依族22711人、其他少数民族330136人。县内设民族乡7个。苗族、彝族等少数民族历来有早婚早育、多生多育的宗教传统和文化习俗。尽管我国从20世纪70年代开始推行计划生育政策，但为了维护少数民族的稳定及繁衍，国家在民

① 李楠:《繁荣与贫困》，中国社会科学出版社2020年版。

族地区实行了相对宽松的计划生育政策。多生多育的文化习俗与相对宽松的生育政策造成了少数民族人口数量的迅速增长。在织金这样山多土薄、资源有限、各方面条件相对落后的民族县区，少数民族人口增长过快的问题更加突出，少数民族人口增速高于全县人口增速，使织金县形成人口基数大、密度高的基本县情。

20 世纪 80 年代之前，织金深陷“越生越穷”的恶性循环之中，高出生率、高死亡率的现象十分突出。1988 年，织金人口出生率高达 25.7‰，自然增长率高达 19.33‰。同年贵州省人口出生率为 16.60‰，自然增长率为 11.10‰；全国人口出生率为 15.40‰，自然增长率为 10.10‰。可以看出，无论是人口出生率还是自然增长率，织金都远高于贵州省和全国平均水平。直到第五次人口普查，织金县的人口数都处于上升趋势，如图 1-1。尽管第六次人口普查显示全县人口数量有所减少，但织金 108.6 万的户籍人口在全贵州省 88 个市县中仍排名第五。快速增长的人口使有限的土地上承载了过大的人口规模，塑造了织金县高人口密度的基本县情。织金县域国土面积占全省的 1.6%，人口却占了 2.26%。2010 年，织金县人口密度高达 273 人 / 平方千米，高于同年毕节地区 243 人 / 平方千米，是毕节地区人口密度最大县份，远高于贵州省平均人口密度水平。[①] 人口规模的大小，直接关系到资源消耗的快慢和环境保护的好坏。织金县较大的人口规模与人口密度，在一定程度上制约了地方经济社会的发展。

① 2011 年 10 月，经国务院批准，撤销毕节地区，设立地级毕节市。2011 年 12 月 27 日，原毕节地区行政公署正式撤销，毕节市人民政府挂牌成立。

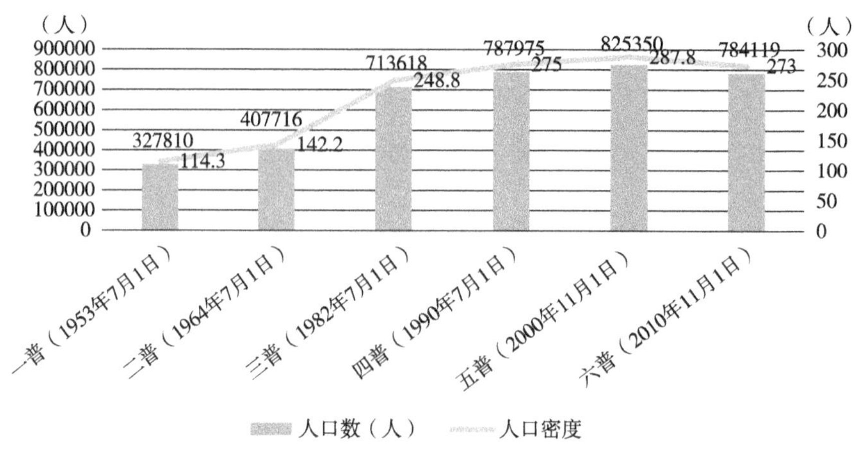

图 1-1　织金县六次人口普查人口数量、人口密度统计[①]

第二节　脱贫攻坚基期贫困状况[②]

巨大的人口负担与资源匮乏之间的尖锐矛盾，农村居民加大了上山开荒的力度，结果是水土流失严重，耕地条件恶化，陷入“越穷越垦，越垦越穷”的恶性循环。面对严峻的贫困问题，织金县认真贯彻落实党和国家的扶贫开发方针、政策，因地制宜地带领全县广大干部群众有计划、有组织、大规模地开展了扶贫开发工作，取得了一定成效，贫困状况得到了一定程度的改善。地区生产总值由 1988 年的 1.83 亿元上升到 2014 年的 136.4 亿元。贫困人口由 1988 年的 36.84 万人下降到 2014 年的 28.6 万人。然而，直到 2015

① 数据来源：《织金县志》、第五次全国人口普查数据、第六次全国人口普查数据。

② 基期指计算指数或发展速度等动态指标时，作为对比基础的时期。此处基期是指 2015 年脱贫攻坚正式开始前的时期。本书以织金县 2014 年的贫困状况来反映该县脱贫攻坚基期的贫困状况。

年《中共中央　国务院关于打赢脱贫攻坚战的决定》出台前夕，织金县的贫困状况仍不容乐观，与全国其他地区社会经济水平差距明显，实现贫困人口全面脱贫奔康的目标仍然任重道远。

一、县域贫困状况

织金县的贫困根源于生态环境的脆弱，表现为典型的生态型贫困。在恶劣的自然条件与当地居民社会经济活动的互动下，又形成了历史积累型贫困和发展乏力型贫困两个特点。受独特的自然地理条件的限制，织金千百年来延续着闭塞落后的社会样态，由此导致当地社会发育程度较低，经济发展乏力，表现为人力资本薄弱、市场化水平低、劳动分工单一、农民组织程度低等。横向来看，织金虽没有位列贵州省深度贫困县，但与毕节市的深度贫困县纳雍、威宁、赫章相比，在地区生产总值、人均生产总值等指标方面并没有明显优势，甚至有些综合指标落后于深度贫困县。与贵州省和全国平均水平相比较，经济社会发展更是差距悬殊，人民生活条件明显落后。可以说，织金县的贫困程度之深，脱贫工作之迫切，扶贫任务之艰巨，在全市乃至全省的脱贫工作中都备受关注。

地区生产总值落后。2008 年、2009 年织金县地区生产总值分别为 40.1 亿元、51.7 亿元，在毕节地区 7 个县中均排名第六位，仅高于赫章县。[①] 到 2014 年，尽管织金县地区生产总值增长至 136.4 亿元，但在毕节市 7 个县中仍排名第六，如表 1–2。可以看出，织

① 毕节地区 7 个县指大方县、黔西县、金沙县、纳雍县、威宁县、织金县、赫章县。

金县地区生产总值始终处于毕节市各县中较落后水平。

表 1–2　2014 年毕节市七县生产总值统计

县名	生产总值（亿元）
金沙县	187.5
威宁县	152.0
黔西县	149.3
纳雍县	148.7
大方县	147.9
织金县	136.4
赫章县	91.1

人均生产总值水平较低。较大的人口规模使人均生产总值不容乐观。2011—2014 年，织金县人均生产总值分别为 9487 元、11429 元、13711 元、17382 元，均低于毕节市平均水平，是贵州省平均水平的 60% 左右、全国平均水平的 30% 左右，如图 1–2。虽然全县地区生产总值在 2011—2014 年持续增长，但人均生产总值水平始终远低于全国其他地区。

2007—2010 年，织金县农村居民人均纯收入在全省 88 个县中排位落后，远低于全省平均水平，如表 1–3。2011—2014 年，织金县农村居民人均收入分别为 4029 元、4714 元、5421 元、6184 元，其中 2011 年、2012 年、2013 年，农村居民人均纯收入在毕节市九区县中排名均为第七位，低于毕节市平均水平。① 2014 年织金县农村居

① 2011 年、2012 年、2013 年数据为农村居民人均纯收入，2014 年数据为农村居民人均可支配收入。

民人均可支配收入是贵州省的 92.70%，全国的 58.96%，如图 1–3。

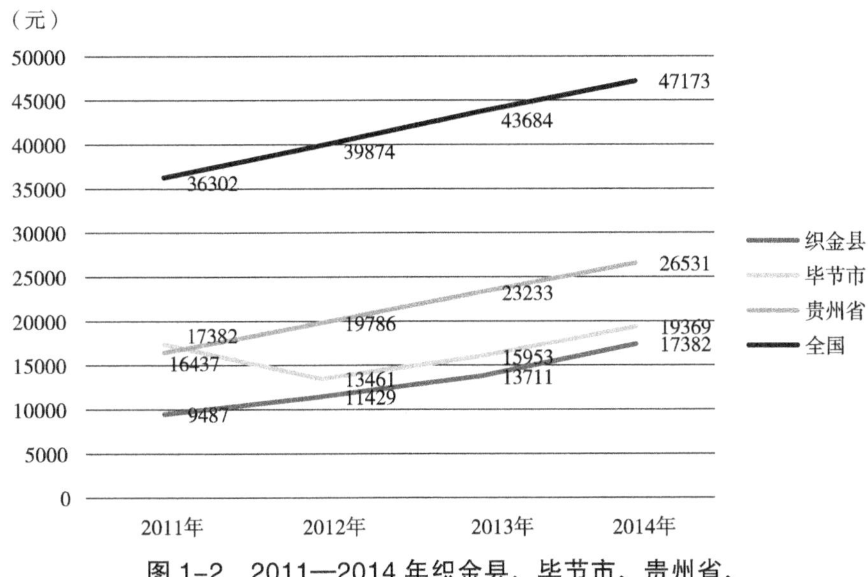

图 1–2　2011—2014 年织金县、毕节市、贵州省、全国人均生产总值变化曲线[①]

表 1–3　2007—2010 年织金县农民人均纯收入及在全省排位

年份	农民人均纯收入绝对数（元）	在全省位次
2007	2152	52
2008	2380	67
2009	2757	56
2010	3167	55

数据来源：2010 年织金县统计年鉴。

① 数据来源：国家统计局官方网站、贵州省宏观经济数据库网站、毕节市国民经济与社会发展统计公报（2011—2014）、织金县统计年鉴（2011—2014）。

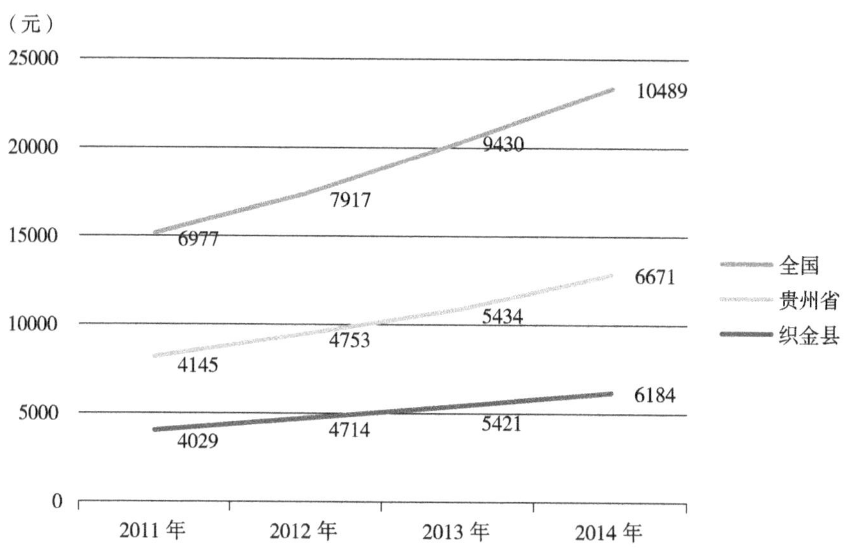

图 1-3　2011—2014 年织金县、贵州省、全国农村居民人均收入变化曲线[①]

2011—2014 年，织金县城镇居民人均可支配收入分别为 15275 元、19233 元、18756 元、20498 元，如图 1-4。2011 年，织金县城镇居民人均可支配收入在毕节市九区县中排第七位，2012 年、2013 年排第五位，均低于毕节市平均水平。2014 年，城镇居民人均可支配收入是贵州省城镇居民人均可支配收入的 90.91%，全国的 71.07%。2014 年全县城镇化率 35.8%，低于贵州省平均城镇化率 4 个百分点，远低于全国平均水平。

① 数据来源：国家统计局官方网站、贵州省国民经济与社会发展统计公报（2011—2014）、织金县国民经济与社会发展统计公报（2011—2014）。其中，织金县、贵州省 2014 年数据，全国 2013 年、2014 年数据为农村居民人均可支配收入，其余数据为农村居民人均纯收入。

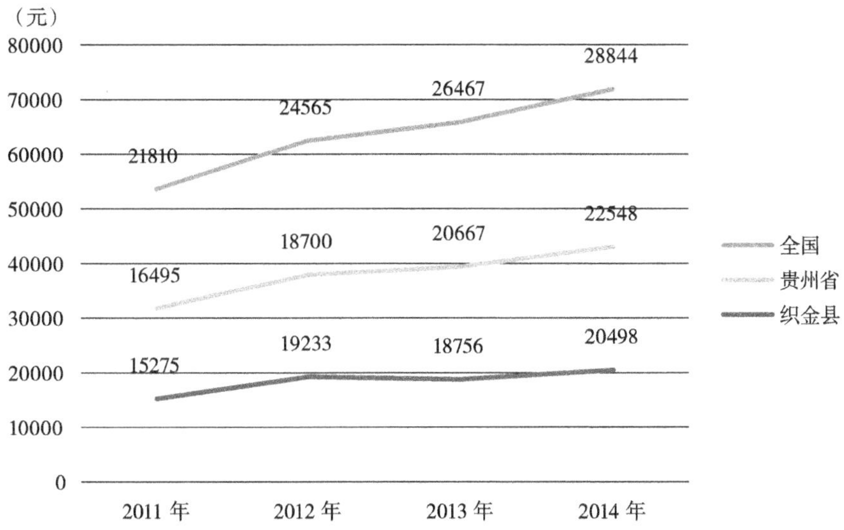

图 1-4　2011—2014 年织金县、贵州省、全国城镇居民人均可支配收入变化曲线[①]

可以看出，织金县整体经济发展水平明显滞后于全国其他地区，在毕节市排位也处于中等偏下，居民收入水平低于全国其他地区。广大农村居民的低收入情况严重制约了农业扩大再生产，导致县域农业整体停留在小、散、弱的水平。可以说，直到 2015 年脱贫攻坚开展前夕，织金的贫困状况没能得到根本性改变。

二、贫困村分布状况

织金县贫困村数量大，分布广。全县贫困村 333 个，占到行政村总数的 57.61%，且超三成贫困村的贫困发生率高于 30%。其中，深度贫困村 119 个，一般贫困村 212 个，深度贫困村占贫困村总数的 35.74%。

---

① 数据来源：国家统计局官方网站、贵州省宏观经济数据库网站、织金县统计年鉴（2011—2014）。

贫困村在全县各乡镇均有分布。由图 1–5 可以看出，全县 33 个乡镇（街道）均有贫困村分布。除去位于县城中心的惠民街道、双堰街道、文腾街道和金凤街道外，其余乡镇贫困村数量分布较均衡。其中，三塘镇、鸡场乡和少普镇的贫困村数量最多，为 15—17 个；剩下 26 个乡镇（街道）的贫困村数量均在 8—14 个。此外，贫困村的分布还受到地形变化和县域形状的影响。织金地形自西南山区逐渐过渡到东北盆地，地势西南高东北低，西南东北距离县城中心最远。贫困村分布亦表现出西南和东北方向数量较其他方向多，贫困人口也在西南和东北地区更为集中。集中连片贫困村多处山大沟深流急远离县城之地，基础设施条件薄弱，有货卖不出，有需买不进。鸡场乡、少普镇和三塘镇均位于县西南部，该地区山多坡陡，生态环境脆弱，农业发展条件不足，工业发展落后，且道路基础设施落后、交通通达度低，导致该地区贫困人口较多，贫困村分布集中。

就深度贫困村而言，数量最多的乡镇为阿弓镇、鸡场乡、大平乡和化起镇，均超过 10 个，显著多于其他乡镇（街道）。三塘镇、黑土镇、自强乡的深度贫困村数量次之，为 6—7 个。剩下的 26 个乡镇（街道）深度贫困村数量均不超过 5 个。深度贫困村数量较多的 7 个乡镇主要分布在县西南角和东北角，远离县城中心，交通通达度较低，贫困发生率较高。高贫困发生率的村庄也较为集中地分布在上述乡镇，例如贫困发生率超过 50% 的村庄多分布于阿弓镇和鸡场乡。

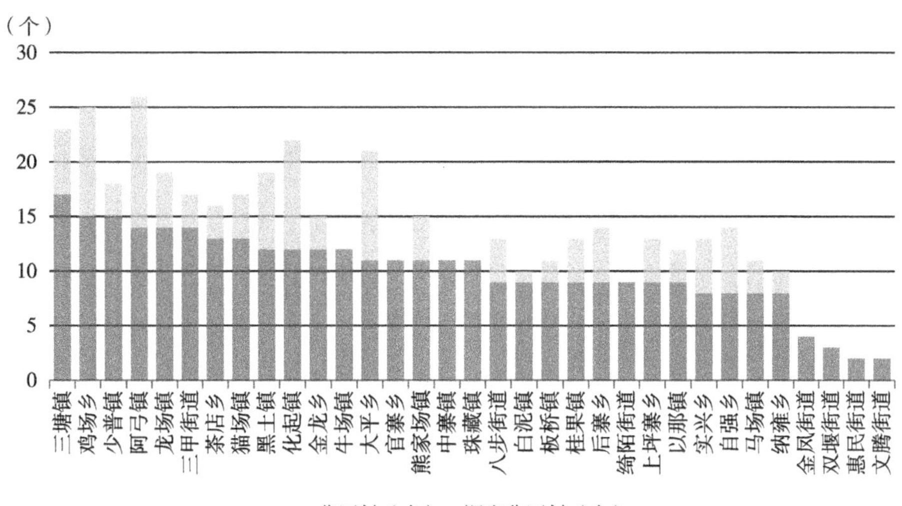

图 1-5　织金县各乡镇（街道）贫困村、深度贫困村数量统计

三、贫困人口状况

（一）贫困人口分布及结构

2014 年，全县建档立卡贫困人口 6.5 万户 28.6 万人，贫困发生率 27.15%。贫困人口遍布全县 33 个乡镇、街道。578 个村（居）中，有贫困户的行政村 568 个。贫困村贫困人口占全县建档立卡贫困人口的 60.51%，非贫困村贫困人口占全县建档立卡贫困人口的 39.49%，如图 1-6。[①] 织金县贫困人口主要分布在贫困村，但非贫困村贫困人口也占据了不小的比例。因此，除了对贫困村进行整体扶持外，也需要对非贫困村“插花”的贫困人口给予足够的关注。

从织金县建档立卡贫困人口的属性来看，低保贫困户 28962 户 73486 人，占建档立卡贫困人口的 25.60%；特困供养贫困户 1221

① 根据全国扶贫开发信息系统业务子系统 2020 年调整后数据计算。

户 1323 人，占建档立卡贫困人口的 0.46%；一般贫困户 34669 户 212236 人，占建档立卡贫困人口的 73.94%。[①] 由政府兜底保障的低保贫困户和特困供养贫困户占全县贫困户的四分之一左右。一般贫困户占到全县贫困户的近四分之三，是织金县贫困人口的主体。这说明织金县建档立卡贫困人口具有一定的发展潜力，脱贫攻坚初期主要面临的是发展型困境。

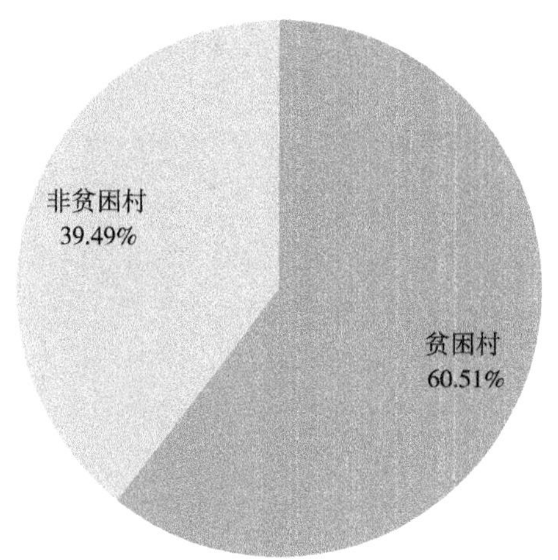

图 1-6　建档立卡贫困人口在贫困村和非贫困村的分布

（二）贫困人口的特征

一是发展资金短缺。美国经济学家拉格纳・纳克思的“贫困恶性循环”理论认为发展中国家的贫困主要是由于资本形成不足造成的。贫困地区人均收入低，可支配收入少，储蓄水平低导致资本形成不足，居民无法进行投资或者扩大再生产，如果国家和社会资本注入量不足，便陷入了贫困恶性循环中。对于织金县贫困人口来

① 数据来自全国扶贫开发信息系统业务子系统（2020 年）。

说，缺少资金用以投入生产是制约他们发展的主要因素。在全部建档立卡贫困户中，48.56% 的贫困户因缺资金而难以摆脱贫困，比例远高于其他致贫原因，如图 1-7。织金县农村居民人均纯收入可以间接说明贫困人口资金短缺的现实情况。2012 年织金县农村居民人均纯收入 4714 元，2013 年织金县农村居民人均纯收入 5421 元，两年均在毕节市九区县中排名第七，低于全市平均水平。织金农村居民人均收入在整个毕节市中处于较低水平，农村居民中的建档立卡贫困人口更面临资金缺乏的困境。无论是在生产资料、生产技术的投资方面，还是在子女教育、疾病救治方面，资金缺乏都严重制约了贫困人口摆脱恶性循环，实现扩大再生产的能力。

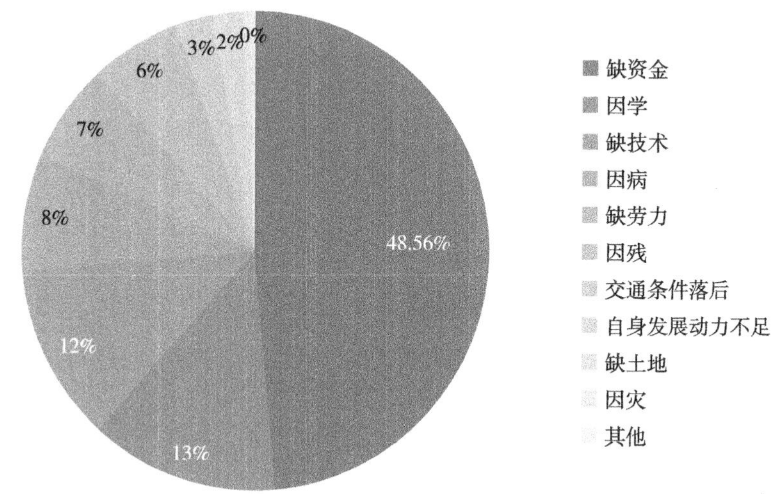

图 1-7　织金县贫困人口致贫原因分布

二是劳动技能匮乏。在全部建档立卡贫困人口中，普通劳动能力者 149706 人，占 52.2%；无劳动能力者 116644 人，占 40.6%；弱劳动能力或半劳动能力者 17448 人，占 6.1%；丧失劳动能力者

2610 人，占 0.9%；有技能的劳动力 632 人，占比最小，仅 0.2%，如图 1-8。就具有完全劳动能力的贫困人口来看，劳动力水平整体偏低，有技能的劳动力比例非常低。多数贫困劳动力只能依靠搬运砖石等体力劳动或除草等低技能劳动谋生，在劳动力市场中居于劣势地位。在无劳动能力、丧失劳动能力和弱劳动能力的 136702 人中，学龄前儿童及在校学生有 89328 人，占建档立卡贫困人口的 30% 左右；其余无劳动能力、丧失劳动能力和弱劳动能力人口有 47374 人，占建档立卡贫困人口的 16.5%。可以看出，贫困劳动力的生计压力较大，因缺乏劳动技能导致收入偏低，同时还要用微薄的收入承担起占贫困人口近一半的无劳动能力、丧失劳动能力和弱劳动能力人口的生活，支付学龄前及在校学生的教育开支，以及弱劳动能力、丧失劳动能力的成年人的医疗开支。图 1-7 显示，贫困户中由于缺乏技术致贫占的 11.99%，而沉重的教育负担导致 5831 户家庭深陷贫困泥潭。

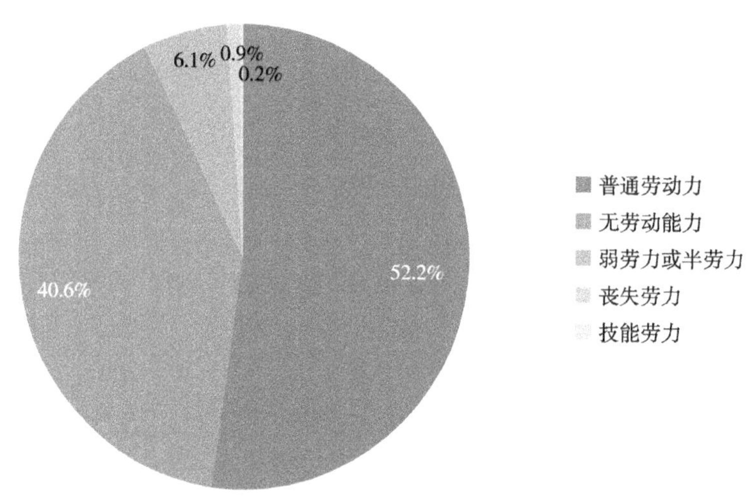

图 1-8　织金县贫困人口劳动能力结构

三是受教育程度偏低。从建档立卡贫困人口受教育程度来看，小学教育程度 81876 人，占 28.5%；初中教育程度 60215 人，占 21.0%；文盲或半文盲 37633 人，占 13.1%；高中教育程度 8810 人，占 3.1%；大专教育程度 5273 人，占 1.8%；本科及以上教育程度 3645 人，占 1.3%；学龄前儿童及在校就读学生 89588 人，占 31.2%，如图 1-9。整体来看，已完成教育阶段的贫困人口受教育程度低，受教育程度在小学及以下的占到 40% 以上。学龄前儿童及在校就读学生比重较高，未来贫困代际传递有望通过教育实现阻断，但目前存在贫困家庭子女教育负担较重的问题。受教育程度普遍较低导致群众劳动技能普遍偏低。同时，贫困户自我发展意识不强，思想观念落后，主动脱贫意愿不足，存在“等靠要”思想。全县贫困户中，有 1340 户因自身发展动力不足而致贫。

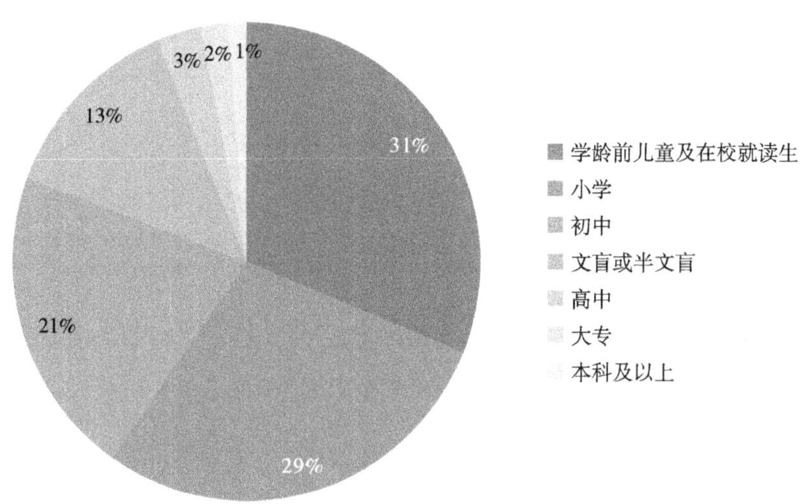

图 1-9　织金县贫困人口受教育程度结构

第三节　制约县域脱贫的主要因素

在开展脱贫攻坚行动以前，不仅需要厘清县域贫困状况，也需要结合经济、社会多方面因素，深入剖析织金县多年来难摘“穷帽”的根源。在此基础上科学合理地制定脱贫攻坚的总体布局、战略规划，方能精准高效地打赢脱贫攻坚战。作为人口众多的喀斯特山区贫困县，织金存在着产业发展乏力、水利交通基础设施欠账多、人力资本薄弱等劣势，制约着织金县脱贫的步伐。

一、产业发展乏力

地区农业和工业发展水平是决定区域经济发展的重要指标。农业是农村经济的基础，农业增长对于减少农村贫困具有直接作用。一般而言，农业经济增长释放大量劳动力，为工业经济和城镇化的发展提供人力资源。而对于织金县来说，农村劳动力大量外流的主要原因并非农业增长释放剩余劳动力，而是城镇化对贫困地区劳动人口的吸纳效应所致。其结果是农村劳动力的流失对农业经济发展造成冲击，大部分地区的农业生产仍保持着落后的技术，农业经济发展缓慢。工业部门生产率的增长对于农村地区脱贫能够产生渗透效应，在创造非农就业机会，改善农民生活水平，为农业注入高效生产方式和要素、促进区域经济跃升等方面发挥重要作用，对于减少农村贫困具有间接作用。然而，尽管织金县蕴藏着丰富的矿产资源，但始终未能转化为工业产业优势，工业产业面临着效益低下、市场疲软、转型困难、发展乏力等多重困境，难以为脱贫事业发挥引领带动作用。

（一）农业产业效益低下

农业是织金县的重要产业。从农业从事人口来看，根据第六次全国人口普查数据显示，全县 16 岁及以上从事农业生产的人口占比 61.83%，高于毕节地区 58.98% 的平均水平。从农业在三次产业结构中的比重来看，2009 年，农业在三次产业中的比重为 24.26%。与贵州省和全国平均水平相比较，织金县第一产业的比重高于贵州省约 10 个百分点，高于全国水平约 14 个百分点，如表 1–4 所示，这说明县域经济对农业的依赖相对较高。尽管通过产业结构的持续调整，农业在三次产业结构中的比重持续下降，但从农业从业人员的比例和农业对地区经济贡献来看，农业产业效益低下问题依然突出。到 2013 年，仍有 50% 左右的劳动力在从事农业生产，但农业创造的增加值只有全县生产总值的约 18%。从农村居民家庭收入来看，到 2014 年，以种养业为主的家庭经营性收入仍为农村居民收入的重要组成部分，占到家庭总收入的 42.93%。农村家庭收入对农业的依赖性较大，如表 1–5。低效农业产业不仅难以为地区经济发展提供长足支持，而且难以成为农村居民脱贫致富的动力，在某种程度上甚至成为制约发展和脱贫因素。究其原因，是农业产业对传统种植业和畜禽业依赖性较大，在有限的自然条件下固守低效益粮食作物生产，产业规模小、发展慢、效益差且组织化程度低，缺乏有带动能力的龙头企业及配套的精深加工。

表 1-4　2009 年织金县、贵州省、全国三次产业结构比重

	第一产业（%）	第二产业（%）	第三产业（%）
全国	10.6	46.8	42.6
贵州省	14.2	37.9	47.9
织金县	24.3	33.1	42.6

数据来源：2009 年织金县统计年鉴。

表 1-5　2011—2014 年织金县农村居民人均可支配收入结构比重变化

年份	2011	2012	2013	2014
工资性收入（%）	44.56	46.55	47.48	46.93
经营性收入（%）	50.55	48.82	45.28	42.93
财产性收入（%）	0.12	0.13	0.76	1.44
转移性收入（%）	4.77	4.50	6.47	8.70

数据来源：织金县统计年鉴。

2009 年织金县农业、林业、牧业、渔业、农林牧渔服务业的产业结构为 57.47 : 0.49 : 40.08 : 0.34 : 1.62。织金农业对种植业和畜禽业依赖性较大，种植业比重超过 50%，林业、渔业和农林牧渔服务业的发展明显不足。从农业主要产品来看，尽管全县种植的粮食作物、经济作物、蔬菜、果树、绿肥以及中药材等有 117 个种类，500 多个品种。但畜禽业仍以猪、牛、羊、鸡、鸭等传统畜禽为主，种植业仍以玉米、水稻、洋芋等传统粮食作物为主，其中玉米产量最大，如表 1-6 所示。

在织金，粮食生产和畜禽养殖仍然在很大程度上保持着小规模家庭经营的方式。分散的小农经营在与市场衔接时不仅缺乏规模优势，而且受到销售渠道的制约，产品增值被中间环节分享，处于末端的小农户难以获得高经济收益。织金县农产品加工业落后，仅有的农产品加工多为技术含量低的初级加工，没有形成高附加值的农产品生产链。在缺乏有带动能力的龙头企业、基地以及配套的精深加工的情况下，传统粮食作物生产的经济效益低下，对农村居民收入增长贡献微薄。

表 1-6　2009 年织金县种植业主要产品产量

指标名称	计量单位	绝对数
粮食	吨	382661
其中：玉米	吨	157986
稻谷	吨	57867
小麦	吨	36386
洋芋（折粮）	吨	96337
油料	吨	10198
其中：花生	吨	166
油菜籽	吨	9976
烤烟	吨	5934
蔬菜	吨	68741
大豆	吨	14113
水果	吨	935
茶叶	吨	68

（二）工业产业经济带动能力不足

织金县工业主要以传统能源型产业为主。织金矿产资源丰富，已探明储量的矿产资源有 20 多种，主要矿产资源包括煤、磷、大理石、重晶石、硫铁、铝土、铅锌、硅石、方解石等。其中，煤炭占全部资源的60%。全县共有乡镇煤矿100多处，优质无烟煤储量129亿吨，占贵州省总储量的20%以上；磷矿储量13.48亿吨，占贵州省总储量的54.4%。原煤开采是县域支柱性产业。然而，受到生态条件、交通建设和区域经济水平等多重因素的影响，织金的资源优势没有转化为产业优势，全县缺乏大的产业支撑，工业发展层次始终处于较低水平，在推动经济增长、摆脱地方贫困方面难以发挥强有力的带动作用。

工业经济总量小，对区域经济贡献不足。规模以上工业在2004年以前发展缓慢，产值总量小。1978年织金县工业总产值仅为1392.24万元，2005年至2010年县域工业经济才开始起步。2012年，织金2000万元以上规模工业增加值和500万元以上规模工业增加值分别为114859万元和155367万元，在毕节市九区县中均排名第七位。[①]到2016年，织金工业经济仍处于初级阶段，规模以上工业增加值仅占毕节市十区县的7.8%。七星关、金沙、纳雍规模以上工业增加值均高于织金，织金规模以上工业增加值仅大于威宁、赫章、百管委。[②]

工业过度依赖重工业，支柱产业下行压力大。全县重工业45户，轻工业9户。轻工业在工业企业中所占份额较小，仅占到织金县规模以上工业总产值的11.8%。[③]规模以上工业产品库存量大，

① 参见《毕节市2012年国民经济和社会发展统计公报》。

② 参见《织金县规模以上工业经济发展现状调研报告》。

③ 参见《织金县规模以上工业经济发展现状调研报告》。

主要有原煤、水泥、水力发电等，原煤产值占全部工业产值比重一直在 90% 左右浮动。在全球煤炭交易市场疲软的大环境下，织金原煤开采受到极大冲击，产销量疲软致 2014 年煤炭税费减少了三成。加工链条短，科技含量低导致重工业企业抵御市场风险的能力弱，产销率仅为 80%。受到较强下行压力的影响，煤炭企业出现利润下滑、待产、停产现象，大工业用电量、增值税等平衡指标都受到了不同程度的影响，进而导致就业岗位的缩减和带动辐射周边经济的能力下降。

二、交通和水利设施落后

基础设施是发展的关键。贫困地区的农村劳动力由于受信息流通、山水地形等因素的限制，从事非农就业的机会受到制约。农民收入严重依赖于农业的这一事实又加剧了贫困地区农户对基础设施的依赖，尤其是对水利、电力、道路等基础设施的需求。理论和经验表明，基础设施的建设对经济、社会发展有着重要的作用。道路等设施对于生产要素的配置、农产品流通、竞争性市场的形成都十分关键，影响着整个区域乃至更大范围内社会资源的合理有效配置。[①] 受喀斯特地质地貌条件的限制，织金长期以来在交通、水利基础设施方面欠账多，成为制约县域经济，特别是农村经济发展的瓶颈。

一是道路运输网络建设滞后。织金多山石，受山多坡陡的喀斯

① 刘晓昀、辛贤、毛学峰:《贫困地区农村基础设施投资对农户收入和支出的影响》,《中国农村观察》2003 年第 1 期。

特地貌影响，道路交通建设难度大，成本高。较为落后的县域经济难以支撑完善的交通网络建设，导致广大农村地区交通设施落后。20 世纪 50 年代流传着这样的说法，“出门靠双脚，人背又马驮，崎岖羊肠道，绕岭又翻坡，过河绕道走，苦累难言说，区区百里路，日出到日落”。1988 年，全县公路通车里程仅 467.9 公里，其中省养公路 2 条长 159 公里，县养公路 7 条 199 公里，乡公路 7 条长 87.9 公里，旅游公路 1 条长 22 公里，均为泥结碎石路面，建设标准低，抗灾能力弱，安全隐患大。尽管通过近二十余年的努力，道路交通基础设施完成了“从无到有”的建设，但道路等级低，管理维护不良，易受自然灾害影响而损毁。暴雨、泥石流等气象灾害常常冲毁山路，对农村居民的出行造成极大影响。物资进出全靠人背马驮，即便是在距乡镇县城较近的村庄，农户售卖农产品也只能步行，清晨出发，往往要到中午才能到达邻近乡镇市集。2009 年，全县 542 个村仅有 286 个村建成通村公路。2010 年，全县尚未实现乡乡通油路。直到 2012 年全县仍未通铁路和高速公路。2013 年黄织铁路和清织高速公路的开通运营，才使织金告别了无客运火车和无高速公路的历史。由于交通基础设施的落后，织金丰富的矿产资源、旅游资源得不到充分开发利用，各种农产品不能产生应有的经济效益。交通网络建设的薄弱，成为制约织金发展的最大瓶颈。

二是水利设施建设滞后。县域内骨干水利工程少，缺乏中小型水库。引、蓄、提灌溉工程设施不配套，已建水利工程年久失修、管理不善。20 世纪 50—70 年代建成的杠坝、滥坝等 7 座小型病险水库因年久失修、缺乏管理而难以发挥农田灌溉、农民饮水、农民消防等功能。小型农田水利工程少，农田水利工程重水源轻引水，渠道和渠系建筑物少建或不建，渠系配套不完善，配套率低，渠道渗漏、淤积严重，渠系水利用系数和灌溉水利用系数普遍偏低。①在农田水利工程管理中，缺乏节水意识，已建节水工程的节水效益大打折扣，灌溉用水浪费问题突出，灌溉水利用率仅为30%左右。②

缺乏农村安全饮用水保障设施，农村居民存在健康风险。织金县广大农村地区以分散式供水为主，农村居民饮用水主要来源于表层岩溶水、屋面收集的雨水以及桶装水，并有季节性缺水现象。由于缺乏相应的安全饮水保障设施，居民日常生活用水暴露在无保护的环境中，极易受到有机物和微生物的污染，威胁农村居民的健康。2010年以前，全县农村饮水不安全人口为59.66万人，占全县总人口的61.2%。饮水安全缺乏保障直接影响劳动力的身体素质，人口素质进一步影响了区域经济社会的发展。

三、人力资本薄弱

人口因素对经济增长的影响不仅在于人口规模的大小，更在于人口质量的高低。高质量的人口可以提供更多的劳动力和人力资本，从而提高知识存量，增加最终产出和社会财富。人力资本是科

① 张玉贤:《织金县农田水利建设规划概况及运行机制》,《现代农业科技》2011年第23期。

② 张玉贤:《织金县农田水利建设规划概况及运行机制》,《现代农业科技》2011年第23期。

技进步和经济发展的基础之一，尤其是劳动适龄人口的素质更与经济发展有直接关系，一定质量的劳动人口是经济发展的最基本要素。人口质量包括两个方面，一是健康程度，二是受教育程度。织金县积贫积弱的历史以及特殊的自然生态环境影响了当地居民的健康水平。营养不良、食物匮乏以及地方性疾病长期困扰着农村居民。同时，由于历史和地理等原因，织金直到清代才受到中原文明的影响，这导致当地的教育观念落后，教育发展滞后，人口素质偏低，人才匮乏等问题。

教育落后是导致人力资本薄弱的直接原因。基础教育方面，到2009年，织金全县虽然基本普及了九年义务教育，但义务教育发展仍处于低水平阶段，许多指标处于"临界点"上，落后于全国和西部的平均水平。13—15周岁适龄少年初中阶段辍学率较高，为2.24%。高中阶段毛入学率仅为39.12%，低于毕节全区的42.14%和贵州省的51.9%的平均水平。师资力量薄弱，教师队伍总量不足，乡镇学校和农村教学点教师缺编严重；教师学科结构严重不平衡，英语、音乐、体育、美术等学科专业教师极其缺乏；教师专业素质参差不齐，教学能力整体不高，新进教师专业不匹配，学科知识结构不完整，教学质量难以保障。2009年，全县小学初中教师有5%以上学历不合格；以小学生师比22：1、初中16：1计算，全县尚差小学教师2411人、初中教师1734人。[①] 职业教育体系不健全，教育力量薄弱。2004年，织金将原织金县委党校、织金县技工学校、

① 参见《织金县中长期教育改革和发展规划》。

织金县职业技术高级中学、织金县卫生职业技术中学、织金县农业广播电视学校等五校合并为“织金县培训中心”，负责全县职业教育和部分成人教育，但教育对象主要是机关、企事业单位的干部和职工。全县仅有2所职业高中，在校生1639人，普职在校生比为7.2∶1，远远落后于毕节地区的2∶1。[①]

人力资本薄弱主要表现为以下三个方面。一是人口受教育水平普遍偏低。第六次人口普查显示，常住人口中受教育程度为大专及以上的人口总数为16073人，占比仅2.05%。常住人口中每十万人拥有大专及以上教育水平的人口为2050人，此项指标在全市仅高于威宁县，远远低于同期全国8930人的平均水平。全县文盲人口为96007人，占15岁以上人口比重17.49%，高于毕节地区15.99%的平均水平。受传统宗教文化观念影响，学龄儿童失学率较高，特别是女童入学率低、流失率高。全县男女文盲比例严重失衡，女性文盲比重大。全县男性文盲29331人，占15岁及以上人口比重为10.43%，女性文盲66676人，占15岁及以上人口比重为24.91%，高出男性近15个百分点。二是地方病影响人口身体素质。织金县煤炭储量丰富，原煤开采产业为县域支柱性产业。但该地区煤炭含氟量大，由于缺乏有效的粉尘隔离、污染处理等措施，导致当地土壤中含氟率高，居民极易受到土壤、水源等环境影响而罹患地氟病。20世纪初，织金县成为我国地氟病发病率最高的地区之一。地方性疾病一定程度上影响了当地劳动力素质。三是劳动力大量外

① 参见《织金县中长期教育改革和发展规划》。

流，本地人才流失严重。2014 年全县乡村人口数 87.1 万，其中外出人口 22.5 万；乡村劳动力 67.5 万，其中外出劳动力 15.4 万。受到大城市推拉效应影响，大量本地培养的人才流向外地，导致本地劳动力中高素质人才短缺，人才断层现象严重。

第二章　科学谋划：脱贫攻坚总体部署与资源投入

自全面打响脱贫攻坚战以来，党中央和国家高度重视脱贫攻坚工作，把脱贫攻坚作为全面建成小康社会的底线任务和标志性指标，谋划出台一系列重大政策部署。在党中央、国务院决策部署和习近平总书记扶贫重要论述指引下，织金县牢固树立以人民为中心的发展思想，切实增强政治意识、大局意识、核心意识、看齐意识，以国家顶层设计为根本遵循，始终把脱贫攻坚作为重大政治任务和第一民生工程，积极践行"科学治贫、精准扶贫、有效脱贫"工作理念，不断探索符合自身脱贫实际的政策部署，汇聚各方资金和人力资源，多措并举扎实推进脱贫攻坚战，谱写了新时代织金县高质量发展的新篇章。

第一节　脱贫攻坚总体部署

县域在国家行政体制中处于"上传下达"的位置，既要贯彻落实国家、省、市（州）的政策部署，又要做好县和乡（镇）层面的政策安排。因此，县域层面的脱贫攻坚是一项复杂的系统工程，须根据国家和省市相关政策要求，把准“方向标”；还要结合县情进行科学的总体部署和具体安排，充当“指挥部”。织金县在脱贫攻坚期间，始终坚持以党中央和国家战略部署为根本遵循，聚焦贵州省“4541”战略和毕节市“113 攻坚战”，按照织金县脱贫攻坚“44514”工作思路对全县脱贫攻坚的薄弱环节和重点环节进行布局。

一、总体思路

（一）以党中央和国家战略部署为根本遵循

党的十八大以来，习近平总书记将扶贫工作摆在治国理政的突出位置，高瞻远瞩地提出了一系列新理念、新思想、新战略，深刻地回答了脱贫攻坚的一系列重大理论和实践问题，为打赢脱贫攻坚战提供了行动指南和根本遵循。2018 年 6 月，中共中央、国务院出台了《关于打赢脱贫攻坚战三年行动的指导意见》，明确了打赢脱贫攻坚战三年行动的总体要求，要求集中力量支持深度贫困地区脱贫攻坚，强调加大产业扶贫力度、深入推动易地扶贫搬迁、着力实施教育脱贫攻坚行动、深入实施健康扶贫工程、加快推进农村危房改造等行动，加快补齐贫困地区基础设施短板，确保贫困人口不愁吃、不愁穿；保障贫困家庭孩子接受九年义务教育，确保有学上、上得起；保障贫困人口基本医疗需求，确保大病和慢性病得到有效救治和保障；保障贫困人口基本居住条件，确保住上安全住房。党中央和国家的战略部署成为织金县脱贫攻坚的根本遵循。

（二）以贵州省脱贫攻坚“4541”战略为指引

贵州省全面落实党的十八大和十八届历次全会精神，深入贯彻习近平总书记系列重要讲话和全省扶贫开发大会精神，深刻领会“扶贫开发是社会主义的本质要求”“农村贫困人口脱贫是全面建成小康社会最艰巨任务”“扶贫开发要坚持发挥政治优势和制度优势”等重要论述，紧紧围绕“五位一体”总体布局和“四个全面”战略布局，根据中共中央、国务院出台的《关于打赢脱贫攻坚战三年行动的指导意见》，制定了《中共贵州省委　贵州省人民政府关于深入实施打赢脱贫攻坚战三年行动发起总攻夺取全胜的决定》，形成了脱贫攻坚“4541”战略，即全力打好脱贫攻坚“四场硬仗”①，深入开展扶贫领域突出问题“五个专项治理”②，实施“四个聚焦”③主攻深度贫困地区，深入推进一场振兴农村经济的深刻的产业革命。

（三）以毕节市脱贫攻坚“113攻坚战”为指导

2016年12月中国共产党毕节市第二次代表大会明确提出，未来五年全市将紧密围绕“坚持三大主题，建设四个高地、打造改革

---

① 毕节市脱贫攻坚“4541”战略中的“四场硬仗”为全力打好以农村“组组通”硬化路为重点的基础设施建设硬仗、全力打好易地扶贫搬迁硬仗、全力打好产业扶贫硬仗、全力打好教育医疗住房“三保障”硬仗。

② 毕节市脱贫攻坚“4541”战略中的“五个专项治理”为深入开展贫困人口漏评错评专项治理、深入开展贫困人口错退专项治理、深入开展农村危房改造不到位专项治理、深入开展扶贫资金使用不规范专项治理、深入开展扶贫领域腐败和不正之风专项治理。

③ 毕节市脱贫攻坚“4541”战略中的“四个聚焦”主攻深度贫困地区为扶贫资金向深度贫困地区聚焦、东西部扶贫协作向深度贫困地区聚焦、基础设施建设向深度贫困地区聚焦、帮扶力量向深度贫困地区聚焦。

发展升级版”的发展定位，聚焦“创新发展、同步小康”这一宏伟目标，突出“大党建”这一统领，围绕“大扶贫、大安全、大发展”三个重点，坚决打赢“113 攻坚战”。随后，毕节市委制定市级领导必到乡（镇）、县级领导必到村（社区）、乡镇领导必到组、村干部必到户的“四到工作制”，率领全市干部群众热情如火地投入到“113 攻坚战”之中。毕节市这一重大决定为织金县的经济社会发展奠定了发展基调、指明了前进方向、汇入了新鲜血液，明确脱贫攻坚、同步奔小康的根本路径与基本方略。

（四）以“44514”工作思路找准脱贫致富方向

织金县紧扣“一达标两不愁三保障”目标，聚焦“创新发展、同步小康”这一宏伟目标，突出“大党建”这一统领，围绕“大扶贫、大安全、大发展”三项重点，形成全面打赢脱贫攻坚战的“44514”工作思路，即建立健全总攻指挥体系、总攻作战体系、总攻巡查体系、总攻问效体系“四个体系”，全力打好基础设施、教育医疗住房“三保障”、易地扶贫搬迁、产业扶贫“四场硬仗”，扎实开展扶贫资金管理使用不规范、驻村帮扶不扎实、政策落实不到位、扶贫协作有差距、攻坚打法不精准治理“五个专项治理”，深入推进“一场振兴农村经济的深刻的产业改革”，全面凝聚东西部扶贫协作、定点帮扶、企业帮扶、社会帮扶“四类帮扶”合力，全县各族干部群众尽锐出战、奋勇搏击，充分发挥政治优势和制度优势，坚持精准扶贫、精准脱贫基本方略，强化落实责任，推进改革创新，采取超常规措施，拿出过硬办法，增加贫困人口收入、提高贫困人口素质，举全县之力坚决打赢扶贫攻坚战。

二、重点部署

（一）全力打好“四场硬战”

由于历史、地理和资源等众多因素，织金县的基础设施、教育医疗住房“三保障”、易地扶贫搬迁和产业发展等方面存在天然短板，是全县脱贫致富的屏障，对实现“两不愁”也形成了时代压力与困惑。为此，织金县委、县政府紧紧围绕全县脱贫攻坚的战略部署和短板弱项，重点在教育医疗住房“三保障”、饮水安全、基础设施和产业扶贫等方面进行部署，集中力量攻克短板弱项，补足发展短板。始终把打好“四场硬仗”作为落实精准扶贫、精准脱贫基本方略的具体举措。

1. 打好基础设施硬仗。一是全面推进农村“组组通”公路建设。按照“不搬迁的村寨要通公路、不能通公路的村寨要搬迁”的要求，高质量、高标准打好以农村“组组通”公路建设为重点的基础设施建设硬仗，确保 2018 年底完成省下达计划 1236 条 1313.828 公里的建设任务，实现 30 户以上自然村寨通硬化路目标。2019 年实施 10 户以上 30 户以下自然村寨农村“组组通”公路 1658 条 962.632 公里，确保 2019 年底实现通村通组路硬化全覆盖并投入使用。二是全面推进“两个硬化”建设。严格按照贫困人口脱贫、贫困村出列和贫困县减贫摘帽目标任务及时限要求，2018 年 11 月底前完成连户路硬化 50405.6 米、院坝硬化 22463 平方米，2019 年 1 月 30 日前完成所有建档立卡贫困户（含已脱贫户）、非贫困户中未完成连户路及院坝硬化农户的摸底排查及安排部署工作，确保 2019

年底实现连户路及院坝硬化全覆盖并投入使用。三是全面推进农村饮水安全工程建设。深入开展饮水安全问题大排查、大整改，全面完成农村人口安全饮水工程建设，加快实现集中式供水工程或小水窖建设到户，落实供水管网延伸、改造、配套等措施，完善工程长效运行管护机制，切实提高饮用水水源保护和水质保障，2018 年 11 月底前完成管引建设 4773 户、水窖建设 998 户，2019 年 1 月 30 日前完成所有建档立卡贫困户（含已脱贫户）、非贫困户中未实现安全饮水农户的摸底排查及安排部署工作，确保 2019 年底全面完成 27.78 万建档立卡贫困人口在内的农村人口饮水安全短板补齐工作。四是全面推进电、讯等其他乡村基础设施建设。加大农网改造和网络通信设施建设升级力度，提高供电和网络通信智能化水平，实现农村动力电、行政村光纤网络、4G 网络、物联网网络、30 户以上自然村 4G 移动信号全覆盖。

2. 打好教育医疗住房“三保障”硬仗。在教育保障方面，进一步加强义务教育阶段控辍保学工作，开设“绿色通道”保障贫困学生无障碍入学就读，严格执行控辍保学“双线”责任制和“七长”工作制，对贫困学生实行台账化管理，坚决杜绝义务教育阶段的农村贫困家庭学生因贫辍学。加大教育扶贫资助和“绿色通道”政策宣传力度，落实好相关免补资助政策，确保实现建档立卡贫困家庭高中（中职）及以上在校生教育资助全覆盖。在医疗保障方面，严格执行国家健康精准扶贫政策，完善新型农村合作医疗补偿机制，保障贫困人口享有基本医疗卫生服务。全面落实建档立卡贫困人口参合率达 100% 的要求，深入贯彻落实健康扶贫医疗保障救助政策。

对新型农村合作医疗和大病保险支付后自付费用仍有困难的，加大医疗救助、临时救助、慈善救助等帮扶力度，将贫困人口全部纳入重特大疾病救助范围。加强农村环境卫生整治工作的督查考核，确保整治工作落实到位，有效解决村居环境脏、乱、差等突出问题。在住房保障方面，加快推进农村危房改造和老旧房整治，全面完成建档立卡贫困户、符合条件非贫困户的危房改造和老旧房整治短板补齐工作，同步推进改厨、改厕、改圈“三改”工程。2018 年 11 月底前完成 4762 户的安全住房保障工作并实现搬迁入住，2019 年底全面完成所有建档立卡贫困户（含已脱贫户）、符合条件非贫困户的安全住房保障和老旧房整治工作，并全部搬迁入住。

专栏 2-1　织金县“五措五精准”实现房安全有保障

农村贫困人口住房安全有保障，是脱贫攻坚“一达标两不愁三保障”的基本要求，全县农村危房改造和老旧住房整治任务十分艰巨。为确保任务完成，织金县采取“五个举措”实现“五个精准”强力推动建设。

一是严格按照“一政策”“五看法”“五子登科”的工作方法精准识别危房改造、老旧住房整治对象。即“一政策”——县住建局将省、市、县相关政策文件汇编成册；“五看法”——一看基础、二看墙、三看屋顶、四看梁、判定不准提请鉴定郎；“五子登科”——一把尺子丈量危险部位、一根绳子丈量危房面积、一个砣子测量房屋倾斜度、一个本子记录情况数据、一个口子统一一个标准。

二是实行“双线”包保负责机制，精准督促指导乡镇（街道）农村危房改造和老旧住房整治建设工作。根据全县脱贫攻坚战区布局，县政府分管副县长统筹指挥，由县住建局班子成员分战区、县危改办工作人员组成两条线分乡镇包保负责。

三是建立“双线”常态督查机制，精准责任追究，即严格开展“进度线”乡镇（街道）交叉督查和认真组织“业务线”督查。在“进度线”上，成立由乡镇分管领导任组长、住建局抽调干部组成专门督查组，每半月随机抽取乡镇上报竣工数中三分之一的农户，利用周末进行常态化进度督查，计算乡镇真实竣工率，对排名挂末的乡镇主要领导、分管领导、深度贫困村第一书记、联系村领导、包村干部在县电视台表态，向全县人民道歉。在“业务线”上，由危改办业务人员组成四个督查组，按月随机抽取行政村，对乡镇（街道）的农村危房改造和老旧住房整治工作业务、一户一档、工程进度、对象判定等全方位督查指导，并根据督查情况开具问题清单或工作提示单，限期整改，对问题清单和工作提示单整改不及时的，进行追责问责。

四是实行“双线”大数据管理工作机制，精准指导业务工作。一方面，督促乡镇（街道）认真核实危改“一户一档”档案，并将“一户一档”扫描上传至县危改办进行“封账”管理，档案更新需根据工程进度实时上传，严把“一户一档”资料真实准确可靠；另一方面，督促乡镇（街道）以村为单位，每两日逐户上传工程进度调度表和实物图片，开展“两日一报”调度。

五是严格落实“一带队五主体四到场”和“一带队五主体一到场”质量监管机制，精准解决农户危房改造和老旧住房整治质量问题。由联系村领导带队统筹，村建站、国土所、村委会、建筑工匠、农户在建筑放样、基槽验收、主体封顶、竣工验收时到场，在技术指导、选材用材等方面加强指导，进一步明确国土所、村建站、村委会、建筑工匠和农户责任。

3. 打好易地扶贫搬迁硬仗。按照“五个三”配套要求，加快推进水、电、路、讯等搬迁入住必备的基础设施建设，跟进完善社区警务室、卫生室、便民服务中心、学校、物管中心、农贸市场等配套公共服务设施，完善社区服务管理体系，培养搬迁群众良好的生活习惯和感恩情怀。加大易地扶贫搬迁对象劳动力技术培训和就业指导工作力度，通过有针对性地实施社会化培训、落实好自主创业补贴、创业场所租赁补贴、创业担保贷款、职业培训、生活方式转变培训等各项就业、创业扶持政策及提供一定数量的公益性岗位等方式，确保每户至少 1 人实现稳定就业。全面落实 2017 年度及以前已搬迁的 5998 户 27260 人的产业帮扶、劳务输出、保障兜底、子女就学、户籍转化等后续发展服务工作。加强与恒大集团的沟通对接，围绕“建房、搬迁、就业、配套、保障、退出”六个关键环节，加快 2018 年度搬迁项目建设进度，确保 2019 年 6 月 30 日前完成 1203 户 4901 人的搬迁入住任务。扎实抓好搬迁对象旧房拆除和复垦复绿工作，2020 年 6 月底前全面完成所有已搬迁对象旧房拆除和复垦复绿，确保旧房拆除率和复垦复绿率达 100%。

4. 打好产业扶贫硬仗。一是抓好产业结构调整工作。按照“户户有增收项目，人人有脱贫门路”的要求，全力推进特色产业提升工程，围绕产业结构调整“八要素”及全县种植业“3211”和养殖业“311”产业布局，加快农业产业结构调整步伐，着力推进农业产业规模化、特色化、商品化发展。二是抓好产业配套及产销对接。推动扩大鲜活农产品“绿色通道”政策覆盖品类，增设目标价格保险种类，切实完善风险补偿机制，有效防范化解产业风险。重点围绕恒大援建项目和示范样板点区域，不断强化水、电、路、冷库、农产品批发市场等配套基础设施建设。依托勐海豪扬、千喜鹤、乌蒙利民、九丰、慷骅、湖南耀泓等多家企业开展订单生产，支持农业园区、农业企业、合作社与政府机关、事业单位、医院、学校、厂矿企业等加强对接，实现农产品“就地销售”，全县学校食堂全年定向采购量要占采购总量的50%以上。大力实施电商扶贫工程，支持供销、邮政及其他流通企业把服务网点延伸到贫困村，实现贫困村电商网店100%覆盖，实现线上线下融合发展，全域推动“织货出山”。三是抓好经营主体培育及利益联结。积极引进培育激活龙头企业，支持县内国有企业、国有平台公司等投身产业扶贫，引导龙头企业、家庭农场、科技人员、大学生、返乡农民工创办或领办农民专业合作社，鼓励农民专业合作社、家庭农场、专业大户、科技人员发展领办龙头企业。依托勐海豪扬、贵州新农汇、湖南耀泓、兴伟集团、正邦集团等10余家行业龙头企业示范引领，深入借鉴“塘约经验”，深化“三变”改革，建好“村社一体、合股联营”合作社。全面推行“公司 + 合作社 + 农户”发展模式，引导所有贫困户都加入合作社，合理确定贫困户在产业链、利益链、价值链中的受益环节和份额，最大限度让利于民，确保每户贫困户至少有一项增收产业扶持。

（二）扎实开展“五个专项治理”

为了贯彻落实贵州省委提出的“五个专项治理”"精神，织金县准确把握专项治理着力点，坚持问题导向，强化精准施策，持续推动工作作风革命性转变，紧紧围绕扶贫资金管理使用不规范、驻村帮扶不扎实、政策落实不到位、扶贫协作有差距、攻坚打法不精准治理五大方面，于 2018 年、2019 年开展两轮“五个专项治理”，严格整改标准与质量，倒排工期、挂号整改、对账销号，切实解决脱贫攻坚突出问题，不断提升专项治理成效，为按时打好打赢脱贫攻坚战提供坚强保障。一是资金管理更加规范。持续加强民生监督、巡察和审计工作，着力解决资金闲置、挪用和用得不好等问题。二是帮扶力量更加壮大。在保持全县帮扶力量总体稳定的前提下，针对未脱贫村、深度贫困村和贫困人口较多的村，增派熟悉农村工作、有帮扶工作经验、想干事能干事的优秀年轻干部到村开展帮扶，进一步优化和壮大驻村帮扶力量。三是扶贫协作更加深化。实现教育、医疗结对帮扶全覆盖，2019 年共争取到广州市各类帮扶资金 7483 万元。四是攻坚打法更加精准。县委、县政府主要领导遍访贫困发生率在 20% 以上的村，对贫困发生率在 10% 以上的村的脱贫方案进行认真研判，逐村研究“按时打赢”方案。

（三）深入推进“一场产业改革”

紧扣产业发展“八要素”，深入推进农村产业革命，不断提高农业产业的组织化、规模化、市场化水平，夯实贫困群众增收基础。一是切实强化县级统筹，精准选择主导产业。始终把县级统筹作为产业发展的根本举措，用好“中国竹荪之乡”“全国最大皂角集散地”名片，把皂角、竹荪、蔬菜、肉牛、生猪等作为主导产业集中优势发展，“织金竹荪”入选全国特色农产品优势区，皂角被列为全省“12+1”特色产业予以支持发展，“织金皂角精”获国家地理标志登记保护认证。二是科学谋划产业布局，举全县之力调结构。科学制定“5311”种植业发展规划，创建省、市、县、乡高效农业示范园区 40 个，累计种植皂角 32.07 万亩，2019 年种植蔬菜 56.96 万亩、南瓜 10 万亩、食用菌（竹荪）2.2 万亩，其中种植的 10 万亩南瓜产量达 4 亿斤，覆盖贫困户 8722 户 36473 人，为农户增收 1.6 亿元以上；粮经比从 2014 年的 44：56 调整到 2018 年的 40：60。三是引进培育龙头企业，狠抓组织方式促增收。引进湖南耀泓、浙江三多、贵州中证、云南勐海豪扬、广州鲜慕达、千喜鹤集团等龙头企业，采取“龙头企业 + 合作社 + 农户”的组织方式，带动全县发展皂角、南瓜等产业，承接恒大援建大棚经营，促进产销对接，推动“织货出山”。

（四）全面凝聚“四类帮扶”合力

运用东西部扶贫协作、全国工商联定点帮扶机遇，大力牵引企业帮扶，积极引导社会帮扶，全力推动所有力量、资源向脱贫攻坚战场上汇聚。一是东西部扶贫协作，积极争取广州市帮扶资金，大力实施对口帮扶项目；争取花都区与织金县120个深度贫困村开展结对帮扶，实现深度贫困村结对帮扶全覆盖。组织花都区学校、医疗机构与织金县学校、医疗机构开展培训、讲座、互派挂职干部等结对帮扶活动。二是定点帮扶，借助全国工商联定点帮扶织金县的契机，巧用全国工商联作为“非公有制经济人士的桥梁纽带”的独特优势，通过领导考察、招商引资、捐资集资多种渠道，组织、引导民营企业家广泛参与“百企帮百村”精准扶贫行动。三是企业帮扶，深入开展国有企业“百企帮百村”“双百双助”活动，扎实推进大型企业对贫困乡镇的帮扶力度。积极争取宝龙集团、正邦集团、千喜鹤集团等企业的帮扶资金，动员贵阳市企业、商会与织金县深度贫困村开展“一对一”结对帮扶，引导本地企业、合作社实施帮扶项目。四是社会帮扶，发挥群团组织作用，搭建社会扶贫信息服务网络和扶贫志愿者服务网络，探索发展公益众筹扶贫，通过政府购买服务鼓励各类社会组织到村到户精准扶贫，鼓励支持各类企业、社会组织、个人参与扶贫开发，实现社会帮扶资源和精准扶贫有效对接。

第二节 脱贫攻坚体制机制

织金县在脱贫攻坚总体思路和战略部署的指导下，明确了打赢脱贫攻坚战的重点攻坚方向和具体工作内容。这些重点布局工作成为全县打赢脱贫攻坚战的关键所在。为了确保将重点布局工作落到实处、产生成效，织金县委、县政府建立健全体制机制，从指挥、作战、巡查和问效四个方面保证重点布局工作从严从实、有力有序地落到实位，强化各级扶贫主体责任，严格实施精准管理，多方面汇聚扶贫资源，促进发展要素向贫困区域聚集、攻坚力量向贫困领域摆布、产业布局向贫困村组延伸、扶贫措施向贫困人口集中。

一、四大体系

（一）建立健全总攻指挥体系

织金县将全县乡镇（街道）按区域划分为东西南北中五个“战区”，成立脱贫攻坚总攻前线指挥部，由县委书记任总指挥长，县人大、县政府、县政协主要领导和县委副书记、县政府常务副县长分别任五个“战区”指挥长，每个县级领导包靠一个乡镇（街道）并担任乡镇（街道）指挥长，形成“战区统揽、分区作战、专班合围、包点主攻”的工作格局。在推进脱贫攻坚工作当中，县委、县政府充分运用县级脱贫攻坚总攻前线指挥体系，统筹推进全县脱贫攻坚政策设计、安排部署、干部培训、调度督办、执纪问责等工作。与此同时，建立县委、县政府主要领导对各包保乡镇（街道）县级领导的询问会议制度，定期或不定期召开会议，专题听取县级领导对包保乡镇（街道）、村（居、社区）脱贫攻坚工作开展情况汇报。

（二）建立健全总攻作战体系

逐步建立完善由包保乡镇（街道）县级领导担任作战指挥长，

乡镇（街道）党委（党工委）书记任常务副指挥长，乡镇（街道）班子成员、帮扶单位主要负责人任副指挥长的攻坚作战体系，负责本乡镇（街道）所有脱贫攻坚任务，确保帮扶任务安排实现全覆盖，切实抓好全部建档立卡贫困户脱贫帮扶和非贫困户短板补齐工作，统筹本乡镇（街道）脱贫攻坚工作，将脱贫攻坚持续向纵深推进。各村（居、社区）设立脱贫攻坚大队，负责完成本村（居、社区）所有脱贫攻坚任务，切实做到帮扶对象精准、帮扶项目精准、贫困户信息精准、短板补齐精准，高质量完成脱贫攻坚各项目标任务，抓好群众宣传发动，积极投入到脱贫攻坚战中。

（三）建立健全总攻巡查体系

建立完善脱贫攻坚指导巡查机制，强化县扶贫办、县总攻办及相关职能部门对乡镇（街道）、村（居、社区）脱贫攻坚的常态化政策业务指导和工作推进落实情况督导考核工作，确保脱贫攻坚工作落实不走样、政策执行不变样，切实提高脱贫攻坚工作成效，不断增强脱贫保障。定期或不定期组织开展乡镇（街道）间交叉检查评比工作，实行交叉检查责任制，交叉检查组对检查结果真实性负责，确保交叉检查结果客观公正地反映出被检查乡镇（街道）的脱贫攻坚工作情况和存在问题，为县级脱贫攻坚指挥调度提供有力的决策依据，促进全县脱贫攻坚工作顺利有序推进、取得实效。

（四）建立健全总攻问效体系

建立完善以县纪委（监委）、法院、检察院为执行主体的督查追责体系，督查追责组直接对县委负责，采取明查与暗访相结合的方式，切实推进脱贫攻坚领域巡查反馈问题整改督促、案件调查处理、问责问效等工作。持续抓好脱贫攻坚干部作风监督，切实加强对扶贫工作中不作为、慢作为、乱作为等问题的执纪问责力度。强化扶贫资金监管，切实开展强农惠农政策落实、扶贫救助资金兑现等重点领域的监督检查，确保扶贫资金精准安排、精准使用。

二、三大机制

（一）扶贫责任强化机制

织金县落实“党委主责、政府主抓、干部主帮、基层主推、社会主扶、群众主动”的工作要求，坚持“一把手挂帅、分区作战、专班合围、包片主攻、社会助推”分层攻坚路径，通过明确目标任务、细化各方责任、精准分类指导，提高脱贫攻坚的精准度。此外，严格按照“4321”帮扶模式，从省、市、县、乡四级机关、企事业单位选派驻村干部，持续抓好结对帮扶工作，精准落实帮扶对象、帮扶责任人、帮扶任务、帮扶措施、帮扶效果，确保帮扶定户、定人、定责。在此基础上，对照“十三五”脱贫目标任务，建立扶贫工作考核指标体系和专项巡视制度，严格兑现脱贫攻坚“一票否决”制度，变软指标为结硬账，确保各项扶贫工作落到实处、取得实效。

（二）精准识别管理机制

织金县坚持“四看识别法”“两议三公开”有效方法，找准扶贫对象，科学研判致贫原因，确保扶贫对象、措施到户、项目安排、资金使用、因村派人、脱贫成效“六个精准”的顺利实现。通过不断健全完善“县、乡、村”三级互联网管理台账及民情数据库，对建档立卡贫困人口实行有进有出的动态管理。做好“三表三照一视频”，以实现贫困村“五通四有”和贫困户“四有五覆盖”为标准，推动“扶贫云”建设，促进扶贫与农业、科技、卫生等部门数据互联互通，以现代科学技术提高扶贫项目的精准管理。

专栏 2-2 探索创新“四招”巧解精准扶贫“四题”新机制

党的十八大以来，织金县坚持以习近平总书记扶贫重要论述为指导，把思想和行动统一到总书记扶贫重要论述上来，认真贯彻落实中央、省、市脱贫攻坚决策部署，坚持精准扶贫、精准脱贫基本方略，按照“核心是精准、关键在落实、确保可持续”的要求，有效落实了总书记提出的“扶持谁”“谁来扶”“怎么扶”“如何退”四个关键问题，找准路子、创新机制，脱贫攻坚取得决定性进展。

一是运用三种识别，解决“扶持谁”。运用严格程序精准识别、排除法筛查识别和利用大数据管理三种识别方式，按照“宣传发动、农户申请、入户调查、评议公示、划线认定、对象公示、审定公告、备案录入、分账管理”程序对农户信息进行“地毯式”核查。

二是强化三支队伍，解决“谁来扶”。强化主要领导挂帅推动、驻村干部帮扶带动和社会资源参与联动三支队伍合力，按照“4321”帮扶模式，广泛凝聚各方帮扶力量，从省、市、县、乡四级选派同步小康驻村工作组与贫困人口结成帮扶对子。

三是落实三个责任，解决“怎么扶”。通过分区作战压责任、能力培训强责任和“五个一批”落责任压实三个责任体系，在全县形成“1+5+X”的脱贫攻坚分区作战责任模式，按照“五个一批”精准脱贫要求，加大对扶贫干部的培训和贫困群体的扶持力度，增强贫困户脱贫后劲。

四是建立三套机制，解决“如何退”。建立贫困乡镇考核机制、“减贫摘帽”激励机制和动态跟踪追责机制，把对乡镇考核转向扶贫开发成效考核，正向激励贫困乡镇奋力“减贫摘帽”，出台精准扶贫工作问责办法等文件，严格按照问责办法追究相关人员责任。

（三）扶贫资源整合机制

织金县结合“五个一批”脱贫工程，大力开展“五千一体”助推活动，推广产业扶持到村到户到人的金融投入、能人引领、合作社带动等可持续发展机制。始终坚持“干部给力、贫困户发力、社会聚力”的资源整合方向，统筹实施“同心工程”与扶贫开发项目，鼓励民营经济组织和社会团体、返乡农民等各类组织通过资源开发、产业培育、村企共建等形式参与扶贫开发伟业。同时，牢牢抓住全国工商联和广东统一战线对口帮扶机遇，加大对接力度，全方位争取各类项目、物资和政策，用活用好社会各界力量在资金、技术、管理、市场、信息等优势，把社会各界的智慧和力量凝聚到强基础、谋发展、惠民生的脱贫攻坚战上，推动助学、助医、招工和教育扶贫、科技示范、同心工程、滚动扶贫、招商引资不断取得新成效，加快贫困村脱贫奔小康的前进步伐。

第三节 脱贫攻坚资金投入

2018 年 2 月习近平总书记在打好精准脱贫攻坚战座谈会上指出："脱贫攻坚，资金投入是保障。"显而易见，充足的扶贫资金投入是全面如期打赢脱贫攻坚战的根本前提。织金县通过广开源路、精准投入和严格监管多种途径，最大程度汇聚各类扶贫资金，精确使用各类扶贫资金，确保资金有效落地，发挥扶贫资金在产业发展、教育提升、住房保障和基础设施等多方面的减贫作用，助力织金全县脱贫摘帽、携手奔小康。

一、脱贫攻坚资金来源

在脱贫攻坚过程中，织金县自始至终坚持发挥政府投入主体和主导作用，想方设法增加金融资金对脱贫攻坚的投放，力争最大化发挥资本市场支持贫困地区发展的作用，积极广泛吸引社会资金广泛参与脱贫攻坚，形成多渠道、多样化脱贫攻坚资金投入。

（一）财政扶贫资金

财政政策在公共治理尤其是贫困治理中发挥了重要的协调作用。虽然政府"有形之手"和市场机制均具备配置资源的功能，但市场决定资源配置是市场经济的一般规律，市场经济本质上是市场决定资源配置的经济，加上“市场失灵”问题已成为市场经济的客观存在。所以，单纯由市场配置资源并不能实现所有的资源配置价值与目标，对贫困地区和贫困群体而言更是如此。在这种情况下，只能依靠政府机制及其公共政策的资源配置作用，通过出台财政政策对社会资源进行协调配置，引导资金和人力等各项资源流向贫困地区，才能更好地助力贫困群体补齐资源短板、走向脱贫致富。

财政专项扶贫资金是织金县脱贫攻坚资金的主要来源，主要涉及中央财政专项扶贫资金和贵州省级财政专项扶贫资金。织金县根据脱贫攻坚工作所需和实际情况，编制相应的项目规划，有计划、多举措地向上级业务主管部门申请财政专项扶贫资金。2015年至2019年织金县分别争取到中央财政专项扶贫资金7696.90万元、12996.30万元、20359.00万元、15963.80万元和25072.70万元，5年累计争取到中央财政专项扶贫资金82088.70万元；2015年至2019年织金县分别争取到省级财政专项扶贫资金2226.00万元、4045.00万元、1853.00万元、2913.00万元和9605.17万元，5年累计争取到省级财政专项扶贫资金20642.17万元。5年间，中央财政专项扶贫资金和省级财政专项扶贫资金涨幅分别为63.20%和111.13%。2015年至2019年5年间，仅2019年争取到市级财政专项扶贫资金5386.00万元，仅2018年和2019年分别投入本级财政专项扶贫资金6861.00万元和7470.54万元。5年内共投入各级财政专项扶贫资金122448.41万元。

统筹整合财政涉农资金是织金县脱贫攻坚资金来源的重要组成部分。织金县委、县政府在政策规定范围内，据实调整、灵活分配各项财政涉农资金，统筹整合各项财政涉农资金用于织金县脱贫攻坚，使有限的财力能够握指成拳、合力攻坚，最大化发挥涉农资金的扶贫效益。2015 年至 2019 年间，仅 2017 年至 2019 年分别整合的涉农财政资金规模分别为 64270.00 万元、75000.00 万元和 54259.41 万元用于脱贫攻坚，3 年累计整合各类涉农资金 193529.41 万元，如表 2-1 所示。

表 2-1 织金县财政扶贫资金来源统计 单位：万元

	2015 年	2016 年	2017 年	2018 年	2019 年	合计金额
中央财政专项扶贫资金	7696.90	12996.30	20359.00	15963.80	25072.70	82088.70
省级财政专项扶贫资金	2226.00	4045.00	1853.00	2913.00	9605.17	20642.17
市级财政专项扶贫资金	0	0	0	0	5386.00	5386.00
本级财政专项扶贫资金	0	0	0	6861.00	7470.54	14331.54
整合涉农财政资金规模	0	0	64270.00	75000.00	54259.41	193529.41
合计金额	9922.90	17041.30	86482.00	100737.80	101793.82	315977.82

（二）社会帮扶资金

社会帮扶资金是财政扶贫资金的重要补充，在一定程度上缓解了扶贫资金投入压力。织金县委、县政府用活东西部扶贫协作、用好全国工商联定点帮扶机遇，大力牵引企业帮扶，积极引导社会帮扶，全力推动所有力量、资源向脱贫攻坚战场汇聚。

一是深化东西部扶贫协作。争取到广州市帮扶资金 1.3 亿元，实施对口帮扶项目 187 个；组织广东省 7 家企业赴织金县投资带贫，累计投入资金 1.92 亿元；协调花都区 5 个街镇、72 家企业及 1 家社会组织与我县 120 个深度贫困村开展结对帮扶，捐赠帮扶资金 1553 万元用于脱贫攻坚“两不愁三保障”短板补齐项目；引入雪松集团约 4600 万元捐赠资金用于援建织金县羊城中学。

二是强化定点帮扶力量。2014 年以来，全国工商联历届领导先后 37 次率团深入调研指导，累计投入帮扶资金 1.36 亿元，实施帮扶项目 37 个，覆盖贫困人口 30245 人。特别是“五个一”帮扶项目，筹措帮扶资金 4906.5 万元，实施“一棵皂角树、一套危改、一口水窖、一头牛、一头猪”帮扶项目；实施危改“三改”679 套，惠及 4 个乡镇（街道）贫困户 679 户 2935 人；建设小水窖 1890 口，惠及 21 个乡镇（街道）贫困户 1890 户 8044 人。

三是用好企业帮扶资源。分层级多场次开展大规模、大范围的招商引资活动，联引 13.5 亿元资金用于织金县产业扶贫、易地扶贫搬迁、劳动就业培训等扶贫项目；宝龙集团捐资 2000 万元在 25 个村实施 25 个微型农业产业扶贫项目；千喜鹤集团帮助销售农产品，销售额达到 4186.53 万元；深入开展“百企帮百村”行动，争取到贵阳市 120 家企业和商会与织金县 120 个深度贫困村开展“一对一”结对帮扶，捐赠资金 100 万元用于实施 200 口小水窖项目。

四是鼓励其他社会力量捐赠。广泛开展就学、产业、就业、公益四大特色品牌行动，筹集爱心圆梦大学资金 6779 万余元，帮助

1320 余名大学生圆梦大学；争取到统一战线助学资金 524.5 万元资助贫困学生 1049 名；积极引导县内企业投入扶贫公益事业，获企业捐赠资金 800 余万元建设希望小学 1 所，如表 2-2 所示。

表 2-2 织金县社会帮扶资金来源统计　　单位：万元

四类社会帮扶力量	帮扶主体	帮扶资金额	合计金额
企业帮扶	恒大集团	135000.00	141286.53
	宝龙集团	2000.00	
	千喜鹤集团	4186.53	
	百企帮百村	100.00	
东西部扶贫	广州市帮扶	13000.00	38333.00
	广东省 7 家企业	19200.00	
	花都区结对帮扶	1533.00	
	雪松集团	4600.00	
定点帮扶	全国工商联	13600.00	13600.00
社会捐赠	爱心圆梦大学	6779.00	8103.50
	泛海助学	524.50	
	公益捐赠	800.00	
合计金额	—	—	201323.03

二、脱贫攻坚资金管理

汇聚充足的扶贫资金意味着扶贫工作迈出了坚实的一步，但更为关键的是如何保证扶贫资金真正投向贫困地区和贫困群体所需之处。脱贫攻坚以来，织金县坚持扶贫资金使用精准原则，在精准识别贫困人口的基础上，根据贫困村、贫困户脱贫需求，加大资金整合使用力度，把资金使用与建档立卡贫困人口相衔接，与脱贫成效相挂钩，将各类资金精准投放到村到户，增强针对性和实效性，切实使扶贫资金惠及贫困人口。

（一）脱贫攻坚资金申报

织金县规范项目申报管理的三级程序，即村级申报—乡级申报—县级审批的项目申报程序。村级申报主要由村级组织召开村民或村民代表会议，围绕“以脱贫需求定项目”原则讨论、筛选适合本村脱贫攻坚与发展需求的项目作为拟上报项目。拟上报项目经驻村工作队、第一书记、民生监督员和村民代表签字确认，在村级公告栏公示无意见后正式报送乡镇（街道）扶贫工作站。乡级申报主要由乡镇（街道）建立乡级项目库，并将收到的村级申报项目纳入乡级项目库中。乡镇（街道）按照县级下达资金分配文件的要求，召开党政会议研究确定拟上报的项目。在组织相关人员对拟上报项目的可操作性和实效性勘查论证通过后，正式上报至县。县级申报主要由县扶贫办在5个工作日内对组织相关技术人员对项目的进行评估论证，为符合要求的项目下达项目立项、实施方案、资金文件的批复。

（二）脱贫攻坚资金监管

扶贫资金使用过程和项目落地过程受到多种风险因素影响，而资金监督正是确保扶贫资金和扶贫项目能够按照预期方向推进、实现最终目标的机制。为此，织金县始终把扶贫资金项目风险防控作为脱贫攻坚工作的关键环节来抓，针对可能遇到的各种风险，制定《织金县财政专项扶贫资金管理办法》《织金县财政专项扶贫资金项目管理办法》《织金县财政专项扶贫资金乡级报账制管理实施细则》等文件，逐步建立健全扶贫资金项目风险监控和督导监管的“4321”模式，确保扶贫资金发挥效益，为全县脱贫摘帽奠定坚实基础。

1. 四个系统监管。全国扶贫开发信息系统、贵州新扶贫云系统负责发挥牵头抓总作用，按照扶贫目标、任务、资金、权责“四到县”制度，督促指导县级主管部门及时将各年度下达的中央、省级、市级财政专项扶贫资金项目“资金分配、拨付进度、项目立项、项目批复、资金明细、扶持对象、建设进度以及报账进度”等情况进行备案监测。确保财政扶贫资金及时发挥扶贫效益。利用织金县民生资金项目监测大数据系统、织金县扶贫项目过程管理系统及时将产业扶贫项目“谋划、申报、立项、批复、实施、验收及公示公告”等过程信息录入监测，确保项目信息线上线下实现实时监督，确保项目资金全方位、立体化高效运转。

2. 三级审核实施。严格实行和充分发挥县、乡、村三级审核的作用。在村级初审上，各村结合本村集体经济发展、基础设施建设、基本公共服务需求等实际情况，全面谋划产业扶贫项目。建立到村到户项目台账，组织召开村民代表大会，广泛征求群众意见，提出立项初审意见，确定村级申报项目，并在村内予以公示后上报。在乡级复审上，乡镇（街道）对各村谋划上报的项目台账汇总，组织有关职能部门对村申报项目真实性、必要性以及建设内容、资金概算、预期效益、贫困群众参与情况和带贫机制等方面进行项目复审，无异议后公示上报。在县级审定上，县级负责对乡镇（街道）上报的项目汇总，并组织县级各主管部门对乡镇（街道）

报送项目的科学性、合规性、可行性进行论证，确定项目的可操作性进行项目论证审定。经审定符合要求的项目，由县扶贫开发领导小组行文立项、批复实施。

3. 两级备案公示。备案公示是确保扶贫项目和资金在阳光下运作的重要方式。为了保证所有扶贫项目资金能够最大化地接受民主监督，织金县实行县、乡两级备案。织金县扶贫开发领导小组办公室对各年度中央、省、市三级下达的资金进行系统备案，根据项目实施需求及时研究制定项目立项、批复文件，以县扶贫开发小组文件下达到各乡镇（街道），明确项目实施范围、建设规模内容、实施方式等，并在织金县人民政府网站及时公开，实行一级备案。乡镇（街道）在接到县级下达的扶贫资金项目批复后，制定详细的项目《申报建议书》《实施方案》，建立项目台账，细化项目指标，明确扶持对象，并在乡、村两级公开公示，实行二级备案。

4. 一个系统发放。建立科学规范的财政扶贫资金补贴的发放和监管机制，由各乡镇（街道）对已验收合格的项目按照有关补贴政策规定精准认定补贴对象，审核确定补贴标准和补贴金额，制定“财政扶贫资金项目集中统发清册”，报送给织金县扶贫开发领导小组办公室审核，审核结束后再提交给织金县财政局把关，财政局挂接相应项目指标，建立“统发系统数据库”，实现项目资金“一人一折一号”管理模式，确保项目资金安全、及时、足额、精准惠及广大群众。

为使财政专项扶贫资金项目充分发挥效益，实现扶贫项目管理系统化、流程化、规范化操作，织金县创新实行“4321”监管模式，促进了扶贫项目高效运行，保障了扶贫资金真正“用到实处、用出成效”，有力地解决了扶贫项目和扶贫资金精准监管难题，有效地助推全县如期脱贫奔小康。

第四节　脱贫攻坚人力投入

作为扶贫资源的重要组成部分，人力资源投入是推动脱贫攻坚顶层设计和重点布局落到实处、落到好处的根本所在，更是影响脱贫攻坚资金投入总量、使用效率的关键因素。为此，织金县通过强化主要领导挂帅推动、驻村干部帮扶带动和社会资源参与联动三支队伍合力，按照“4321”帮扶模式，广泛凝聚各方帮扶人力，从省、市、县、乡四级选派同步小康驻村工作组与贫困人口结成帮扶对子，全力解决“谁来扶”的难题。

一、多渠道汇聚各类人才

（一）一线干部队伍

一线干部队伍是织金县脱贫攻坚重要的人力资源。织金县组建了强有力的一线干部队伍投入到当地脱贫攻坚战中，选派 1775 名科级及优秀干部到村担任第一书记，实现 333 个贫困村和贫困发生率高于 10% 的非贫困村全覆盖，抽派 6094 名干部开展“万名干部下基层、蹲驻一线促脱贫”工作，明确 14 名县级领导挂任脱贫任务较重的 14 个乡镇（街道）党委（党工委）第一书记，65 名县直部门主要负责同志到乡镇（街道）开展蹲点帮扶，选派 58 名县直部门优秀科级党员干部挂任乡镇（街道）党委（党工委）副书记。

深入实施人才扶贫“五项行动计划”，选派“圆梦小康专家”53名、乡镇科技副职32人。深入推进农业专家精准服务脱贫攻坚行动，整合省、市、县、乡、村五级农业专业人才资源，组建生态畜牧业等12类主导产业扶贫技术专家组197人，指导服务全县主导产业；组建产业扶贫小分队，为深度贫困村所在的24个乡镇（街道）提供产业技术支持，解决技术难题。

（二）东西部扶贫人才

织金县利用东西部扶贫协作契机，充分引用东部地区人才优势，强化人才交流。一是党政干部和专业技术人才。广州市花都区选派15名党政干部到织金县挂职，选派34名优秀教师、18名医疗人才、1名中高级农技人才赴织金县开展帮扶，聚合双方力量，提升织金县医疗、教育管理水平，促进医技、教育科技能力提升。此外，织金县选派8名专业技术人才到花都区学习锻炼，提升提质干部素养和业务能力。二是教育人才。全县共11所中小学与花都区相关学校签订帮扶协议，并开展组团式帮扶，争取实现结对帮扶全覆盖。三是医疗卫生人才。全县共6家医院与花都区部分医院签订帮扶协议，利用点对点帮扶和“组团式”帮扶相结合方式，全力实现结对帮扶全覆盖。

（三）社会人才

脱贫攻坚期间，织金县紧紧围绕全县脱贫攻坚实际需要，聚焦“产业脱贫、教育脱贫、医疗脱贫”，大力实施“脱贫攻坚专项引才行动”，精准引进一批高层次和急需紧缺人才。2019年，通过组织参加贵州人才博览会引才方式，引进教育、医疗、农业、林业、水利等领域急需紧缺人才 38 名。制定《织金县统筹使用人才资源精准服务脱贫攻坚助推乡村振兴工作实施方案》，组建农业专才、教学名师、医技人才、文旅人才等四支服务团队，将全县农技、教育、医技、文化旅游等人才全部纳入专家库，采取结对帮扶、提供技术服务、巡回指导、集中会诊等方式，搭建各类人才与乡（镇、街道）、村、产业基地、群众的沟通交流和帮扶联系平台，充分挖掘本土人才。

二、多举措发挥人才作用

（一）以激励机制激发队伍能动性

在组建一线干部队伍后，织金县通过多种措施激励一线干部人才队伍，真正发挥一线干部队伍人才的主观能动性。2014 年以来，提拔重用脱贫攻坚工作实绩突出的干部 488 人。大力实施“脱贫攻坚专项引才行动”，认真落实中央、省委、市委关于激励干部在脱贫攻坚中担当作为的系列政策，制定《织金县脱贫攻坚一线干部关怀激励办法（暂行）》，为脱贫攻坚提供坚强的组织保障。建立村干部报酬稳步增长机制，实现村干部报酬提高到正职每人每月 3000 元以上、副职每人每月 2500 元以上。2018 年以来，招录脱贫攻坚中表现优秀的村干部 6 名、驻村干部和第一书记 53 名为乡镇公务员。

（二）以培训赋能提高人员专业性

人力资本理论起源于经济学领域的相关研究，20 世纪 60 年代美国经济学家西奥多·舒尔茨和加里·贝克尔首次创造性地提出了人力资本理论，开辟了人类关于生产能力研究的全新思路。该理论认为，物质资本指物质产品上的资本，诸如厂房、机器、设备、原材料、土地、货币和其他有形资产等；而人力资本则是体现在人身上的资本，即对生产者进行教育、职业培训等支出及其在接受教育时的机会成本等的总和，表现为蕴含于人身上的各种生产知识、劳动与管理技能以及健康素质的存量总和。而人力资本的多寡在很大程度上影响着贫困群体的发展。为此，织金县深入实施“科技人才联乡帮村”“领创项目示范”“乡土人才扶贫带富”“情系织金人才回归”“圆梦小康专家行动”等五项行动计划，组织各类乡土人才开展技术培训指导1790余次、累计培训31800余人。织金县通过开展丰富多彩、覆盖群体广泛的人员培训，在织金县组织召开座谈活动300余场次、举办现场招聘会28场次，共计提供就业岗位7600余个，赋予了人员队伍更强的发展能力，提升了人力资本。

（三）以精准服务发挥人才价值

2015年6月习近平总书记在贵州考察时创造性地提出了扶贫开发工作“六个精准”的基本要求，即扶持对象精准、项目安排精准、资金使用精准、措施到户精准、因村派人精准、脱贫成效精准。[①]“六个精准”的提出为精准扶贫提供了根本遵循、指明了发展方向、注入了新鲜血液。在人才的使用上，织金县同样贯彻精准扶

① 《习近平用“六个精准”把脉扶贫攻坚 全面小康指日可待》，2017年11月4日，央视网（http://news.cctv.com/2017/11/03/ARTIYyjmczxyR M2gH3T4ztgD171103.shtml）。

贫、精准脱贫方略，将“精准”要义深刻落实到人才的安排上。比如整合县、乡、村三级农业专业人才资源，组建食用菌、皂角、中药材等12类主导产业扶贫技术专家组237人，组建产业扶贫小分队33支，561个脱贫攻坚重点村和10个安置点匹配了结对服务专家，开展“产业扶贫集中会诊”等技术指导服务。适时邀请省、市各类专家通过召开座谈会、参加现场会诊等方式，对全县产业发展提供技术、市场等方面的服务。

综上所述，织金县的脱贫攻坚总体部署，是一个目标明确，特色突出，架构严谨，科学实用，效果显著的攻坚规划和实施方案。依靠它实现了立足县域实际，统领县域全局，化解多重矛盾，最终脱贫出列的战略目标。

战略部署是指在特定时期内对全局且长远的发展方向、目标、任务和政策，以及资源调配做出的决策、管理及路径选择。全面打赢脱贫攻坚战涉及“三农”领域的多个维度，是一个要素复杂、内容广泛的工程，需要科学的战略谋划来统一多方主体的思想观念，为具体的执行过程和行动领域提供根本指引。织金的成功经验可以概括为“三个始终”。

在总体部署谋划上，始终坚持人本原则。以人为本的科学发展观体现了中国共产党全心全意为人民服务的根本宗旨，其内涵为把人类的生存作为根本，根本要义在于满足广大人民群众的物质文化需要。脱贫攻坚战的战略部署具有浓厚的以人为本色彩，紧紧围绕人的全面发展所必需的吃、穿、住房、教育和医疗重点布局“六个精准”“五个一批”重大工程，切实保障织金人民过上小康生活。

在政策构建策略上，始终坚持问题导向。在政策自上而下的过程中，织金县在深刻把握国家和省市战略内涵的同时，时刻坚持因地制宜的工作方法，围绕当地脱贫攻坚战的工作重点和实践难点，合理出台相关政策文件，谋划具体的行动方案，探索创新“四招”巧解精准扶贫“四题”新机制、扶贫产业项目“契约”运作新模式和易地扶贫搬迁“五分”工作机制等，攻破了一项又一项工作重点，破解了一道又一道的实践难点。

在资源整合机制上，始终坚持凝聚合力。资源是打赢脱贫攻坚战的必要保障。在汇聚多方资源过程中，织金县向上引力获取国家、省级不同行业部门的资源支持，向下给力整合乡镇、行政村的优势资源，向外借力汇聚东西部扶贫、定点帮扶、企业帮扶和社会帮扶多元主体的资源扶持，向内发力以激励机制和精准投入实现资源的放大效应。通过多向用力的资源整合机制，织金县为当地脱贫攻坚战汇入源源不断的资源。

实践证明，坚持战略总体部署科学原则、政策构建策略和资源整合机制，是织金县脱贫攻坚战略布局、政策体系的内在机理，同时也是一次十分成功的县域脱贫模式的顶层设计。这场攻坚战的全面胜利，不仅得益于总体部署的科学谋划，而且更得益于其凝聚人心，激励斗志的持续的动员力量，是深入贯彻习近平新时代中国特色社会主义思想在织金大地上结出的丰硕成果，必将对织金县域经济社会发展产生深远影响。

第三章　一统四化：以脱贫攻坚统揽经济社会发展全局

2015年11月27日，习近平总书记在中央扶贫工作会议上强调，脱贫攻坚任务重的地区党委和政府要把脱贫攻坚作为"十三五"期间头等大事和第一民生工程来抓，坚持以脱贫攻坚统揽经济社会发展全局。[①]对于织金县来说，脱贫攻坚既是重大政治任务，也是促进县域均衡发展的良好契机，特别是国家为其提供的政策支持、财政支持和制度保障，是县域经济社会全面发展的重大历史机遇。脱贫攻坚以来，织金县立足于实际，充分利用脱贫攻坚的发展契机，坚持以脱贫攻坚为统揽，全面推进农业现代化、新型城镇化、新型工业化、旅游全域化，全面深化体制机制创新，以更大的决心促进县域经济社会的全面发展，并以此为高质量打赢脱贫攻坚奠定基础。在脱贫攻坚实践中，织金县坚持"一统四化"的发展思路，创造出了一整套经济社会发展和贫困治理效能的先进经验，值得推广和借鉴。

① 《历史性的跨越 新奋斗的起点》，《人民日报》2021年2月24日第1版。

第一节 推进农业现代化，发挥产业益贫效应

从我国贫困治理实践来看，深入推进农村产业革命，既是打赢脱贫攻坚战的重要举措，也是实施乡村振兴战略的重要抓手，更是实现农村经济社会发展的根本途径和长远大计。脱贫攻坚以来，织金县以脱贫攻坚为契机，不断坚持以深化农业供给侧结构性改革为主线，紧紧围绕“农业增效、农民增收、农村稳定”目标，大力调整和优化农业产业结构，积极推进现代农业的转型升级，加快实现农业现代化建设。市场经济条件下的农业现代化，不同于传统意义上的农业现代化。它是以市场为导向，把新技术、新业态和新模式引入农业，用现代理念来引领农业，用现代技术来改造农业，并逐步推进农业现代化建设。织金县在全面推进农业现代化过程中，把产业发展看作是农户增收致富的重要渠道，积极创新和完善利益链接机制，以带动农民持续稳定增收和增强脱贫户自我发展能力，切实发挥产业扶贫益贫效应，并积极推进“输血”向“造血”的产业发展格局转变。

一、强化县级统筹机制，助力农业产业发展

脱贫攻坚以来，织金县在农业产业化发展的具体实践中，把强化组织力量和完善的制度安排作为产业发展的重要基础，严格执行“县级统筹、乡镇负责”管理体制，并推行 11 位县级领导领衔 11 个农业特色优势产业结构调整，为县域农业特色产业的发展奠定坚实的组织基础。总的来说，织金县在统筹过程中，通过组织力量

和制度安排，确保在优化产业布局、扩大农业产业规模、拓宽销售渠道、强化利益联结等方面取得明显成效。同时，他们还根据区位优势、资源优势和区域特色，持续运用市场机制和政策导向，积极促进生产要素的区域流动、重组，通过合理规划产业和产品区域布局，加速产业区域化、专业化生产和规模化经营，形成区域明显、优势突出的农业生产布局，为全面打赢脱贫攻坚奠定基础。

在农业产业布局方面，科学规划"定产业"，因地制宜促发展。他们的具体做法是：其一，立足实际，竭力破解多山少地、资金短缺等现实难题，坚持以市场为导向，以农民持续增收为目标，积极调整农业产业结构。其二，遵循山地经济规律，因地制宜发展现代高效农业，让现代高效生态农业成为实现农业增效、农民增收的重要渠道。其三，充分利用好"中国竹荪之乡""全国最大皂角集散地"名片，并针对现有产业基础和环境因素，以新发展理念破解产业结构调整"开局"难题。

在脱贫攻坚背景下，地方政府往往会在传统常规产业中选择部分产业作为"重点"产业来包装和打造。根据上述统筹规划和安排，织金县制定了种植业"5311"[①]和畜牧业"3311"[②]产业发展思路，把皂角、南瓜蔬菜、竹荪等作为县域农业发展的主导产业，形成特色优势产业布局，为织金县农村产业革命立好"方向标"。数据显示：2019年，织金县种植皂角32.07万亩、蔬菜50万亩、南

① "5311"即发展50万亩皂角、30万亩南瓜蔬菜、10万亩药用银杏、10万亩竹荪及菌材。

② "3311"即发展30万头肉牛、30万只羊，100万头猪、1000万羽家禽。

瓜 11 万亩、食用菌 2 万亩，其中南瓜产量达 4 亿斤、覆盖贫困户 10502 户 42545 人，为农户增收 1.9 亿元以上，有效带动脱贫户持续奔康，为顺利脱贫摘帽做出重大贡献。

产业发展离不开产业基地的打造和健全完善的配套设施。在打造产业基地方面，织金县重点将坝区建成高效农业示范区和结构调整的引领区，积极促进县域三产融合发展。在实践中，织金县把 500 亩以上坝区作为产业结构调整的主战场，坚持科学定位，精准谋划，采取一个坝区、一名领导、一个团队、一套方案、一抓到底的“五个一”模式统筹推进，实行“一坝一业”，实施“一坝一策”。同时，坚持以市场为导向，按照市场所需、本地适宜和突出单品效应的原则，精准编制坝区产业规划“一坝一策”实施方案，因地制宜地选择经济效益高、市场销路好的蔬菜、食用菌等作为主导产业；并根据实际情况，每个坝区规划发展 1—2 个具有优势和特色的主导品种，确保坝区可利用土地 100% 高效利用，良种良法覆盖率 100%，把坝区作为农业产业结构调整“主战场”“主阵地”。

在具体实践过程中，织金县要求各乡镇（街道）要按照省、市、县关于坝区创建工作的安排部署，按照基础设施、组织方式、科技服务、综合效益四个方面的坝区建设考核要求，通过龙头企业的带动，充分利用好坝区资源。比如，农耀公司承接以那镇五星村 500 亩坝区产业结构调整，直接对接广州、香港等市场，按照不同季节时令的消费需求，以销定产确定了坝区以西葫芦、平包、红菜薹、江门白等冷凉蔬菜的产业格局。2019 年，织金县 18 个坝区作物种植面积 20500 亩，涉及 13 个乡镇（街道）、56 个村（社区）、

15950 户农户 62349 人，有效带动贫困户 4468 户 16716 人，为其家庭持续增收创造了有利条件。

在农业产业化推进过程中，织金县不仅仅围绕“一县一业、一乡一特、一村一品”特色农业发展要求，扎实推进农业产业结构调整，并通过各种产业实践把低效产业调下来，把高效产业调上去。同时，织金县还制定《织金县脱贫攻坚农产品品牌发展实施方案》，成立品牌发展工作领导小组，最大程度挖掘农产品的附加值。品牌化策略是对以往单纯发展农产品的升级，这也是提升农产品经济效益的重要手段。具体来看，明确牵头单位和责任单位，按照“培育一批、扶持一批、推荐一批”的推动模式，从“织金绣娘”、非物质文化遗产品、农产品、商标、产品、老字号六个方面进行品牌规划打造，有重点、分层次地推进品牌建设，以不同的扶贫模式带动贫困户增收脱贫。总之，在产业发展过程中，要强化农产品的宣传和推介，不断提升农产品知名度，扩大品牌影响力，有效增加农产品订单量和产品附加值，助推农业产业提速转型和高质量发展，为夺取脱贫攻坚同步小康全面胜利打下坚实的产业基础。

在创新产业扶贫的形式上，织金县积极创新产业扶贫形式，以抓具体抓落地的工作作风，紧盯林地资源不放，大力发展涉林经济。特别是因地制宜发展“林地 +”模式，并结合种植、养殖、加工、旅游等产业，形成了林下、林中、林上立体发展的良好势头，积极构建“一乡一特、一村一品”产业发展格局，有效提高了林地资源利用率和林业经济综合效益。织金县还充分利用自身独特的资源禀赋，因地制宜培育优势特色产业，打破以往碎片化的产业发展形式，大力发展特色农业、山地农业、生态农业，促进农业产业化、新农村建设和生态旅游资源有机融合，积极促使产业往规模化、标准化产业园方向发展，为未来的特色优势产业发展奠定了基础。截至2019年，织金县涉林经济发展面积达30余万亩，年总产值约6亿元，共带动2.92万农户参与生产发展，为其家庭持续增收提供了保障。

二、全面落实要素保障，推进扶贫产业有序发展

产业发展既离不开政策支持，也离不开资金和平台建设等配套。为此织金县在推进农业产业化、农业现代化实践中，不仅出台多项政策支持，还积极统筹资金、技术等各项要素保障，为全县农业产业化、现代化发展奠定坚实基础。

在资金保障方面：充分发挥地方政府融资担保平台作用，鼓励以企业和农民合作组织为基础建立农业贷款担保公司，采取项目覆盖、公司投资、政府补助“三位一体”投资方式，为县农业产业结构调整提供资金支持。数据显示：2018年，织金县财政、农牧、林业、水利等部门整合涉农资金3亿余元，积极落实土地流转、补贴种子种苗等资金；另外，争取扶贫产业基金、整合经营主体资金、贫困农户“特惠贷”等社会资本共同助推产业结构调整。其中，县财政整合安排5000万元用于农业产业结构调整，安排1.5亿元产业扶贫专项资金，重点用于织金县农业产业结构调整项目建设、就业培训、贷款贴息等工作。多渠道、多方式的融资为产业发展奠定坚实基础。

在平台建设方面：一是自己搭建平台，引领产业发展。织金县充分利用全国工商联定点帮扶机遇平台，发挥商会的平台作用，主要是通过推动外引优强企业、荣誉村主任、千凤还巢、专业合作社“四股力量”注入精准产业扶贫，实现产业优势与贫困需求精准对接，创新评价增活力的社会帮扶新机制。同时，广泛组织、发动、联引县内外一批优强企业、商会组织、创业能人创办领办企业、村办企业、农村合作社，与织金县 270 个贫困村抱团发展，拓宽贫困群众致富渠道，有力地加快了精准产业扶贫进程。二是借助企业倾情帮扶，助力产业发展。通过精准产业扶贫、易地搬迁扶贫、吸纳就业扶贫、发展教育扶贫等一揽子综合措施，从肉牛产业、蔬菜产业、经果林、食用菌及其他产业和吸纳就业工作等方面助力脱贫攻坚。截至 2019 年底，全县已建成蔬菜大棚 6300 余栋，投入使用 5300 余个，启动肉牛养殖场建设 30 个，引进优质肉牛 2800 头，食用菌、经果林、中药材等产业建设项目正在有序推进。

在技术推动方面：首先是利用新时代农民讲习所开展培训。脱贫攻坚以来，织金县共建立“县、乡、村”三级讲习所 655 个，累计参与宣讲、培训人数 20 余万人次，有效提升贫困群众政策知晓率和满意度。其次是组织技术培训，强化技术保障。织金县从县组织、农牧、扶贫等相关部门及各乡镇（街道）抽调 200 余名技术、业务骨干，通过集中培训、送教上门等各种形式开展培训 800 余期次，有效培训乡村干部、专业大户、贫困群众等 50000 余人（次），为织金县农业生产、农民创业、农业融合发展提供有效技术保障。再次是成立专业队伍，加强技术指导服务。织金县从农科院、农业、林业等部门选派32名干部到32个乡镇（街道）挂任科技副镇长，竭力补齐乡镇（街道）技术力量不足的短板，为推进农业现代化打下坚实基础。

另外，还加强与省、市高校和科研院所的沟通对接力度，积极组建“人才扶贫”专家顾问组，担任产业发展“设计师”，开展农业科技攻关，为县域农业产业全面、综合发展奠定坚实技术基础。脱贫攻坚以来，全县通过整合省、市、县、乡、村五级农业专业人才资源，组建生态畜牧业、食用菌种植等12类主导产业扶贫技术专家组197人。同时，以新时代农民讲习所为载体，以村为单位，采取院坝会、田坎会等方式，邀请省、市、县农技专家，深入田间地块开展讲习和指导3.22万人次，实现每个乡镇（街道）至少有1名技术员常驻指导，做到因村因户细化产业发展方案，切实解决群众不会种、种不好的难题，激发群众投身产业发展脱贫致富的动力。

总之，织金县在统筹扶贫产业发展过程中，通过积极搭建发展平台，全面落实各种要素保障，并加强政府与社会、企业的合作，积极探索双方利益链接机制，让扶贫政策摘帽后的扶贫产业能够独立应对市场带来的挑战，持续为贫困户和贫困地区带来更大的扶贫效益，持续为全面打赢脱贫攻坚战提供保障。

三、多措并举开拓销路，建立健全农业产销链条

产业的发展既要强调产业的持续发展，更要注重产品销路的拓展。在加强产销方面，织金县采取高位推动的方式全力推进。脱贫攻坚以来，县委、县政府领导高位推动，以身作则，带头走出

去、引进来，积极主动跑销售市场、找经营主体，全力发动县农发公司、林投公司、丰盛源公司等国有平台公司参与皂角、竹荪等主导产业发展和农产品产销对接，落实“农校、农超、农企”等合作模式，为产业规模化发展解决产销的“后顾之忧”。比如，织金县创新“农校”“农企”等合作方式，全县 30 万农村中小学学生营养餐、政府机关、事业单位食堂、工矿企业等食材由丰盛源公司组织、供应、配送，确保农特产品产得出、销得好。

不仅如此，织金县还借助“全国电子商务进农村示范县”优势，积极推进农商互联集配中心、农产品批零市场、冷链物流等基础设施建设，全力打通销售渠道，搭建线上线下产销对接平台。截至 2020 年，该县已与千喜鹤集团、江苏高策农牧科技有限公司、勐海豪扬农业发展有限公司、河南柘城山里红辣椒有限公司等龙头企业签订供销协议，并在北京设立农产品批发专区 1 个、杭州设立农产品批发专铺 1 个。比如，千喜鹤集团还与织金县签订农特产品产销一体化帮扶项目，成立专业合作联会，全县 109 家合作社加入了该联会，这些合作社提供的红托竹荪、皂角米等，都是当地最有代表性的绿色农副产品。高质量的农副产品定向供给，既方便了企业采购，也为合作社的产品外销节约了大量销售成本。

此外，织金县充分利用基层组织力量，动员号召各乡镇（街道）充分用好人脉、信息等资源，积极开展产销对接，全力为本地农特产品找销售市场。比如，熊家场镇与省直机关职工绿色农产品（天马传媒）直销中心签订农副产品供销协议，定点销售乌鸡、腊肉等；大平乡与广州市花都区花城街道、广州很土很乡网络科技有限公司、深圳市雅车乐投资有限公司签订农产品销售合作协议，销售蜂糖李、生态猪、中华寿桃、冰脆李等本地农产品。这些到户到人的创新举措，有利于农业产业发展和农民增收，为农户稳定脱贫持续“输血”。

案例： 鸡场乡成立织金县西腾农业发展有限责任公司，组建以乡农业服务中心主任为公司负责人，选派12名干部加入乡平台公司营运队伍，围绕全乡产业发展明确工作目标、工作职责，主攻产品品牌打造、产业链研发、电商平台运营、市场营销、利益联结等，采取“公司＋合作社＋电商”模式在全乡24个村（居）成立电商平台，畅通农产品销售渠道，实现产销衔接到乡到村到户到人。

除了积极发挥县域政府和社会力量参与产业发展，织金还强化与对口帮扶城市和对口帮扶单位的沟通对接，先后到湖南耀泓生态农业开发有限公司、广州江南果菜批发市场考察对接，组织幺贵食品、四维竹荪、慷骅农资等企业产品入驻贵州（毕节）农特优产品广州销售中心，推动王氏竹荪、圣铧实业等企业与广州签订长期供货合同，平均日销售额达5万元左右，大大拓展了产品外销途径，有效保障了农民的有效收益。广州耀泓生态农业开发有限公司在以那镇、龙场镇等地，大力发展订单农业、自营大棚基地和露天基地，通过实施产业扶贫进一步提高织金县农业产业发展水平，带动当地贫困户增收，助力织金县打赢脱贫攻坚战。

四、创新利益联结机制，激发产业主体带贫效益

为避免出现“精英俘获”现象，织金按照“一个产业一个方案、一套利益联结机制”的思路，全面推广“企业 + 农户”“合作社 + 农户”“企业 + 合作社 + 农户”等模式，确保合作社覆盖全部贫困户。同时，大力引进培育龙头企业，积极组建农民专业合作社，通过试点示范引领、龙头企业引领和基层党建引领，织金县围绕重点区域、特色产业，层层抓好县乡两级领导示范样板点建设。并按照“外引内育”思路，引进广州耀泓、云南勐海豪扬、广州鲜慕达、北京千喜鹤等 10 余家大型龙头企业带动发展皂角、南瓜等特色主导产业，依托其自身成熟的市场网络和销售平台，在产前签订订单，根据订单组织生产，有效促进龙头企业、合作社、农户形成产业发展共同体。

产业扶贫的最终目的是通过发展扶贫对象的能力来改善其生产能力和生活水平，赋予贫困者所需的能力是产业扶贫的意义所在[①]。2019 年，织金县共有 42 家农业龙头企业、140 个样板社和 486 家企业（合作社）等经营主体通过“龙头企业（公司）+ 支部 + 基地 + 农户”“农民合作社 + 支部 + 农户”“龙头企业 + 支部 + 农户”等生产经营模式，通过让贫困户以耕地、林地及扶贫专项资金、“特惠贷”等入股分红和就近劳务参与生产，共计与织金县 2.35 万户 8.69 万人建立了利益联结机制，实现家庭收入持续稳定增加，而

① 王春光：《社会治理视角下的农村开发扶贫问题研究》，《中共福建省委党校学报》2015 年第 3 期。

不是通过分红“一分了之”。比如，马场现代农业综合产业园是马场镇引进龙头企业织金豪扬农业发展有限公司集统一育苗、统一指导、统一收购、统一销售，形成产供销一体化经营的综合产业园。园区由合作社负责组织贫困户务工、蔬菜基地日常管理及维护工作，同时通过“保底分红 + 利益分成 + 务工收入”的方式，确保基地所覆盖的贫困户实现多渠道、多方位增收。

织金县通过引进龙头企业和加强新型主体培育相结合，坚持多措并举促发展。脱贫攻坚以来，全县先后引进培育企业 101 家，其中龙头企业 51 家，培育新型市场经营主体 3000 余个，有效解决农业产业结构调整和产业脱贫攻坚的资金和技术瓶颈，实现每个行政村都有 1 个以上的新型经营主体目标，可以有效解决当地成百上千贫困户的就业问题，在贫困户家庭增收方面充分发挥其益贫带贫作用，为如期实现脱贫攻坚添砖加瓦。

同时，在培育新型主体和创新利益联结机制方面，充分发挥党建扶贫的重要作用。坚持贫困户和村集体“两个联结”一起抓、增加农民收入和壮大村集体经济“两个效益”一起要、发展基金和风险基金“两个基金”一起建，按照“4 个 100%”[①]，大力推广“龙头企业 + 合作社 + 农户”组织方式，充分发挥合作社统一农资采购、统一生产管理、统一包装销售的优势，降低农户的生产成本和市场

① 4 个 100%：即 100% 的乡镇（街道）建立村集体股份经济合作社联合社，100% 的村建立农村集体股份经济合作社，100% 的贫困户实现全覆盖，100% 的合作社有企业带动。

风险，真正把农户发动起来、组织起来、带动起来。截至 2019 年底，全县成立以村党支部书记为法人的村集体股份经济合作社 578 个，集体经济积累达 7089.54 万元，6.5 万户 28 万人与合作社建立利益联结机制，就近提供就业岗位 15000 个。

在创新利益联结方式上，织金县更是要求凡建有合作社的地方，要加强与龙头企业对接合作，鼓励农产品加工企业与农户建立公平合理的利益联结机制，引导龙头企业不断完善现有以合同契约为主的利益联结方式，逐步探索扩大二次返利、股份合作制、利益共同体等更趋紧密的合作机制，构建更为稳固的产业链条，进而实现以销定产、以产促加的良性互动，分享更多产业发展红利；并大力推广“龙头企业 + 合作社 + 农户”产业化经营模式，带动农民开展大规模种植养殖，维护农民合法权益，提高农民专业合作组织的组织化程度、产业化水平和产品市场竞争力，通过参与生产来提升农户自我发展能力。

案例 1： 猫场镇采取“公司 + 支部 + 基地 + 农户”模式，由猫场镇整合退耕还林项目资金、农户自愿以土地入股、公司投资 800 余万元参与共同建设发展。项目建成投产后，产生的收益按公司占 30%，农户占 60%，村集体占 10% 的比例进行分成，项目带动农户 1347 户 5658 人，其中贫困户 257 户 872 人实现增收致富。

案例2：大平乡采取“合作社＋支部＋农户”的方式建设，项目区农户自愿以土地入股、合作社牵头组织实施，第五年开始，入股农户（含入股贫困户）与村集体经济农民专业合作社按7∶3进行利润分红。经营主体年收益171.35万元；贫困农户年收益20556.2元；贫困户务工收入180万元；贫困户人均收益0.4883万元；带动农户2334户8532人，其中贫困户937户2911人增收。

案例3：农耀公司采取“公司＋村集体＋农户”的模式，创建以那镇五星村500亩坝区产业结构调整示范基地，对涉地农户采取土地入股形式，按年均每亩保底700元方式进行分红；按一个大棚覆盖一户贫困户的标准，将恒大援建的大棚的经营权确权给贫困农户，贫困户将大棚经营权入股给公司，村集体负责为公司提供相关协调、服务工作，每个大棚每年保底分红给每户贫困户不低于1700元，村集体100元。目前基地覆盖带动贫困户555户1976人。同时村党支部组建劳务输出中心，以贫困劳动力为主，按人均日工资80—100元的方式向企业进行劳务输出，务工群众每人每月可获得2000—2500元工资收入，确保群众劳动务工每年增收20000元以上，实现一人就业，全家脱贫，目前已解决120余人就业，其中贫困户80余人。

总之，产业发展作为提高农民收入的重要途径，无论是脱贫攻坚还是乡村振兴，千方百计发展产业、发展特色产业与多元产业结合的产业体系势在必行，更要进一步完善利益联结长效机制，确保所有贫困人口产业联结全覆盖。织金县在农业产业化和产业扶贫实践中，通过“定产业、聚合力、管长远、带农户、激活力、强保障”等措施，让农村各类闲散资源“活”起来，集体经济“强”起来，群众的钱袋子“鼓”起来，初步形成了一条具有高效特色的农业产业链条。既调动群众参与的积极性，切实提高农户收入水平，又让现代化农业产业生根发芽，进而提升脱贫户和脱贫地区的持续“造血”能力，有效促进脱贫攻坚的全面胜利。

第二节　推动新型城镇化，统筹城乡协同发展

脱贫攻坚实质上是解决农村社会的发展问题，也是促进城市和农村综合性协同发展的新型城镇化建设过程。所谓新型城镇化，就是坚持生态宜居、产业支撑、城乡统筹的总体思路，打造集文化旅游、新兴产业、城乡一体的特色城镇。相较于传统城镇化，新型城镇化凸显了生态环境和文化产业的打造。当然，在推动新型城镇化的过程中，可以通过“城市引领乡村”“城乡协同发展”的发展路径，促进城市周边地区的共同发展和统筹城乡社会协同发展，最大程度地培育农村地区的自我发展能力，带动农村社会的经济发展，进而为贫困治理奠定经济基础。

一、强化顶层设计，全面贯彻协同发展观

脱贫攻坚以来，织金县强化顶层设计，全面贯彻协同发展观。坚持以脱贫攻坚为统揽，全力推进新型城镇化高质量发展。为此，他们抢抓山地特色新型城镇化发展机遇，聚焦城市建设“高度、力

度、广度、气度、绿度、温度”，全面推动城镇发展与脱贫攻坚、乡村振兴、经济高质量发展相融合。具体来看，一是坚持立足县情实际，着眼当前、放眼长远，大力补齐城乡区域和农村发展短板，并围绕不断满足人民对美好生活的新期待，进而带动乡村经济社会的发展，努力缩小城乡发展差距。二是积极塑造新型城乡关系，力求形成以工促农、以城带乡的发展机制，进而提升城镇品质、做强城镇经济，实现工农互促、城乡互补、城乡全面协调发展和共同繁荣。

首先，在新型城镇规划建设中，坚持做好顶层设计和制度化建设，做到高标准规划、高起点建设。织金县结合脱贫攻坚和乡村振兴，完成了《织金县县城总体规划（2019—2030）》《织金历史文化名城保护规划》《织金古城东片区概念性规划》《织金县乡村振兴战略规划（2018—2022年）》《织金县东部核心区乡村振兴规划》等规划编制和修订。同时，牢固树立“建当代精品，留历史古迹”的发展理念，充分发挥织金气候优越、生态良好、历史悠久的资源优势，以打造“山水之城、文化之城、宜居之城、活力之城”为目标，努力把织金建设成集文化旅游、商贸物流、新兴产业、交通枢纽于一体的特色城市，实现城市让生活更美好、乡村让人们更向往。

其次，坚持“规划一步到位、分期组织实施”的原则。为此，他们坚持创新项目建设管理方式，积极引进社会资本投资城市建设，全力推动织金古城、棚改等项目建设，使项目建设实现了高标准、规范化，并取得良好示范带动效应。在具体实施阶段，结合“东部振兴、中部提质、西部攻坚”发展格局和梯度布局，加快构建以县城为主体，惠民、三甲、绮陌新城区为龙头，八步、茶店副中心城市为重点，桂果、猫场、熊家场等特色小城镇为支撑的城镇空间新格局。目前，县城面积扩至45平方公里，城镇化率提升至47.23%，新增达标“8+X”项目省定示范小城镇2个、市定示范小城镇3个、特色小城镇13个，辐射带动有条件的乡镇加快城镇化进程。

脱贫攻坚的持续发展要以破解乡村治理的关键问题为重点，以实现城乡社会系统间结构协调、功能互补为主要目标，要强化经济、社会及生态等多个子系统间的互动，打通城乡多要素的流通渠道。在城镇建设过程中，以“古城为根体验历史，文化为魂提升品牌，休闲为脉设计产品，县域为形构建产业”为思路，同时以城联镇带发展，依托过境铁路、高速公路及城市主干道交通动脉联动，积极畅通县、乡、村公路通行能力，打通“毛细血管”，激活经济“脉络”。在实施推进过程中，他们创新采取“政府主导＋民间资本”方式，引进社会资本参与，建成2个省级乡村旅游示范点、3个市级乡村旅游示范点、29个乡村旅游扶贫重点村，为发展乡村旅游、带动乡村发展奠定坚实基础。

二、完善配套设施，提升公共服务水平

城乡均衡发展需要社会等多方面的良性互动，单纯的经济一体化和城镇化建设无法有效地实现城乡全面协调发展，特别是要通过统筹城乡基础设施建设、公共服务配套和城乡公共服务的均等化供给来进一步推进乡村振兴。

在完善基础设施方面，织金加速推进织金客运总站、织金火车南站站前广场建设，完成县乡公路改善提升 3 条 61.4 公里、农村公路“畅返不畅”整治 81.3 公里、农村公路安防工程 213.59 公里。同时，整合各类扶贫资金和发展资源投入到有旅游条件的贫困村，完善乡村文化旅游基础设施和服务体系。如，加快推进公共图书馆、文化馆、乡镇综合文化站、村（社区）文化综合服务中心等建设，全民健身运动中心建成投用，生态体育公园建设加快推进；启动县第二人民医院建设，推进紧密型医共体建设，乡镇卫生院中医馆实现全覆盖，全面提升城乡公共服务水平。

在打造宜居城镇方面，他们以“看得见山、望得见水”为原则，依托织金河打造滨水商业街区，总建筑面积 200 万平方米，综合容积率为 3.97，以中式园林与建筑融合理念，打造山禾源·水乡中式人居典范，全力把棚户区打造成功能齐全、环境优美城市新亮点、宜居新家园。以“六网会战”为重点，加快推进城市水道、慢道、网道、绿道建设，切实提升县乡公路通行能力，加快文腾大街、凤凰大道、环城西路、环城东路等一批城市主干道建成投用，有效提升城市宜居度和市民满意度。

在构筑县域美好生活方面，织金结合饮用水源地、河湖流域、城乡污水治理，采取“PPP+EPC”模式，撬动社会资本，实施城区水环境综合治理工程，建成凤凰生态公园、宝桢湖公园，融合“科普教育、民族文化、休闲游憩、康体养生、山地竞技、特产购物、民俗体验、农业休闲及城市形象展示”多种功能于一体，着力打造人与自然和谐共处的城市生态空间。同时，还采取购买服务方式，每年投入资金 2400 余万元，引进滨南公司实施市场化保洁，县城整体保洁水平和质量全面提升；投入资金 180 余万元购买城市公共环保自行车服务，方便群众绿色低碳出行。逐步实现城在绿中、水在城中、人在景中，不断满足人民日益增长的优美生态环境需要。

脱贫攻坚以来，织金围绕建设全省中西部最佳宜居城市为目标，以“五城同创”为抓手，大力实施绿化美化工程，县城整体保洁水平和质量全面提升。还坚持镇村一体、全面覆盖，并加快全省小城镇道路、供水、供电、停车场、广场、百姓重大活动场所等基础设施建设，着力解决群众关心的民生问题。

三、强化产镇结合，促进农村人口有序转移

脱贫攻坚本身是具有多元面向的复杂系统，并且与城乡关系的整体环境相关联，需要确立城乡关系的“系统观”。织金在推进新型城镇化建设过程中，充分发挥城市产业集聚功能和城镇化空间效应，以农业产业化、工业新型化、旅游全域化助推城镇特色化，构建“一城引领、四区承载”产业布局，形成中部城镇和综合产业区、西部山林和煤炭经济区、东北部休闲旅游产业区、东南部特色生态产业区，实现信息、技术、资金、政策、资源“五个集聚”，不断提升城镇经济社会发展的综合水平，并配合脱贫攻坚有效促进农村人口有序转移和适度集中，实现易地搬迁户就业和产业、生产与生活有机结合，实现脱贫户的稳定脱贫。

要做强城镇经济，就要结合资源优势和区位条件。织金县在新型城镇化建设过程中，大力发展各具特色的工业小镇、农产品精深

加工小镇、文化旅游小镇、商贸物流小镇，形成活力迸发、生机勃勃的城镇发展局面。同时，在发展城镇经济过程中，以皂角、银杏和文化旅游业为核心产业，构建“一城一链四节点”空间布局，以点带面、示范引领，推动全县乡村有序振兴。按照山地特色新型城镇化建设要求，建立完善“多规合一”体制机制。以“8+X”项目建设、“1+N”镇村联动和“10+N”农村人居环境改善为抓手，结合“四在农家·美丽乡村”建设、“千乡万村”整治工程和“六个小康”行动计划，带动、示范、辐射基础设施和公共服务向农村延伸，促进有条件的小城镇和村庄全面发展。

在新型城镇化建设过程中，城市与农村彼此之间存在协调互促的发展关系，他们结合易地扶贫搬迁的实际情况，把小城镇的就业创业作为推进易地扶贫搬迁群众市民化的重点，系统谋划产业发展。“十三五”期间，织金县将易地扶贫搬迁与城镇化建设相统筹，优化城乡资源配置，扩充城镇建设容量和相关配套产业的发展，全县共建成易地扶贫搬迁安置点 10 个，其中集镇安置点 8 个，县城安置点 1 个，企业援建 1 个，确保贫困家庭搬迁至少 1 个劳动力实现稳定就业，做好易地扶贫搬迁的后半篇文章。

同时，完善安置点配套设施建设，帮助易地扶贫搬迁群众更好更快适应并融入城镇生活。脱贫攻坚以来，他们充分发挥城市产业集聚功能和城镇化空间效应，在惠民街道集中安置易地扶贫搬迁群众 4958 户 22438 人，提供就业岗位 25214 个，实现信息、技术、资金、政策、资源“五个集聚”，有效促进农村人口有序转移和适度集中，就业和产业、生产与生活有机结合，有效解决脱贫人口的

"两不愁三保障"问题，并进一步改善其生活水平。

四、创新治理方式，构建美好社区生活

一是创新党建引领社区治理。在原来社区治理基础上，积极转变治理方式，探索党建"四连"模式，即构建"乡镇（街道）党委（党工委）连楼宇党支部、楼宇党支部连党小组、党小组连党员、党员连居民"共建共治共享的管理服务机制，再通过建立和完善党建引领、政府主导、居民自治、社会协同的社区治理体系，切实做到为社区服务、为居民服务，切实增强社区居民归属感、获得感和幸福感。

二是创新智慧城市治理模式。在新型城镇化建设过程中，积极探索运用"城市大脑"做法，并引进实力网络公司，整合智慧城市项目资源，量身定制《智慧织金总设计方案》，启动织金"城市大脑"建设前期工作，为交通治理、环境保护、城市社区管理、区域经济管理等构建后台系统，同时也为易地扶贫搬迁小区的治理提供便利，着力提升城市管理智能化水平。

三是创新城镇综合治理机制。坚持以人为本、服务为先的原则，在原城管大队、环卫所基础上，组建500人的环卫专职队伍，全面推行爱国卫生目标管理和城市管理百分制考核，实行"月月督查、月月评分、月月通报"问责制度。深入实施"农村人居环境整治三年行动"和"百千工程"，建立社区创卫巡查"倒牵牛"制度和创卫信息管理系统，在县政府、街道和社区（村）分别设立工作巡查组和决策组，实行"三级巡查四级决策"，做到问题从源头抓

起、从基层改起，确保城市治理有效。

第三节　加速新型工业化，有效助推脱贫攻坚

织金县坚持以脱贫攻坚为统揽，加速新型工业化建设，坚持以新发展理念引领织金新型工业化发展，紧紧抓住构建新发展格局对织金新型工业化发展重大机遇，坚持高端化、绿色化、集约化，狠抓制造业高端化发展、狠抓产业园区提质发展、狠抓龙头企业培育壮大，加速推动新型工业化，并以十大工业产业集群化发展为主抓手，以园区项目建设为主平台，努力走出契合织金实际的新型工业化道路。同时，把工业生产与扶贫产业、民生工程有机结合起来，确保实现县域经济同步、协调、可持续发展，努力将织金经济开发区建设成为建设贯彻新发展理念的示范园区，助推全县实现经济社会高质量发展，助推全面打赢脱贫攻坚战。

一、壮大县域工业经济，为脱贫攻坚提供支撑

织金坐拥丰富的煤、磷资源和水资源，是一个实实在在的“聚宝盆”。但长期以来，由于受到交通等基础设施落后的影响，经济发展一直无法“上个大的台阶”。脱贫攻坚以来，他们围绕国家和省“十四五”规划，“一带一路”，长江经济带，“六网会战”“大扶贫、大数据、大旅游、大健康”四大战略谋划一批重大基础设施、生态新兴产业项目，着力解决好项目前期准备不充分、规划衔接不到位等问题，提升项目包装谋划的精准度和可操作性。

织金属产煤大县，素有“西南煤海”之称。探明的优质无烟煤达129亿吨，占贵州总量的20%以上。近年来，他们坚持“以煤兴县，以煤强县”的战略思路，依托资源优势，推动煤炭产业转型升级。在新型工业化的具体实践中，坚持把重大项目作为推动经济发展的重要引擎，树牢“抓项目就是抓经济、就是抓发展”的理念，强化要素保障，狠抓项目建设。特别是在全省的大力关心和帮助下，中石化董事长率队赴织金调研，并就加快推动煤化工项目与省委、省政府进行洽谈，围绕项目高端化、绿色化、集约化发展，加大技术创新力度、优化调整工艺路线，加快推动项目早建成、早投产、早见效，达成了一致意见。

同时，持续加快推动产业园区建设，坚持产业集聚集群发展，提升园区承载能力。他们按照“布局集中、用地集约、产业集聚”的原则，加强煤化工上下游产业项目引进，进一步延长产业链条。不断完善和拉长加粗经开区煤磷电化一体化、纺织服装等主导产业链条，进一步优化经开区产业发展定位。不断盘活现有资源，实现精准抓招商，加快推动同源、同质产业向园区集聚，增强园区发展活力，发挥园区产业集聚效应，奋力推动“工业大突破”、促进工业经济高质量发展促进产业园区高质量发展。

织金经济开发区已经形成大建设、大开发、大发展的强劲态势，形成了大项目“顶天立地”，小项目“铺天盖地”的发展格局。一个集新型工业化为一体的经济开发区闪亮登场。脱贫攻坚以来，织金经开区乘势而上，只争朝夕，以大开发促大发展，以大发展推进大跨越，立足资源禀赋和经济开发区区位，突出“加速发展、加快转型、奋力赶超、推动跨越”的主基调，以工业项目为抓手、以园区建设为载体，强力推进“新型工业化”战略目标。截至2020年底，已启动改造S209线八步至茶店12公里道路，安置点城市主干道2.5公里、环碧云湖大道4公里、黔织高速白马互通至煤化工基地21公里进场公路建设。还启动了开发区给排水17公里管网建设、渣场及搬迁安置点等配套基础设施建设。

织金要求乡镇（街道）要用好中央“补短板”政策，要紧盯中央专项资金、中央预算内资金、绿色产业扶贫投资基金等投向，争取更多项目挤进国家、省、市“十四五”规划盘子。继续落实项目“五个一”推进机制，加快推动拟开工项目如期开工、入库、报数，对亿元以上省市重点项目落实领导联系制度，强化跟踪调度，加快形成实物工作量，积极推进县域新型工业化建设，为全面打赢脱贫攻坚战奠定坚实的经济基础。

二、创新招商引资方式，强化企业扶贫效益

在工业发展实践中，织金县委、县政府主要领导主动出击，积极开展招商引资，引进培育经营主体参与全县产业结构调整。织金经济开发区将招商引资作为保障强化支柱产业、培育新兴产业，扩大经济总量、促进产业升级的重要手段。充分利用招商引资迅速实现开发区产业的升级与调整、深化产业链条、提升园区竞争力；以引进大公司、大项目为突破口，始终坚持把对外开放作为第一发展战略，把招商引资作为第一工作举措，积极采取“走出去、请进来”等方式招商引资，千方百计发挥区位优势、能源优势、政策优

势开展招商引资工作。

织金在招商引资过程中，积极创新招商引资方式，要求党员干部牢固树立“人人都是招商形象，个个都有引资责任”的担当意识，抢抓“六网会战”项目实施契机，进一步加大招商引资力度。不仅如此，他们还立足县域产业特色和区位优势，围绕蔬菜、竹荪、生态畜牧业、皂角煤化工下游产业、煤化工项目产业链、旅游资源等优势，大力引进一批生物制药、新能源、节能环保、新型装备制造等产业向园区集群集聚，加大力度引进更多科技含量高、带动能力强的大项目、好项目落地织金。

与此同时，积极组织和派出招商小分队和招商专班，利用好第二批、第三批派驻深圳工作小分队开展招商活动，持续走进企业上门推介招商，主动深化与500强企业、行业优强企业、重要商协会、有关政府部门的交流合作。在招商引资过程中，重点关注与县域产业发展匹配度较高、具有强大孵化能力的大公司、大企业，狠抓产业集群、链条延伸、产业培育、产业融合，并力争引进1—2家高科技企业入驻园区，进而培育一批具有本地特色的上行品牌，这对于县域经济社会发展和产业结构调整优化具有长远意义。

脱贫攻坚以来，全县围绕产业脱贫现代高效农业园区建设开展攻坚行动，打造以“合作社+微型企业+农户”的发展模式，培育地方特色优势产业，推动农村贫困人口创业就业。一是积极探索建立“创业不出村、打工不出门、微企助脱贫、共建小康村”新路径，加快建设微型企业创业示范村、孵化园和创业园。二是深入推进“两园一街一村”示范基地创建活动，依托园区、乡镇设立若干个微型企业创业指导站，就近就便提供技术支持、政策咨询、后续帮扶等一站式服务。三是结合各类产业园区、创业孵化基地、职业技术学校、乡村旅游景点等资源，通过挂牌同建、校企共建、第三方新建等方式建设微型企业成长基地，实现产业集聚和抱团发展。通过以上措施，有效带动搬迁群众及周边高龄人员、家庭主妇等1000余人就业，有效解决了不同劳动层次群众的就业需求，实现家庭人均收入的稳步增加，为脱贫攻坚做出重要贡献。

三、深化“放管服”改革，推动项目有序建设

工业是县域经济发展的重要支撑，要把服务工业企业发展作为工作重点，积极为工业企业营造和谐稳定的发展环境。织金县在经济社会发展过程中，高度重视民营经济的重要支撑作用，认真落实中央、省、市支持民营企业改革发展的意见，深入实施服务民营企业六大专项行动，全面清理与企业性质挂钩的歧视性规定和做法，持续开展领导干部服务重点项目、重点企业行动，领导干部要以身作则，带头深入基层、深入企业、深入生产一线，真心实意帮助企业解难救困。

在服务民营企业六大专项行动实践中，他们进一步深化“放管服”改革，激发市场主体活力，切实推进行政审批制度改革，优化审批流程、提高审批效率，探索实施行政审批“七个一”改革，持续降低制度性交易成本，强化营商环境打造，着力抓好“减证便民”清理。持续开展窗口规范化建设，大力推进“互联网 + 政务服务”平台向基层延伸。以“全覆盖服务、全联通服务、全方位服

务、全天候服务、全过程服务”为核心，推动政务服务“最多跑一趟”和“只进一扇门”，坚决打通服务群众最后“一公里”。同时加大跟踪服务企业力度，及时协调解决企业在发展中遇到的实际困难，推动项目正常建设。

织金县按照“布局集中、用地集约、产业集聚”的原则，加强煤化工上下游产业项目引进，进一步延长产业链条。同时，以“保内需、拓市场、强联系、寻出路”为主线，提高煤炭企业的科技生产能力，出台相关政策，搭建煤炭交易平台，切实加大对内向外协调对接力度，有效破除煤炭销售壁垒，增加财税收入，着力提高煤炭产业对财政收入的贡献率。与此同时，加快推动产业园区建设，坚持产业集聚集群发展，提升园区承载能力，进一步优化经开区产业发展定位，盘活现有资源，实现精准抓招商，促进产业园区高质量发展。

在构建新型工业体系框架下，大力发展龙头企业的益贫带贫效益，也是当地的重要发展思路。织金县在传统产业基础上，大力推进农产品精深加工、民族手工业和劳动密集型产业发展，支持民营经济发展，培育壮大一批带动力强、辐射广、市场前景好的龙头企业，通过“龙头企业 + 农户”或者“龙头企业 + 合作社”等帮扶模式，降低群众的市场交易风险，带动贫困群众多渠道增收致富。一方面政府在完善产业发展扶持政策的基础上，制定促进项目引进、企业建设、产品营销等方面的优惠政策。另一方面积极建立企业、合作社、行业协会、贫困户等各经营主体的利益共同体，切实形成“风险共担，利益均沾”的利益分配机制，提高农业生产的组织化程度。

第四节　推进旅游全域化，好山水开启致富路

“织金最大的财富就是这里的山山水水，最好的扶贫成效就是用生态的方式让绿水青山成为金山银山。”脱贫攻坚以来，织金县依托山水资源和良好生态环境，把旅游业作为脱贫攻坚重要抓手，走出一条旅游全域化的扶贫新路。所谓全域化旅游就是指在一定地理区域内，把旅游业为优势产业，并通过对区域内旅游资源、相关产业、生态环境、配套设施等进行全方位、系统化的升级优化，促进区域资源有机整合、产业融合发展，进而实现以旅游业带动和促进脱贫攻坚协调发展的一种发展理念和模式。截至2020年，织金县旅游接待人数达1740.75万人次，同比增长24.68%，旅游综合收入165亿元，同比增长26.73%，累计带动全县建档立卡贫困人口42581人脱贫。

一、旅游扶贫新思路，多措并举促发展

近年来，织金县立足生态资源优势，大力发展旅游扶贫，把旅游扶贫作为脱贫攻坚的有效方式和贫困群众脱贫致富的重要渠道，并通过“乡村旅游+”的发展模式，带动贫困群众稳定脱贫。概述而言，织金县坚持把旅游扶贫示范带建设作为“一把手工程”，建立完善旅游发展联席会议制度和旅游人才培养使用激励机制，整合投入资金4.5亿余元，将示范带内旅游项目建设用地计划纳入年度用地计划统筹安排，将示范带内业态发展作为所涉部门和乡镇（街道）重要工作目标纳入年度考核，通过发挥考核督导作用，形成推

动旅游扶贫示范带建设的强大合力。

脱贫攻坚以来，他们坚持围绕“吃、住、行、游、购、娱”六要素，对示范带内产业发展进行统筹，有效延长产业链、拓宽产业幅，促进旅游业态优势互补、融合发展。特别是，针对山地农旅示范带建设，依托农业资源、田园景观、农村生态环境，大力发展生态观光、康体养生、农耕体验等综合业态，建成省级示范农业园区 6 个，市级示范农业园区 4 个，县级示范农业园区 3 个，乡级示范农业园区 27 个，带动贫困户 40000 余人增收。同时，依托乌江源百里园画廊为旅游文化品牌，持续用力发展乡村旅游产业，基础设施得到大改善、村容村貌得到大改观、旅游发展得到大提升、产业带动得到大促进、脱贫攻坚得到大推动、群众增收致富能力明显加强。

比如：乌江源百里画廊位于官寨乡红岩居码头处，景点处于织金洞世界地质公园园区范围内，具有优质的旅游资源和良好的人文环境，旅游发展潜力巨大。农户大力发展集住宿餐饮、休闲娱乐为一体的乡村旅游经济，扩大柑橘、樱桃和其他水果的种植规模，改良品种，提高水果的口感和品质，改变单一的种植结构，形成“农户 + 基地 + 市场”的发展模式，使得群众增收致富。

文化是生活的重要组成部分，民族文化产业也是城镇发展的重要动力来源。织金在城镇化发展过程中，全力盘活文化资源，坚持打好“山水文化、名人文化、民族文化、饮食文化”四张牌。比如，在营上村营上古寨打造乡村旅游扶贫示范点，并植入苗族喊歌、跳花元素，同时古寨的非遗文化具有地域风情的吃喝玩乐和特殊意义的织金故事，让非遗文化与城镇建设、乡村振兴融为一体。

借助旅游点和新型城镇建设，织金县积极推广文琴戏、傩戏、布依族民歌、苗族蜡染刺绣、三眼箫、射弩技艺等民族文化遗产，打响宫保鸡、水八碗、竹荪、雪莲子等餐饮食品牌，积极发展文化产业，这些文化产业都成为旅游业的快速发展的重要点缀。其中依托山水文化的“营上古寨”被列入第二批中国传统村落，依托名人文化的电视剧《丁宝桢》上映，这些都是丰富和推广地方文化的重要途径。2019 年，织金县实现文化产业产值 4.63 亿元，占 GDP 比重 2.12%，成为织金县经济社会发展的重要组成部分。

当然，县域经济的发展不可能仅仅依靠内部力量，特别是旅游产业的发展，更是需要外部资本的投入，提升社会参与水平。织金县在旅游全域化的发展过程中，坚持“看得见山、望得见水、记得住乡愁”的理念，高起点定位、高标准规划、高效率推动，积极争取棚改资金支持和引进社会资本参与，将织金平远古镇打造成集旅游、文化、城市为一体的全域旅游集散中心，目前一期工程已完成投资 26 亿元。项目全部建成后，将面向全县建档立卡贫困户，解决就业 3218 人，年人均增收可达 3 万元左右，成为带动贫困户增收的重要渠道。

针对县域经济发展和脱贫攻坚状况，织金县按照“文旅融合、体旅结合、农旅结合、林旅结合”的发展思路，推动“旅游 +”多产业融合发展，积极引导社会资本以租赁、承包、联营、股份合作等多种形式投资开发乡村旅游项目，并兴办各种旅游开发性企业和实体。对吸纳农村贫困人口就业的旅游企业，按照规定给予税收优惠、职业培训补贴等政策支持，为县域脱贫攻坚做出积极贡献。同时，鼓励成立乡村旅游专业合作社，支持村级集体经济组织兴办旅游合作社、旅游农场，采取“公司 + 农户”、“专业合作社 + 农户”、综合开发、整村推进等多种方式，不断壮大县域乡村旅游集体经济开发实力，提升全县乡村旅游发展水平，也为持续增加农户收入和脱贫稳定性打下基础。

二、打造旅游全域化，助推扶贫特色产业

织金县在实施全域化旅游的规划过程中，坚持以乡村振兴战略为指引，高标准编制《织金县乡村振兴发展战略规划》，以“播种”培育的方式，打造一批以农家餐饮住宿、休闲度假、田园种植体验、野外露营烧烤、户外采摘垂钓为特色的乡村旅游示范点。

在具体推进过程中，全县打破条块分割，把创建“全域旅游发展示范区”与生态治理保护结合起来，发挥自然风光、生态优势和人文优势，优化“百金线”（百里杜鹃—织金）、“黄金线”（黄果树—织金）、“贵金线”（贵阳—织金）三条旅游精品线路，重点打造一批乡村旅游示范带。其中，以乌江源百里画廊为主线，推出“东风湖—下红岩—织金洞—织金大峡谷—溶谷苗寨”山水观光示范带；以清织高速为主线，推出“织金乌江之门万亩樱桃园—马家屯布依民族村—大陌农旅示范园—三甲农旅示范园”农旅融合示范带；以贯城河为主线，推出“织金河凤凰生态公园—织金河滨河沿岸—织金洞”生态旅游示范带。

通过带动农户发展蜡染和刺绣，苗寨的乡村旅游让游客乐在

农家、学在农家、美在农家、消费在农家，在做好做足乡村旅游产业发展文章的同时助力脱贫攻坚，有效衔接“乡村振兴”战略。目前，织金县启动21个村旅游规划，打造了龙场镇营上古寨、龙潭村千亩荷塘、青山村苗族风情园、马家屯村布依族风情古寨等乡村旅游景点20余个，建成2个省级乡村旅游示范点，3个市级乡村旅游示范点，29个乡村旅游扶贫重点村，300户乡村旅游扶贫示范户，涉及建档立卡贫困户3761户11096人。

织金实施“一镇一品、一镇一特”，依托产业基础和区位优势，积极打造一批特色旅游城镇。目前，已培育打造以支嘎阿鲁湖和布依族民俗为特色的门户型文化集镇茶店乡、以织金洞为龙头的旅游型重点集镇官寨乡、以营上古寨为特色的艺术文化示范镇龙场镇、以生态农业发展为特色的农业示范镇桂果镇等一批特色旅游示范乡镇。同时，用好“全国最大皂角集散地”名片，在猫场镇打造皂角工业旅游新城；围绕“宫保鸡丁”文化创意，在牛场镇打造宝桢故里旅游度假区；依托12公里大陌河和乌江之门，在马场镇打造乌江古战船旅游度假区。

织金县还结合民族特色，推进特色民族村寨建设，形成全方位、立体式休闲民族乡村旅游度假区，开展古建筑文化、井泉文化、音乐文化和民族民间旅游文化研讨活动，形成独具特色的文化旅游张力，不断做大做强文旅融合旅游产品。“十三五”期间，共打造了官寨乡红岩村、麻窝村、溶谷苗寨、大平乡群建村、三甲街道龙潭村、马场镇马家屯村等一批苗族、布依族乡村旅游示范点，并不断扩散辐射效应，实现以点带面、点面结合、全面铺开。截至

2020年，全县乡村旅游重点村寨达30个，乡村旅游经营示范户达300余户，接待游客300余万人次，乡村旅游收入达13亿元以上。通过打造特色旅游城镇，推动旅游商品研发、农民转移就业、土特产品销售，带动织金县8546户32587人脱贫增收。

三、利益联结多样化，发挥旅游益贫带贫效应

织金县在推进旅游全域化发展过程中，积极探索扶贫开发与乡村旅游有机融合的新途径、新方式，支持贫困村和贫困群众开展乡村旅游创业就业，共享旅游发展红利，实现稳定脱贫。充分发挥重点旅游景区和旅游项目的带动作用，积极为重点景区周边贫困人口创造就业机会，优先建设可以吸纳贫困人口就业多的旅游项目。按照景区带村、能人带户渐进发展、梯次扶贫方式，探索建立“投资企业 + 农民专业合作社 + 贫困人口”的利益分享机制，鼓励乡村旅游示范村业主吸纳景区规划范围内建档立卡贫困人口直接就业和间接带动增收。他们的具体做法：

一是采取“政府主导 + 民间资本推动”的方式，成立织金文旅集团公司，做好示范点基础设施建设、资源保护开发、旅游宣传、培训服务等工作，挖掘乡村旅游文化，让乡村旅游成为游客心中的“诗和远方”。如，官寨乡屯上村溶谷苗寨在文旅集团公司支持下，探索形成“公司 + 村集体 + 农户”“村集体 + 龙头企业 + 农户”的乡村旅游发展合作模式，扶持和鼓励村民发展经果林种植、蜡染制作、农家乐等产业，采取前三年按入股资金的8%、三年后产权归还村集体的利益分红方式，已覆盖贫困户45户150人，解决就业

41 人，每年增加村级集体收益 100 余万元。

二是用好“织金洞世界地质公园”“中国竹荪之乡”“省级森林城市”等名片，用活文琴戏、苗族蜡染刺绣、三眼箫、射弩技艺等省级民族文化遗产，研发彰显本土文化和具有地方特色的旅游纪念品。重点围绕“银雨树”、“霸王盔”、回龙潭、财神庙等标志性旅游符号，做大做强手工艺产品和地方土特产品，包装好宫保鸡、红托竹荪、水八碗等风味独特的旅游食品，形成一批附加值高、市场份额大、工艺精湛的旅游商品和产业集群。

脱贫攻坚以来，织金县整合资金 1000 余万元，打造特色酒吧一条街、旅游商品一条街、地方小吃一条街、购物中心一条街、特色餐馆一条街“旅游五条街”，并培育一批上规模、上档次的主题酒店、特色旅馆和酒吧、茶吧及小型演艺中心，产业配套和完善的基础设施成为促进旅游业发展的重要条件。截至 2020 年底，织金县有旅游接待酒店 352 家、农家乐 358 家、旅游公司 4 家、旅游商品生产企业 5 家，旅游从业人员 10000 余人，带动更多群众搭上了旅游扶贫“快车”。

三是以农村产业革命为契机，以旅游供给侧结构性改革为主线，推进乡村旅游升级发展。如，官寨乡大寨村小妥倮苗寨，借助广州市花都区对口帮扶机遇，牵手电商企业唯品会参与帮扶，依托民族刺绣这一民间艺术，通过技术培训、产品研发、市场销售等途径，采取“合作社 + 村集体 + 公司 + 贫困户”模式，探索“电商 + 非遗 + 扶贫”新路子，让蜡染刺绣与现代时尚元素“联姻”，成立 7 家蜡染公司，直接带动 400 余名绣娘就业，人均月收入可达 4000

余元，推动非遗产业实现裂变式发展。截至2020年底，全县特色手工企业专业合作社达125家，手工作坊150多家，其中67家蜡染刺绣合作社融入“电商+非遗+合作社+妇女”发展模式，带动1073户7000多人就业，带动贫困户268户2300多人实现增收。

案例：官寨乡屯上村溶谷苗寨：溶谷苗寨依托“溶谷苗寨”独特的地理位置和区域优势，具备打造旅游景点的环境条件。从2013年开始，相关部门先后投入700余万元打造苗寨，本着科学规划、严格保护、合理开发、规范经营、有序发展的原则，按照整村推进小康建设引领精准脱贫思路，统筹精准扶贫与全面小康齐步走，大力实施扶贫攻坚战略。该项目将覆盖贫困农户45户，覆盖贫困人口150人，解决就业41人，每年增加创收100余万元，在盈利第一年按入股资金的6%、第二年按入股资金的7%、第三年按入股资金的8%分红。能较好地带动当地群众脱贫致富，帮助老百姓发展旅游业，为群众增收致富夯实了基础、创造了条件，积极引导周边的农户转变经营理念，有效促进和增强了农户发展旅游服务业增收致富脱贫奔小康的信心和决心，充分发挥乡村旅游的带动辐射效应。

习近平总书记指出，坚持以脱贫攻坚统揽贫困地区经济社会发展全局。织金县在脱贫攻坚实践中，切实增强以脱贫攻坚统揽经济社会发展全局的责任感、使命感、紧迫感，并根据织金县域、县情，因地制宜地提出“一统四化”发展战略，在促进县域经济社会全面发展的基础上，高质量打赢脱贫攻坚战。他们坚持以脱贫攻坚为“主旋律”，以农业现代化、新型城镇化、新型工业化、旅游全域化为“着力点”，把各项扶贫政策、扶贫资源、贫困户的发展需求和县域经济社会发展要求有效地结合起来，积极整合县域体制内外各种力量，通过精准施策、精准发力，形成决战脱贫攻坚、决胜同步小康的强大合力。

第四章　组织重构：助力脱贫攻坚提质增效

由于脱贫攻坚的政策落实和执行由基层政府具体负责，因此政策落实和执行过程中也存在“最后一公里”的治理困境。为应对可能的治理困境，织金县围绕治理目标，通过对县级党政部门的组织重构，进而实现功能重组与资源整合，打造了多级联动的督战工作格局，实现了贫困治理效能的提升。特别是 2018 年 6 月，织金县决定设立脱贫攻坚总攻前线指挥部（以下简称“总攻办”），主要任务是贯彻落实织金县脱贫攻坚前线指挥部安排部署的各项工作任务，建立责任明晰、分工明确、指挥高效、运转有序的指挥体系，精准有效地统筹调度织金县脱贫攻坚工作，全力发起脱贫攻坚总攻，强力推进脱贫攻坚各项工作落细落实，取得了很好成效。

第一节　健全指挥体系，激活层级组织力量

我国政府自上而下层级间的行政管理实行的是上级政府向下级政府下达指标、分解任务、量化考核的目标责任制，形成的是一种

“压力型体制”[①]。在脱贫攻坚实践中，中央按照“中央统筹、省负总责、市县抓落实”的体制机制，构建了“五级书记抓脱贫”脱贫攻坚责任体系，实质上是一个自上而下逐级分解和细化贫困治理目标、层级任务压实的压力体系。在县域治理实践中，县级政府是典型的“压力型政府”，作为县域贫困治理的结构性背景，也建构着县域贫困治理的实践过程。织金县通过建立县级指挥部、乡级指挥所、村级作战室、组级战斗队的四级作战体系，并在333个贫困村成立作战“尖刀班”，层层压实责任，级级传导压力，并形成攻坚合力，为脱贫攻坚战役的最后胜利发挥了重要作用。

一、成立县级总攻前线指挥部

在我国社会治理过程中，县级政权作为国家上层与地方基层、中央领导与地方治理的“接点”部位，是国家意志实现的重要单位[②]。通常，面对公共治理问题，县域政权早已形成一套常规性的治理体系和机制，其特点是依托高度结构化、理性化、非人格化和有着明确权威等级的科层体系[③]，是实现组织动员和政策执行的有效保障，往往成为县域治理的重要手段。但面对一些自上而下超常规的政治任务或艰巨任务，又需要采取非常规手段来动员和组织社会力

① 荣敬本等：《从压力型体制向民主合作体制的转变——县乡两级政治体制改革》，中央编译出版社1998年版。

② 徐勇：《“接点政治”：农村群体性事件的县域分析——一个分析框架及以若干个案为例》，《华中师范大学学报（人文社会科学版）》2009年第6期。

③ ［德］马克斯·韦伯：《韦伯作品集III：支配社会学》，康乐、简惠美译，广西师范大学出版社2004年版。

量、统筹社会资源来实施。在县域脱贫攻坚战中，它负责制订总体计划，组织落实扶贫政策措施并完成各项脱贫指标任务，实际承担了脱贫攻坚政策执行的主体责任。

为贯彻落实《中共中央 国务院关于打赢脱贫攻坚战三年行动的指导意见》和省委《关于深入实施打赢脱贫攻坚战三年行动发起总攻夺取全胜的决定》及市委《关于贯彻落实省委十二届三次全会精神坚决打赢脱贫攻坚战三年行动的实施意见》精神，2018 年 6 月，经织金县委常委会研究，决定设立“总攻办”，全力向打赢脱贫攻坚战三年行动发起总攻，奋力夺取脱贫攻坚战全面胜利。

织金县“总攻办”由县委书记、县长担任总指挥长，前线指挥部下设办公室在县委办，由县委副书记兼任办公室主任，县政协副主席任办公室专职副主任，每个县级领导包靠一个乡镇（街道）并担任乡镇（街道）指挥长。办公室成员 7 名，主要负责全县指挥部的任务设计、上传下达、调度督办、资料收集、执纪问责等工作，从县委办、县政府办等部门抽调专人集中办公，内设业务、项目、产业发展、培训就业、政策落实、搬迁扶贫、资金统筹、驻村帮扶、督导检查、执纪问责、政策宣传、法治扶贫等 12 个攻坚组（如图 4-1），这种高位推动的行政包干制是一种有效率、效果好和成本低的治理机制，有利于打破常规和专业壁垒，强调跨部门协作，为全面打赢脱贫攻坚战奠定坚实的组织基础。

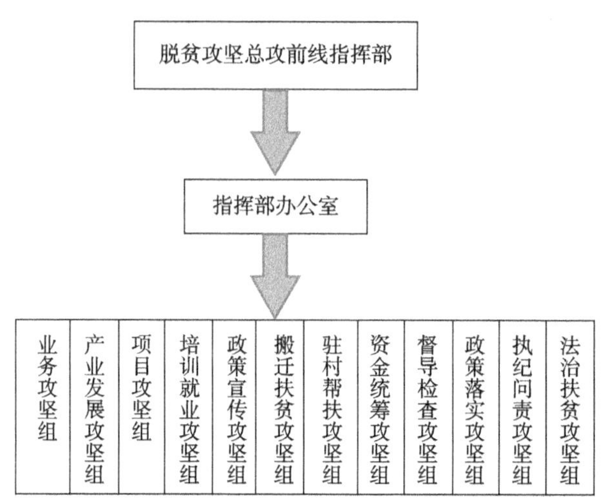

图 4-1　织金县脱贫攻坚总攻前线指挥体系

织金县“总攻办”主要对脱贫攻坚实践中责任、政策和工作“三落实”情况进行督战（如表 4-1）。责任落实方面，重点督战县级行业部门，乡、村两级脱贫攻坚政治责任、主体责任、工作责任、帮扶责任等落实情况。政策落实方面，重点督战义务教育、基本医疗、住房安全“三保障”和饮水安全突出问题解决落实情况，易地扶贫搬迁、产业扶贫、就业扶贫、金融扶贫、生态扶贫、综合性保障扶贫等扶贫政策项目落地见效情况和贫困户收入情况。工作落实方面，重点督战扶贫资金使用管理、扶贫项目实施管理、建档立卡动态管理、脱贫攻坚干部队伍管理、问题短板排查整改、巩固提升脱贫成效防止返贫等情况。同时，“总攻办”还督战县级行业部门，乡、村两级在贫困户产业、就业、饮水、住房、医疗、教育和兜底保障方面政策的推进落实情况；对“两不愁三保障”短板弱项的安排部署和推进落实情况。

表 4-1　织金县脱贫攻坚总攻前线攻坚组职责划分

	12 个攻坚组	攻坚组职责划分
织金县脱贫攻坚总攻前线指挥部	业务攻坚组	负责错评、漏评和错退及脱贫验收工作业务指导，开展业务培训；负责收集各工作部门在开展工作中的执行情况，进行分析研判，为指挥部提供决策参考发布指令
	项目攻坚组	负责统筹调度饮水安全、交通建设、住房保障、连户路和院坝硬化等攻坚小组工作
	产业发展攻坚组	负责全县产业发展规划、片区产业发展规划及全县产业发展的组织实施
	培训就业攻坚组	负责收集、汇总、研判各乡镇（街道）上报的贫困劳动力培训就业需求台账，组织全县贫困劳动力技能培训、就业服务。负责指导全县机关事业单位及国资企业开发公益岗位，组织落实“10+N”公益岗位贫困劳动力就业政策
	政策宣传攻坚组	充分发挥新时代农（市）民讲习所作用，把扶贫与扶志、扶智紧密结合，加强农村思想政治教育宣传，彻底改变“等靠要”不良风气，激发贫困群众内生动力，引导贫困群众勤劳致富。通过电视、报刊、新媒体等各类媒介和组织开展宣讲活动、文艺下乡演出等方式，大力宣传自力更生、积极进取脱贫致富的先进典型，曝光不思进取、争当贫困户的反面典型
	搬迁扶贫攻坚组	负责按省、市时间节点要求，并统筹做好搬迁入住群众后续发展的产业帮扶、劳务输出、保障兜底、子女就学、户籍转化等服务工作，确保“搬得出、稳得住、有就业、能致富”
	驻村帮扶攻坚组	负责驻村干部、第一书记和结对帮扶干部的选派和考核管理等工作。结合贫困村实际和需求，因村派驻第一书记、驻村工作队和结对帮扶干部的调配，对驻村第一书记、对帮扶干部、帮扶单位等进行考核
	资金统筹攻坚组	负责脱贫攻坚项目资金需求落实。县扶贫办根据项目攻坚组和产业发展攻坚组提出的项目需求，对进入项目库的项目，移交项目攻坚组和产业发展攻坚组，报政府常务会或县委常委会研究，由发改局项目立项、批复后，县财政局下达资金文件，交由各主管部门组织实施
	督导检查攻坚组	负责脱贫攻坚督查考核调度。1. 根据攻坚组提供的督查内容制定督查方案，开展脱贫攻坚督查督导，督查结果交帮扶部和执纪部考核问责；2. 督促县直各部门、各乡镇（道）对上级督查巡查、成效考核反馈问题的整改落实工作；3. 定期对工作开展情况形成专报报指挥部领导

续表

	12个攻坚组	攻坚组职责划分
织金县脱贫攻坚总攻前线指挥部	执纪问责攻坚组	负责扶贫领域作风监督管理、问责问效、案件调查处理等工作，承担督导检查组移交的考核问责处理，执纪问责组在接到督导检查组提交问责建议经指挥部领导签批的意见后，必须在10个工作日内问责结束
	政策落实攻坚组	分设教育资助、医疗保障、政策兜底三个攻坚小组
	法治扶贫攻坚组	负责开展法律宣传、法律咨询、矛盾化解、法律援助等工作。健全完善贫困地区基层治理体系，确保脱贫攻坚领域执法公正。出台相应措施，督促有赡养能力的子女将老人接回安全住房居住并履行赡养义务，加大对群众“两争两隐”打击力度，营造脱贫攻坚良好社会环境

在脱贫攻坚实践中，织金县建立以县委书记和县长为双组长的扶贫开发领导小组，并先后组建脱贫攻坚前线指挥部和脱贫攻坚总攻前线指挥部，同样由县委书记、县长担任总指挥长，主要任务是贯彻落实县脱贫攻坚的各项工作任务。从组织机构设置可以看出，脱贫攻坚在组织架构安排上显著区别于传统的扶贫办，县级的扶贫部门包括临时性机构与常规性机构的设置，常规机构下面又设有归口管理单位和下属事业单位。通过党的组织体系对县域内的政府部门进行改造和重组，以充分调动和有效整合党政部门的资源[①]。可以看出，脱贫攻坚以来，科层化扶贫机构在组织架构上的纵向延伸与专业化扶贫部门的横向拓展，使得扶贫机构规模与影响逐渐扩大，并形成了复合型的脱贫攻坚组织体系。至此，脱贫攻坚组织架构

① 张建:《中国贫困治理的党政体制及其效能研究——基于青海省H县脱贫攻坚实践的考察》,《中国农业大学学报（社会科学版）》2020年第6期。

正式生成。

二、完善乡镇、村作战指挥架构

在织金脱贫攻坚实践中，县级指挥部统领县域脱贫攻坚部署，积极通过“县域治理”的优势组织并调配跨部门和跨行业的各种资源，打造了多级联动、全员参与的扶贫工作格局。可以说，县域的多层级作战指挥体系能为短时间内提升贫困治理绩效奠定组织基础，由此顺理成章成为贫困治理策略的首要选择。但在具体脱贫政策的落实环节，仍然是以“贫困村”为主要载体，贫困村是联系贫困户的重要中间组织，所以进一步完善层级作战指挥架构，压实乡镇、村级攻坚责任是落实脱贫攻坚政策的重中之重。为此，织金县在成立县级“总攻办”的基础上，加快推进地方指挥作战架构的完善。

首先是建立乡镇作战指挥架构。织金县将全县乡镇（街道）按区域划分为东西南北中五个“战区”，分别由县级领导任五个“战区”指挥长，做到职责明确，保证扶贫政策快速部署、高效落实。并成立33个乡镇（街道）攻坚作战单元，包靠联系乡镇（街道）副县级领导担任作战指挥长，乡镇（街道）党委（党工委）书记、帮扶单位主要负责人任副指挥长，乡镇（街道）部门负责人为成员，精准发力，切实抓好全部建档立卡贫困户脱贫帮扶和非贫困户短板补齐工作，统筹本乡镇脱贫攻坚工作，将脱贫攻坚持续向纵深推进，指挥部成员若因人事变动或分工调整，则由新任领导接替原成员位置。

其次是成立村级作战指挥构架。织金县成立333个村级攻坚作战尖刀班，联系村副科级干部任尖刀班班长，驻村第一书记和村党支部书记任副班长，包村干部和村支“两委”为成员。在具体工作安排中，乡科级领导下沉到村进行工作安排、业务指导，对脱贫攻坚任务进行一日一安排、一日一调度、一日一反馈，梳理汇总存在的问题和短板。对于发现的问题，要及时提出整改措施和要求，并负责完成本村所有脱贫攻坚任务，切实做到帮扶对象精准、帮扶项目精准、贫困户信息精准、短板补齐精准，高质量完成脱贫攻坚各项目标任务，抓好群众宣传发动，积极投入到脱贫攻坚战中。

总之，织金县在贫困治理实践中成立多层级的指挥作战体系，实质上也是一个不断“向下加压”的治理体系。在具体扶贫工作安排中，县级指挥部也因此拥有“指挥棒”权力，可以迅速组织和动员各部门、各乡村组分工协作，并通过制度化分工使之成为他们的“常规工作”。同时，每个县级领导包靠一个乡镇并担任乡镇指挥长，靠前指挥，形成“战区统揽、分区作战、专班合围、包点主攻”的工作格局，既可以及时跟踪掌握工作进展情况，督促工作落实，又可以精准制定落实帮扶措施，形成了多级联动、全员参与的督战工作格局。由此，县域组织力量可以像“毛细血管”一样渗透在整个脱贫攻坚体系中持续发挥作用。

第二节 统筹调度工作，全面排查短板弱项

研究表明，组织重构的过程是社会运行结构要素和运行机制不

断协调的过程。如果想要在政策执行过程中，不发生许多小的亏空并逐渐积累成一个大的亏空，机构之间的协调就要求使这些环节非常紧密地连接在一起[①]。织金县在脱贫攻坚中，遵从这一原则并进行了积极探索，创造出许多鲜活经验和有效方法。他们要求县级包靠领导要以身作则、率先垂范，俯下身子、加强调研督导，确保所联系包靠乡镇脱贫攻坚工作零问题、零差错。同时强调党政一把手要把主要精力放在脱贫攻坚上来，切实担负起主体责任，统筹协调指导抓好工作，解决问题。行业主管部门、驻村干部要全面落实主体责任，确保脱贫攻坚各项工作责任到位、措施到位、落实到位。

一、创新调度工作方式，构筑层级调度体系

（一）全排全查、摸清底数

为深入贯彻落实中央、省、市脱贫攻坚相关工作部署，进一步厘清脱贫攻坚工作底数，织金县通过 2 个月左右时间，深入查找当前脱贫攻坚中存在的短板和不足，彻底排查还存在的脱贫攻坚短板需求和扶贫对象基本信息，并建立需求台账，最终达到“底数清楚、对象作确、需求真实”的目的，为 2019 年全县顺利摘帽夯实基础，确保按时打赢脱贫攻坚战。同时，为认真督促指导各乡镇（街道）切实抓好县脱贫攻坚短板需求及基本信息全核全查，织金县还对全县脱贫攻坚开展大筛查、大遍访、大整改，边排查边整改，其排查、摸底对象包括全县 33 个乡镇（街道）所有农户（非

① ［英］米切尔·黑尧：《现代国家的政策过程》，赵成根译，中国青年出版社 2004 年版。

贫困户和建档立卡贫困户）。

大筛查中，县区扶贫开发领导小组负责组织实施辖区内脱贫攻坚短板筛查工作，各乡镇、村领导为此次短板筛查的主要工作力量，要及时进村入户，普查每一位建档立卡贫困户和边缘户“一达标两不愁三保障”实现情况，对排查发现的问题要统一建立问题台账。大遍访按县领导包乡镇，乡镇领导包村，村支“两委”等包户包人的方式，对所有贫困户、边缘户进行遍访，发现帮扶工作中的弱项，落实各项帮扶措施，宣讲各项扶贫政策。大整改要求乡镇联系村领导采取有力措施，逐户研究解决方案，切实强化弱项，补齐短板。乡镇主要领导要不定期对短板补齐情况进行调度，统筹解决工作中存在的困难，确保全面完成排查问题的整改工作。

大规模的筛查、遍访和整改工作中，他们严格把握脱贫标准，坚持实事求是原则，聚焦建档立卡已脱贫户、未脱贫户和边缘户等农村特殊困难人群，全面排查“3+1”问题短板，对发现问题做到早安排、早部署、早补短，全面销号解决，为高质量打赢脱贫攻坚奠定基础。

（二）乡镇间交叉复核

为查缺补漏，迎接最后的贫困县退出专项评估检查，织金县采取乡镇（街道）间交叉方式对各乡镇（街道）自查的需求情况和基本信息开展全覆盖复查。具体工作安排包括：检验乡村自查和乡镇间检查是否严格按照文件方案和工作安排部署要求进行认真排查，以确保全县脱贫攻坚基础信息和短板需求底数精准、全面。通过全县 33 个乡镇（街道）一对一交叉复核，达到了“底数清楚、对象准确、需求真实”目标要求，同时做到立行立改，确保了高质量脱贫。

在具体工作部署中，各乡镇（街道）根据被复查乡镇（街道）人口状况统筹组建由乡镇（街道）协管领导任组长，扶贫工作站人员、包村干部、第一书记以及熟悉扶贫工作业务相关人员为成员的复查组，对被复查乡镇（街道）提供的自查情况进行复核。主要复核各乡镇（街道）自查过程中标准是否严格、排查是否到位、数据是否真实准确。复查结束后，复核组在《织金县漏评错评错退排查表》《织金县农户短板需求排查表》相应位置签字确认，并将复查结果反馈被查乡镇（街道）。

（三）县级抽查复核

为抓紧抓实政策落地不走样、高质量打赢脱贫攻坚战，织金县组织对总攻短板需求及基本信息全核全查工作开展县级抽查复核工作。县级抽查复核由县“总攻办”牵头，并从县扶贫、住建、水务、卫计等单位抽派业务骨干共组成 6 个督导检查组，对本辖区所有农户（含贫困户、非贫困户）进行摸底排查，检验乡村自查和乡镇间检查是否严格按照文件方案和工作安排部署要求，对脱贫攻坚短板需求和基本信息进行认真排查，确保全县脱贫攻坚基础信息和短板需求底数精准、全面。

在方法上，首先召开县级抽查复核工作业务培训会，由县扶贫办牵头组织培训，其他县直部门结合自身业务要求进行补充培训；然后围绕短板需求排查是否真实准确，疑似问题户定性研判是否准确，贫困对象基本信息排查是否精准，全核全查表册资料是否规范完善等内容。抽查复核对象覆盖全县 33 个乡镇（街道），按照随机抽取村组农户的方式进行，每个乡镇（街道）抽取 1 个村进行普查，每个村有效户不低于 100 户，贫困户（含脱贫户）不低于 60 户。确保了抽查结果的准确性。

（四）查缺补漏交叉检查

织金县除了开展县级抽查复核行动，还进一步组织开展全县乡镇间脱贫攻坚查缺补漏交叉检查工作。主要是为了全面了解掌握全县脱贫攻坚工作情况，达到及时发现问题、及时查缺补漏、夯实脱贫攻坚基础，确保高质量打好收官战。查缺补漏交叉检查工作要求全县 33 个乡镇（街道）、村（居、社区）所有建档立卡贫困户及边缘户，户户见面，实现全覆盖。重点围绕"一达标两不愁三保障"、就业扶贫、产业扶贫等 13 个方面工作扎实开展交叉检查。

被检查乡镇（街道）以组为单位向交叉检查组提供各乡镇（街道）开展自查排查的原始台账（依据）及相关文件资料。同时，各乡镇（街道）按要求自行合理抽派交叉检查人员，并明确联络员和资料员。各乡镇（街道）在开展交叉检查前要组织评估人员进行业务培训，让抽派人员熟练掌握检查内容和程序。各检查组每天要将检查情况进行分析汇总，组长必须认真组织研判，对检查发现的问题要及时反馈给被检查乡镇（街道），达到发现问题不过夜，检查整改同步进行的目的。各检查组必须准确、真实、全面地开展入户检查，坚持标准，"一把尺子衡量到底"，全面了解受检查贫困户家庭情况，如实反映脱贫攻坚工作实绩和问题，并对检查结果负责。

二、建立县级跟踪台账，定期开展跟踪调度

织金县充分运用县级脱贫攻坚总攻前线指挥体系，统筹推进县域脱贫攻坚任务设计、上传下达、调度督办、资料收集、执纪问责等常规工作。还积极建立健全县委、县政府主要领导对各包保乡镇（街道）县级领导的询问会议制度，定期或不定期召开会议，专题听取县级领导对包保乡镇（街道）、村（居、社区）脱贫攻坚工作开展情况汇报，通过制度化询问会议给领导干部施加压力，进而督促其保质保量完成工作任务。

针对层级抽查复核的结果，织金县通过建立县级跟踪台账，并采取“周调度、月通报”的方式定期开展调度。每周工作推进情况由行业部门收集报送，报送时实行“双签字”（各行业部门分管领导和主要领导双签字）盖章上报；各部门（各攻坚组）报送的工作推进情况来源于对各乡镇（街道）调度跟踪。县“总攻办”对各部门收集报送的情况进行汇总，对短板补齐工作推进缓慢的部门进行通报批评，确保在规定时限内完成短板补齐工作。

最终，由县“总攻办”汇总建立织金县需求台账，锁定织金县问题短板弱项的最终数据，并及时组织力量整改，确保问题得到及时解决。为此，织金县建立健全了问题调度研判机制。针对调度工作中发现的问题，织金县实行“一日一调度、一日一研判”工作机制。县直各行业部门要做到信息互通有无，同样明确一名分管领导及一名业务员，针对乡镇（街道）上报整改困难的问题，及时商讨研判，深入分析研究，制定整改措施，确保按时完成整改。县直行

业部门会商后仍存在困难时，及时上报县委政府专题研究解决。

特别是具体到各乡镇（街道）要明确一名分管领导和一名业务人员，落实整改责任，确保在规定整改时限全面完成整改。整改中确实存在困难的，要及时拟写情况说明上报相关行业主管部门帮助解决。同时，各乡镇（街道）要以问题为导向、举一反三、强化整改，党政主要领导要强化统筹、亲自把关，整改工作要建立问题清单、责任清单、效果清单，实行销号管理，明确时间节点和责任人，逐项对标整改、一项一项抓好落实，确保全核全查工作既不降低标准、漏排漏统，又不吊高胃口、夸大需求。

织金县还联合民政部门组织开展兜底保障专项行动，要求各乡镇（街道）集中力量、集中精力、集中时段对因疫因灾情影响困难群众、未纳入兜底保障剩余贫困人口、脱贫不稳贫困人口、贫困边缘对象、按规定退捕渔民和今年以来退出低保保障对象等重点群体的兜底保障情况，再次开展入户排查和核验评估，聚焦残疾贫困群体和特殊贫困群体，及时将符合条件的对象纳入兜底保障，实现动态管理下的应保尽保、应兜尽兜、应助尽助，确保各项兜底保障政策精准落实到位，确保兜底保障不漏一户、不落一人。

第三节　优化督战策略，切实提升脱贫成效

脱贫攻坚在任务下达和政策执行中往往由于时间紧、任务重和政治压力之间存在着冲突，不同程度地导致了基层政府在落实上级政策过程中出现了一定程度上的不确定性。所谓优化督战，即是说

针对脱贫攻坚重点工作，通过组织整合、靠前指挥，实现督战同步推进，确保落实到位。它体现了组织重构过程中非常重要的实践与执行状态。脱贫攻坚挂牌督战是有效推进脱贫攻坚工作、促进脱贫攻坚各项工作落地见效的有力抓手。正因此，针对脱贫攻坚重点工作，织金县委、县政府主要领导带头落实好政策设计、工作部署，对重大项目进展、重点工作推进、重要问题解决，做到靠前指挥、亲自调度、亲自督促，有效分散了压力并较好规避了可能发生的不确定性。

一、完善督战方案，有效推进督战工作

政策实效往往取决于政策能否得到有效执行。自上而下的政治势能可以快速组织动员和统合各级政府和社会参与，实现资源集中和政策的有效执行。但频繁的高压政治势能往往治标不治本，很难实现长效的治理效能。织金县在脱贫攻坚实践中，除了完善层级指挥体系和协作执行机制，还制定制度化的督战方案，有效推进督战工作，确保高质量完成打赢脱贫攻坚任务。

一是相继出台了《织金县脱贫攻坚挂牌督战工作方案》《织金县脱贫攻坚定点督战和巡回督战工作方案》等。一方面成立专门的督战组织和专班工作人员，分别从县委组织部、县“总攻办”、县扶贫和生态移民局及“两不愁三保障”业务部门抽调业务骨干 38 人组成 5 个脱贫攻坚挂牌督战巡回督战队，并与省、市定点督战队进行优化整合，组建省、市、县三级联合督战队。另一方面组建由包靠乡镇（街道）县领导任队长，帮扶单位主要负责人、县直下

派到乡镇挂职副职科级干部等为成员的定点督战队33个，以“战”为主，与乡村干部一起逐村、逐户、逐人、逐项查问题、补短板、抓整改，与乡镇（街道）一起想办法、出主意、解难题，将脱贫攻坚政策举措逐一落细落实。

二是突出督战重点。根据《贵州省脱贫攻坚挂牌督战工作方案》的要求，织金县坚持目标导向、问题导向、结果导向，整合了督战内容，明确了督战重点。具体来看，在督战过程中，主要突出“两不愁三保障”核心、产业就业、建档立卡基础信息、干部作风、脱贫形象巩固提升、各级督战反馈问题整改“回头看”等方面内容。除了直接和脱贫攻坚相关的内容，还有防止潜在问题的出现，这就要求结合各涉及脱贫攻坚行业部门阶段性、时段性工作实际，实时将农业产业结构调整领导示范点创建、疫情期间劳务就业、民政兜底保障、坝区产业发展、中央财政专项资金扶贫项目推进等相关工作纳入督战内容，特别是围绕“11234”[①]督战内容，确保抓住主要问题，不放过次要问题，全力打赢脱贫攻坚。

三是强化结果运用。县脱贫攻坚挂牌督战指挥部对各乡镇（街道）和行业部门的工作，实行“一周一调度、一周一通报、一月一排名”，将调度结果结合联合督战的情况对各部门和乡镇（街道）实行挂牌预警，作为每月悬挂“蓝、黄、红”牌的重要考核依据；

① 围绕“1个核心指标、1个农业产业结构调整（南瓜产业）种植点、2张图（已脱贫户跟踪服务图、未脱贫户作战图）、3个100%（村级集体合作社）、4项工作推进情况（返乡农民工返岗及转移就业工作推进情况、村级确保按时打赢攻坚行动方案完善和问题台账的整改工作推进情况、民政兜底保障工作推进情况、挂牌督战发现问题整改工作推进情况）。

对东西扶贫协作项目、扶贫小额信贷、易地扶贫搬迁安置点“五个体系建设”等工作推进情况进行单列考核挂牌，工作滞后的部门和乡镇（街道）单列挂黄牌预警和红牌警告；连续两次被挂红牌或连续三次被挂黄牌的部门和乡镇（街道）严肃进行追责问责，通过制度化的督战机制来督促相关部门履行职责。

自挂牌督战工作开展以来，织金县对每一次督战内容均高度重视，由县脱贫攻坚挂牌督战指挥部明确专人负责，精心制定督战方案，细化督战内容，确保督战汇总及时、督战问题定性真实。2020年以来，县脱贫攻坚挂牌督战指挥部办公室按照“周调度、月排名”的方式，定期调度督战扶贫、住建、水利、教育、卫健、医保、农业农村等13个承担脱贫攻坚重点攻坚任务的部门挂牌督战情况，每月综合各职能部门和乡镇（街道）工作推进情况悬挂“蓝、黄、红”牌进行管理，下发评定挂牌结果通报，以最严的管理倒逼责任落实。2020年上半年织金县共开展“蓝、黄、红”挂牌考核5次，13家职能部门工作共开展督战79次，覆盖织金县所有村（居、社区）。

二、整合督战力量，创新督战结合方式

为抓实抓好脱贫攻坚挂牌督战工作，确保按时高质量打赢脱贫攻坚战，织金县认真贯彻落实省委、市委脱贫攻坚挂牌督战工作部署，围绕5555户14783人建档立卡贫困人口脱贫和已脱贫人口巩固提升工作目标，按照“全覆盖、查死角、查问题、抓整改”的工作要求，紧盯“3+1”保障短板补齐工作，对织金县33个乡镇（街

道）578个村（居、社区）开展挂牌督战，采取以督促战、督战结合的工作方法，各项工作取得实实在在成效。

在具体督查工作中，织金县主要采取定点督战和巡回督战相结合的方式，按照统一指挥、统一编组、统一计划、统一行动原则，在县脱贫攻坚挂牌督战指挥部统一指挥下开展督战。其中定点督战是指采取专题研究、入户排查、整改销号等方式。这其中的专题研究是指每周召集县直帮扶部门、乡镇（街道）听取挂牌督战工作推进情况、协调解决存在的突出困难和问题，将脱贫攻坚政策举措精准落实到村到户到人；入户排查、整改销号，主要采取进村入户逐村、逐户、逐人、逐项筛查过关，对存在问题、短板弱项要建立台账，督促行业部门、乡镇（街道）和相关责任人逐一对账销号。

巡回督战是指采取干部访谈、查阅资料、实地督查等方式。一是干部访谈。随机抽取一定数量的乡村干部、驻村干部、结对帮扶干部进行访谈，督战干部对脱贫攻坚挂牌督战工作开展及应知应会的熟悉情况。二是查阅资料。通过查阅乡村档案资料，督战乡村在脱贫攻坚挂牌督战工作中的安排部署、挂图作战、各种台账建立、识别退出程序、项目实施相关资料的完成情况。三是实地督查。督战队采取随机抽查的方式，对“三落实”工作开展情况进行督战。

织金县“总攻办”通过各级县级领导高位推动、靠前指挥，定期深入到村组一线实地督导、多次蹲点调研督战，帮助乡镇查找问题、并制定针对性的对策、解决难题。还要求牵头领导按照“每旬要有数据调度、每月要有综合分析”的原则，并采取全面督查与重点抽查、听取汇报与现场查看相结合的方式，对所负责的重大项目、重点工程、招商引资工作要定期进行调度，及时协调解决推进过程中出现的问题，确保工作措施快速落实到位。

在整个督战过程中，织金县实行组长负责制，严格落实督查任务。其中，责任领导要把抓投资作为稳增长的关键，按照“经济工作项目化、项目工作责任化”的要求，对重点工程、重大项目、招商引资工作要亲自抓、带着干，建立项目包保责任台账清单，搞好包保协调服务工作，对工作推进中存在的问题要亲自组织研判，对企业（项目）存在的重点难点问题要亲自对接，对不能解决或解决不了的问题要及时上报和沟通，争取快速落实解决方案。

三、压实主体责任，健全问题整改机制

织金县扶贫开发领导小组每月要及时召集督战队汇报一次挂牌乡镇（街道）脱贫攻坚专题会，听取工作推进情况汇报，特别是明确各个环节的责任主体，以压实工作的层层推进。针对督战过程中发现的问题，要及时下达工作提示单，倒逼各项工作落实落细。特别要求，在督战工作中突出责任主体，坚持问题导向、目标导向、结果导向，并聚焦人力、财力、物力，协调解决挂牌乡镇（街道）、村、户、人存在的突出困难和问题，推进各项工作落实到位。

一是压实部门指导督促责任。当前各类问题涉及方方面面，关系到贫困群众的切身利益，时间也非常紧迫，织金县瞄准问题核心、突出整改重点、提高整改效率、确保整改质量，并把问题整改作为“是不是真讲政治、是不是真转作风、是不是真正为人民服务”的“试金石”。针对督战发现的问题，由县脱贫攻坚挂牌督战

指挥部明确专人负责，认真梳理分类各级各部门和上级领导调研反馈的问题清单，并以《脱贫攻坚工作提示单》附带问题清单的形式下发到各乡镇（街道）和涉及行业部门，要求相关部门要建立问题台账，深入剖析问题原因，逐一细化整改措施，指导督促乡镇（街道）一并解决突出问题，切实抓好整改落实。

督促指导要求乡镇（街道）按照双台账要求建立问题台账，制定整改措施，明确专人负责，落实整改责任，强化对问题的整改销号。要坚持举一反三、自查自纠，对发现的问题立行立改、即知即改、边查边改。把各级反馈和自查发现的问题相结合、个性问题整改和共性问题治理相结合、阶段性治标和长期性治本相结合，一一对照问题清单，问题不解决不放过、整改不到位不放过、责任不落实不放过、群众不满意不放过。

二是督查组督查责任。为防止督战组自身出现问题，在每月的挂牌督战中，织金县要求督查组把各级反馈问题"回头看"纳入必须督战的内容，实地查看乡镇（街道）和部门整改成效。对指导整改工作不力，未按照整改要求和时限完成整改或整改工作不到位的乡镇（街道）和涉及部门，进行严肃追责问责。同时督战组要提高政治站位，明确督战工作的重要意义，把督战工作作为打赢脱贫攻坚战的重要防线，是检验脱贫攻坚成效的重要保障。

除了动用体制内力量参与督战工作，织金县在督战过程中，还要求各单位、各部门建立服务企业（项目）包保挂牌督战台账清单，实行挂牌销号制度，加强与业主单位、施工单位对接，精准调度，抓住问题和困难全力解，围绕承担的任务拼命干，及时帮助企业解决建设、生产、经营中存在的困难和问题，全力为脱贫攻坚做好保障工作。通过压实部门、乡镇和督查组工作责任，坚持问题导向，把发现问题、解决问题作为抓好脱贫攻坚挂牌督战工作的重要举措，建好“双台账”、落实“双责任”、推动“双销号”，全面补齐脱贫攻坚短板弱项。

四、坚持督战结合，加快补齐脱贫短板

在最后的攻坚战中，织金县针对发现的问题，以及接下来调研督导发现的问题，立即组织各有关部门和乡镇（街道）要虚心接受、照单全收，立即建立问题整改台账，细化工作措施，明确整改责任人和整改完成时限，全力以赴推动整改落实，确保按时保质保量完成整改。并坚持在一线研究解决问题，形成各方联动、统筹督战的工作格局，持续推进攻坚力量下沉一线，对脱贫攻坚各项工作进行再动员、再深入、再部署。同时，要确保“两不愁三保障”全覆盖，对住房安全保障、饮水安全保障等工作开展再排查、再精准、再落实，并实行每村一方案、每户一台账，加快补齐脱贫短板，提高脱贫质量。

对于织金县来说，统筹打赢打好“两场战役”压力巨大、任务繁重，要确保高质量打赢攻坚战，就需要各部门的担当精神、实干作风和为民情怀做好有力保障。同时，各有关部门要对各自承担的岗位职责和工作任务进行深入谋划和细化分解，进一步增强改作风、讲奉献、提效率的意识，以事不避难、有责有为的精神状态迅速投入到工作中去，切实做到“急事不过夜，要事不转手”。特别

是主要负责同志要认真履职尽责，坚决扛起脱贫攻坚政治责任，亲自研究、亲自部署、亲自推动，各项工作都要抓具体抓深入，工作逐项抓、问题逐个解决。总的来看，织金县四家班子成员身体力行、主动履职，各级各部门各司其职、齐抓共管，为按时高质量打赢脱贫攻坚战奠定了坚实基础。

第四节　确保政策落地，建立常态惩处机制

打赢脱贫攻坚战，是对全体人民的庄严承诺，事关巩固党的执政基础和群众基础，是极为严肃、极其重大的政治任务，也是组织重构的重要功能体现。习近平总书记强调，军中无戏言。脱贫是有责任制的，层层签了责任状。军令状不能白立，立了就要兑现。对于落实责任，习近平总书记提出，巡视督查要跟上，发现问题要动真刀真枪解决。[①] 为此，织金县在推动脱贫攻坚挂牌督战实践中，不断完善督查指导机制，实行最严格的问责机制，建立常态化约谈和惩处制度，倒逼地方政府在脱贫攻坚过程中严把责任关、质量关，切实履行脱贫攻坚职责，确保实现高质量脱贫。实践证明，这一做法对稳固脱贫攻坚成果和提质增效发挥了重要指导作用。

一、建立巡查机制，健全指导巡查体系

织金县通过建立完善脱贫攻坚指导巡查机制，强化县扶贫办、

① 《十八大以来，习近平对脱贫攻坚作出超强部署》，2017 年 6 月 18 日，新华网（http://www.xinhuanet.com//politics/2017-06/28/c_1121223629.htm）。

县“总攻办”及相关职能部门对乡镇（街道）、村（居、社区）脱贫攻坚的常态化政策业务指导和工作推进落实情况督导考核工作，确保脱贫攻坚工作落实不走样、政策执行不变样，切实提高脱贫攻坚工作成效，不断增强脱贫保障、提高脱贫质量。

同时，织金县定期或不定期组织开展乡镇（街道）间交叉检查评比工作，实行交叉检查责任制，交叉检查组对检查结果真实性负责，确保交叉检查结果客观公正地反映出被检查乡镇（街道）的脱贫攻坚工作情况和存在问题，为县级脱贫攻坚指挥调度提供有力的决策依据，促进全县脱贫攻坚工作顺利有序推进，取得实效。

二、完善督考问责，确保政策有效执行

脱贫攻坚越到紧要关头越要加强党的领导和强化组织安排，更要强化责任改进作风抓落实，切实以严明的纪律、优良的作风、严而又细的措施，一举夺取脱贫攻坚全面胜利。织金县上下始终把作风建设贯穿脱贫攻坚全过程，按照“五步工作法”要求，坚持抓具体抓深入，坚决杜绝形式主义、官僚主义，坚决摒弃盲目思想和松懈心理，大力发扬连续作战的优良作风，提高工作执行力，确保脱贫攻坚各项政策不走样、不打折，坚决杜绝违规操作、数字脱贫。

新时代新形势下，抓工作要靠作风吃饭、靠数据说话。织金县各乡镇（街道）和部门要针对督战过程中通报的问题和各级督查发现的问题建立督查整改台账，立即进行整改，对个性问题立行立改，对共性问题举一反三抓好整改，确保各项工作扎实有序、全面推进。同时，各督导组加强跟踪监测和暗访力度，对工作中存在松

懈倾向的，通过常态化约谈等方式及时纠正。紧盯各级各部门目标责任，强化督查督导，采取面上督查督战与点上暗访相结合，定期通报问题，限期整改促进，确保及时发现问题，有效解决问题。

针对问题整改不及时、工作不作为的现象，纪委监委要坚持关口前移、刚性问责，对整改工作重视不够、推动不力、整改不力，不担当、不作为、乱作为、慢作为以及敷衍塞责、推诿扯皮、贻误战机、阵地失守等情况的严肃追责问责，倒逼相关部门和主要责任人严把质量关，确保政策有效落地。

三、加强工作保障，确保督战持续有效

为此，他们坚持做到：一是加强纪律保障。纪律保障为督战奠定了基础，而这作为强化组织力量的重要方面，织金县在每轮督查过程中，都会将干部作风纪律作为必查内容，督促全体帮扶干部真蹲实驻，认真履职，也为全面打赢脱贫攻坚奠定了基础。

二是落实能力保障。每次督查均结合实际制定工作方案，细化督查细则，加强对督查队伍业务培训，确保督查取得良好效果。同时，严明督战工作纪律，要求联合督战队员要本着公平公正的原则，对督战对象做到“一把尺子量到底”，确保督查工作结果真实。

同时，纪检监察部门要健全完善督查指导机制，以暗访为主，“四不两直”开展多种形式的督促检查，倒逼责任落实到点、到人。实行最严格的问责机制，加强过程监管、质量控制，建立常态化约谈制度，坚持有责必问、问责必严。对下半年巩固脱贫攻坚成果工作中出现的问题，及时反馈，及时整改，对整改措施不严、整改不

到位的乡镇（街道）和县直有关部门及时下发工作提示单；对多次通报仍未见效的，在最后紧要关头“掉链子”、出现闪失的，从严从重从快问责，切实用最严纪律保障脱贫攻坚收官战取得胜利。

在国家大规模组织项目进村开展扶贫过程中，扶贫开发既是资源分配，也承载着政策意向，这其中的向上负责制使得基层官员更加关注上级的指令。由于脱贫攻坚的政策落实由基层政府具体负责，因此政策落实和执行过程中也存在“最后一公里”的治理困境。特别是由于时间紧迫、任务繁重、政治压力之间存在着冲突，有的单位工作不扎实、流于形式，把精准扶贫搞成了数字扶贫，用纸面数字来展示其所谓扶贫成效；可以说，形式主义、官僚主义严重影响制度执行、治理措施落实和治理能力提升。

层层压实的督查巡查机制极大地改变了党员干部的工作作风，达到“惩处极少数，整治较少数，教育大多数”目标，真正做到“能者上、庸者下”，而且党员干部作风有了根本转变，为决战脱贫攻坚提供了坚强的纪律作风保证；当然，超常规的督查巡查机制的主要目的不是为了惩处，不是为了整人，而是为了突出教育警醒、发现问题、整改问题、推动工作的实效，同时倒逼地方政府在脱贫攻坚过程中严把责任关、质量关，切实履行脱贫攻坚职责，确保实现高质量脱贫。“总攻办”的成立和运作体现了运动式治理中政治动员的重要面向①，讲究特事特办，打破常规和专业壁垒，从而使县域贫困治理能够在较短时期内实现治理面貌的整体改善和超常规

① 徐明强、许汉泽：《运动其外与常规其内：“指挥部”和基层政府的攻坚治理模式》，《公共管理学报》2019 年第 2 期。

治理。

总的来看，随着脱贫攻坚的持续推进，各级工作人员的重要性认识不断提高。特别是在“压力型体制”背景下，县委、县政府为了完成打赢脱贫攻坚的政治任务，通过县委和县政府的组织优势逐步对县域内的党政部门进行改造和重组，以实现组织重构，即成立脱贫攻坚总攻前线指挥部，进而充分调动和有效整合党政部门的资源。然后，“总攻办”统领县域脱贫攻坚的各项工作，特别是通过层级调度体系和督战体系，有效调动了体制内部力量的充分参与，为打赢脱贫攻坚奠定了强有力的组织基础。可以说，这种自上而下层层传递的制度性压力和县域脱贫攻坚的自我增压，有助于激活部门、组织和党政负责人的工作动能，进而在实践中规避科层缺陷和行政风险，使之出现了明显的正向政治效益。

第五章　产业转型：喀斯特山区的绿色扶贫路

发展产业是实现脱贫的根本之策。在脱贫攻坚的过程中，产业扶贫充当着带动贫困地区经济发展、实现贫困人口稳定可持续脱贫的重要抓手。产业扶贫的目标不仅是帮助贫困对象实现短期收益的增加，更重要的是培养他们的“自生能力”，使贫困村和贫困人口在开放竞争的市场中能够独立生存。[①] 如何在尊重市场规律的前提下，恰当运用产业扶持措施，帮助贫困对象提升自我发展的能力，是产业扶贫工作中的重点和难点。

织金县地处生态脆弱的喀斯特山区，多陡坡山石，土层薄而贫瘠，宜耕地严重短缺，气象灾害频发，区域内可利用的自然资源有限，且水利交通十分不便。为改善生产生活条件，当地居民大力开垦荒地，却造成植被退化和水土流失，使本就脆弱的生态系统逐渐失衡，生存条件也愈加恶劣，最终形成生态系统层面的“生态脆弱—资源攫取—生态更加脆弱”循环和社会系统层面的“贫困—开荒—更加贫困”循环。高度依赖自然环境的农业因此受到严重制

① 林毅夫：《自生能力、经济转型与新古典经济学的反思》，《经济研究》2002年第12期。

约，长期面临着广种薄收的问题。对于农业收入仍占家庭收入重要组成部分的广大农村居民来说，生活境况陷入贫困的境地。因此，打破由于生态环境脆弱导致的贫困循环，在有限的生态条件下培养贫困人口的自生能力，建立起脱贫致富的良性循环，是织金县产业扶贫必须攻克的难题。脱贫攻坚开展以来，织金县以农业产业结构升级转型为切入点，改变以牺牲环境为代价的传统低效的农业生产方式，代之以绿色高效的农业产业发展路径，探索出一条政府与市场有机互动、带动贫困户增收增能的产业扶贫之路。实现了由“从穷山恶水中攫取资源”到“从青山绿水中造出金山银山”的转变，为山区多民族贫困县的减贫发展贡献织金智慧。

第一节　转型背景：扶贫历史与农业生产状况[①]

被困在喀斯特山区的织金人从未停止与恶劣的自然生产条件做斗争。20 世纪 70 年代，由于人口的快速增长和经济活动的加剧，再加上乱砍滥伐和不合理的耕作方式，当地水土流失严重，生态环境恶化。从穷山恶水中攫取资源的方式并没有改善当地居民的生活，反而导致他们深陷农业落后的困境和极端贫苦的生存境况。20 世纪 80 年代，国家展开大规模扶贫行动。织金县政府虽投入了大规模资金，但始终未能取得显著成效。广大农村地区仍保留着传统低效生产方式，难以为农村经济发展和贫困人口脱贫提供支持。21

① 指 2015 年开展脱贫攻坚前夕织金县的农业生产结构状况。

世纪初，大规模劳动力由农村转移到城镇，由西部地区转移至东部地区。这一“打工潮”的出现引起织金县广大农村贫困家庭的生计发生显著变化，家庭种养殖在农村家庭中的重要性逐渐减弱。农业经济低效，农村发展止步不前，成为织金县走上农业产业结构转型路的重要背景。

一、织金产业扶贫历史

20 世纪 80 年代国家实施大规模扶贫开发时，通过扶持产业带动贫困地区经济增长和贫困人口增收的扶贫方式就被运用于织金县的实际工作中。其时，政府的产业扶贫举措较为粗放单一，主要是在农业生产环节直接注入扶贫资金。例如，从 1994 年开始，织金县每年拿出 100 余万元财政支农资金，用于购买杂交水稻和杂交玉米的种子、地膜、营养袋等分配给农户；1998 年至 2000 年末，织金县投入 3858 万元畜牧业扶贫信贷资金，直接扶持 36058 户贫困农户发展养殖项目。直至《中国农村扶贫开发纲要（2001—2010 年）》（以下简称《纲要》）颁布，产业扶贫才作为一个重要概念被正式提出。[①] 根据《纲要》精神，地方政府开始将目光转向本地特色产业的培育。但在实施过程中，政府仍然延续了简单的资金投入式扶贫，对产业推进中的市场要素、管理要素、风险因素等缺少关注，导致扶贫产业无论在规模上还是产业链纵深上都未能得到长足的发展，因此对地方经济的带动作用和对贫困人口的扶持效果也都十分有限。

---

① 张春敏:《产业扶贫中政府角色的政治经济学分析》,《云南社会科学》2017 年第 6 期。

二、织金农业生产状况

直到脱贫攻坚前夕，织金县农业生产都在很大程度上延续着传统的种植类型和落后的生产方式。喀斯特山区的植物生长条件苛刻，山石多土层薄，土壤中有机质含量低，适宜耕种的农作物种类有限。玉米、马铃薯等传统粮食作物对土壤、气候等自然条件要求较低，成为该地区农户普遍种植的作物。直到2013年，玉米、马铃薯仍然是农业种植的主要类型。从图5-1可以看出，传统农作物在种植面积上仍占据主导。在经济社会快速发展，市场需求转型升级，人才科技不断进步的今天，织金县农业没能发生迎合市场的转变，而是保持着传统的产业结构，这不仅是生态环境制约的结果，更与广大农村家庭的生产和收入结构的变迁息息相关。

一方面，传统农作物种植成为对抗风险的一个重要方面。随着城镇化和现代化的推进，外出务工成为织金农村家庭收入的主要来源。但务工始终面临着就业岗位不稳定和收入难保障的风险，这使农村家庭倾向于保留一部分传统种养殖来抵御不确定性。除却由传统小农向现代市场化工人转变而出现的一系列风险，农村家庭也承受着这种转变所带来的高额生活成本。传统粮食作物种植和家庭养殖正好契合了风险对抗和降低生活开支的需求，因此被广大农村家庭保留延续。另一方面，农村居民特别是贫困人口多为留守在村庄的弱劳动力或难以外出的劳动力，他们无法在市场中谋求到就业岗位，只能通过家庭种养殖来维持生计。对于缺乏发展资金的贫困家庭来说，传统粮食作物种植技术简单、成本低廉、不易失败、市场风险较小、收益相对稳定，是有限条件下最为稳妥的生计手段。不仅如此，粮食作物还可以支持小规模家庭养殖，喂养猪、牛、鸡等畜禽，大大节省养殖成本，减少家庭开支。

尽管经营性收入仍然在农村家庭收入中扮演重要角色，但生计方式的重心已经转向外出务工，由家庭主要劳动力完成，而粮食种植则主要由留守在农村的老人或妇女完成。农业生产不再是农村家庭唯一和最主要的生计来源，而更多成为一种补充性的、边缘性的、具有传统象征意义的生计方式。因此农村家庭往往缺乏投资转型、扩大生产的动力，只满足于保持原有的生产规模和效益。加之喀斯特山区土地贫瘠、水利灌溉条件差，农民生产方式粗放，致使大部分的玉米种植产量低而不稳，投入产出率低。传统的农业生产方式已无法帮助农村居民实现收益上的跃升，贫困地区的农户往往面临着“够温饱，难脱贫”的困境。而调减玉米种植，代之以高效经济作物，发展复合经济被视为突破农业发展瓶颈的一种方法。测算显示，玉米的每亩产值约 680 元，而种植中草药、蔬菜、食用菌分别能达到玉米的 9 倍、10 倍和 46 倍。若能与加工业、旅游业等有机结合，经济效益将更加乐观。

织金县的历史和现实说明，在传统产业结构和生产方式的框架下，资金的投入和小规模的产业探索都不能为农业产业发展带来根本性改变，只能使贫困人口实现从食不果腹到基本温饱，却难以达到生活条件的质的改变。从推动区域经济发展、带动贫困人口脱贫的角度来看，无论是贫困家庭还是贫困村，要实现收益的突破，就需要采取超常规举措，打破原有的生产组织方式，结合本地实际情况，通过资本重组和制度创新，对农村土地和劳动力资源进行市场化改造。

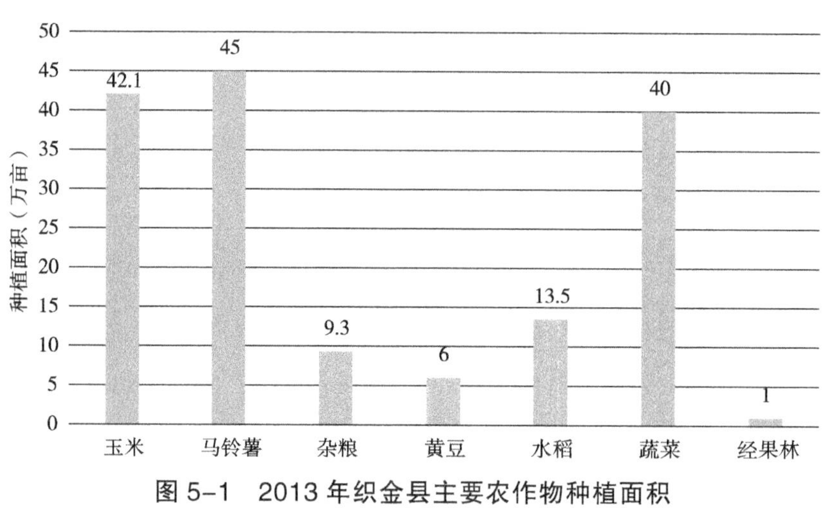

图 5-1　2013 年织金县主要农作物种植面积

脱贫攻坚开展以来，织金县委、县政府紧盯农业产业中的痛点难点，进行了多种探索。在贵州省委、省政府“产业革命”的号召下，织金开始转变传统农业产业结构和生产方式，以期实现农业产业经济效益的质的突破。

第二节　县级统筹谋划，描绘产业转型蓝图

在促成产业发展的诸多要素中，产业选择是首要因素。如何因地制宜、因势利导、结合市场需求的选择产业是产业扶贫首先要考虑的问题。在织金，农业产业发展所依赖的耕地资源、水资源等自然条件严重不足，生态环境脆弱，恢复植被、保护环境形势迫切，可选择的农业产业类型十分有限，这给产业选择提出了难题。2017

年，县委、县政府出台《织金县发展产业推动脱贫攻坚三年行动实施方案（2017—2019年）》，提出要“提高单位土地面积产值，推进农业产业结构大调整，围绕餐桌需求，通过发展蔬菜、茶叶、生态畜牧业（生猪、肉牛、家禽养殖）、经果林（精品水果）、食用菌（竹荪）、中药材、牧草等优势产业实现脱贫”。在产业选择的过程中，织金县结合本地农业生产的现实情况，以生态理念为引领，深挖特色潜力产业，谋划确定了“5311”和“3311”的农业产业结构。①

一、生态理念先行，引领绿色转型路

生态环境脆弱一直是织金县农业产业发展的制约因素，也是产业扶贫中一块难啃的“硬骨头”。十八大以来，生态保护和生态建设被提高到新的层次，习近平总书记提出“绿水青山就是金山银山”，强调了在经济发展中兼顾生态保护的重要性。十九大报告中，习近平总书记强调“建设生态文明是中华民族永续发展的千年大计”，“像对待生命一样对待生态环境”。②党的十八届五中全会指出，对于生态环境特别重要和生态环境脆弱的贫困地区要实行生态保护扶贫，将生态扶贫视为精准扶贫、精准脱贫的重要方式。受困于喀斯特山区有限的自然资源条件，织金人千百年来把上山毁林开

① “5311”指在全县发展种植皂角50万亩、南瓜蔬菜30万亩、林下套种药用银杏10万亩、以竹荪为代表的食用菌10万亩。“3311”指规划养殖30万头肉牛、30万头羊、100万头猪以及1000万羽生态家禽。

② 《决胜全面建成小康社会 夺取新时代中国特色社会主义伟大胜利——在中国共产党第十九次全国代表大会上的报告》，2017年10月27日，新华网（http://www.xinhuanet.com//politics/19cpcnc/2017-10/27/c_1121867529.htm）。

荒视为解决生计问题的出路。如何在保护山区生态的前提下开发利用山地资源、推进产业扶贫，是织金县农业产业发展道路上绕不开的议题。

（一）盘活山地资源，推进生态产业化

为改变毁林开荒和粗放式采矿导致的生态环境恶化，织金县大力实施退耕还林等生态恢复项目。“十一五”“十二五”期间，县委、县政府把“生态立县”放在了发展战略的首位，以县域“东治、南保、西巩、北发”（即东部生态综合治理区、南部生态环境保护区、西部生态经济巩固区、北部生态特色发展区）为主线，突出抓好造林绿化、森林资源管护、林业执法、森林防火、林业有害生物防治工作和作风建设“六个重点”工作。依托天然林保护、石漠化综合治理、新增特色经果林、退耕还林等重点工程的建设，林业生态建设取得显著成效。[①] 全县森林覆盖率由 2005 年的 40.7% 增长到 2016 年的 54.09%，增加了 13.39 个百分点。

长远来看，上述项目的实施为经济可持续发展以及人民生活水平的提高奠定了良好基础，但短期内压缩了农户的耕地面积，降低了农业生产效率。退耕后近三年平均的人均耕地面积为 0.0428 公顷，低于联合国确定的人均 0.0533 公顷的警戒线，人均耕地面积的减少给工程区的农业生产和农户收入带来挑战。[②] 在这一背景下，

---

① 夏彩贵：《织金县森林资源动态变化分析及经营水平提升建议》，《安徽农学通报》2021 年第 2 期。

② 徐慧丽：《退耕还林工程风险管理研究——以贵州省织金县退耕还林工程为例》，硕士学位论文，西南林学院，2009 年。

织金县积极探索生态恢复与产业发展有机结合的路径，深挖林地资源，发展涉林经济，结合种养业、旅游业等产业，形成了林下、林中、林上的立体发展模式，有效提高了林地资源利用率和林业经济综合效益，为农户开拓了多样化产业发展路径，实现生态扶贫的短期效益和长远利益的结合。

第一，以退耕还林项目为依托，因地制宜推广经果林种植。将退耕还林项目与经果林种植相结合，根据各地区的气候、地形、坡度和土壤条件，在坡耕地推广种植皂角、玛瑙红樱桃、李树、桃树等树种。将“粮农”变“果农”，通过生产销售经济效益较高的水果来实现农户增收。县各级相关部门联合公司技术人员、高校专家、乡镇农技人员共同组成技术服务专班，定期为农户开展果树种植、嫁接、病虫害防治等提供技术培训，使农户逐步从传统粮食作物种植转向经济作物种植。

第二，发展林下经济、间种套种，创造多重效益。随着退耕还林等生态项目的持续开展，全县森林覆盖率稳步提升。2016 年，有林地面积达到 137763.42 公顷，林下空间成为可资利用的重要资源。[①] 织金县依据不同作物的生长习性，利用降水、光照和温度在时间维度和空间维度的变化规律，多层次、多季节开展作物种植。例如，在退耕还林地区的皂角、玛瑙红樱桃、李树等开展林下种植药用银杏、南瓜、马铃薯等低矮植物作物；在天然林下开展食用菌种植、生态家禽养殖等项目。实现以短养长、长短结合，在保障农

① 夏彩贵：《织金县森林资源动态变化分析及经营水平提升建议》，《安徽农学通报》2021 年第 2 期。

民长远利益的同时兼顾当前利益，在生态保护的同时也实现贫困户的多样化农业增收。截至 2020 年，全县在皂角林下套种药用银杏 2.8 万亩，辣椒 0.81 万亩、南瓜 4.04 万亩，蔬菜 2.5 万亩。

第三，开发生态旅游，实现产业融合。织金县拥有丰富的自然山水资源，如织金洞、乌江源百里画廊、洪家渡库区等 60 余处自然景观和民族文化资源，如苗族跳花节、三眼箫等。随着基础设施的日益完善，当地政府充分挖掘特色旅游资源，把创建“全域旅游发展示范区”与生态治理保护相结合，以乌江源百里画廊、清织高速、贯城河为三条主线，打造乡村旅游示范带。将自然人文旅游资源的观光游览与生态农业观光、果蔬采摘、民俗体验相结合，创造新的消费热点，实现一三产业的有机融合，激发农业的经济、社会、文化等多种功能。

案例 5–1　官寨乡农旅融合促发展

官寨乡位于织金县北部，面积 63 平方公里，距县城所在地约 20 公里，人口 2.14 万人，其中苗、彝、布依、仡佬、水等少数民族占人口的 28.5%。该乡自然资源和民族文化资源丰富。域内有织金洞、洪家渡水库、乌江源百里画廊等自然风景名胜，以及苗族、彝族民俗歌舞、节日等。官寨乡屯上村获得全省“乡村旅游重点村寨”“甲级旅游村寨”称号。

官寨乡在打造生态游特色乡上成效显著。麻窝村依托退耕还林项目种植 700 余亩、五万余株玛瑙红樱桃树，每年 3—5 月举办“樱桃花节”和“樱桃节”，吸引游客前来赏花采摘。实现每年游赏客人 5 万余人次，旅游产值 50 余万元。该乡农户历来有种植柑橘的传统，“下红岩柑橘”名声在外。每到柑橘成熟之时，远近游客慕名而来，体验柑橘采摘、农家生活，旅游产值超过 100 万元。依托苗族民俗文化资源，每年举办持续 4 天的“苗族跳花节”，往来旅客达 1.5 万人次，旅游产值 10 万余元。

每到赏花采摘的时节，当地农户开办的民宿常常供不应求，樱桃、柑橘也在景区游客的带动下销路畅通。种柑橘、樱桃、开餐饮民宿成了当地农户重要的生计来源。依托自身旅游资源优势，官寨乡发展起集赏花、水果采摘、景区观光和民俗体验于一体的农旅结合产业，打造成为四季有花果的近郊生态民俗旅游乡。

（二）探索绿色农业，推进产业生态化

绿色是农业农村高质量发展的底色。绿色的发展方式是产业扶贫长效可持续的基础。喀斯特山区生态环境十分脆弱，在产业推进的过程中极易遭到破坏，出现生态退化，这对当地的绿色发展提出了更高的要求。秉持着绿色发展的生态理念，织金县在特色产业发展的过程中注重生态恢复和环境保护，着力探索培育生态友好型产业，推进产业生态化建设。第一，选产生态化。在产业选择中践行生态理念，精选产业时注重林地保护和最小化环境污染。种植业方面选取皂角、银杏等需肥量少、不破坏生态环境的产业作为主导产业发展。在畜牧业方面引进有机生态猪、生态家禽养殖等项目，并建立生态养殖产业基地。第二，生产方式生态化。采取环境友好型的种养方式，开发绿色种养技术，借助间种套种来减少病虫害和杂

草的出现，大力开展绿肥种植，减少无机肥、农药的使用。推动农产品无公害认证。在坝区积极推广“一田多用”“一季多收”“一物多用”，大力推广“菜＋稻＋菜（菇）”等复种模式以及“稻鱼鸭”等复合种养模式，保证坝区良种良法覆盖率达100%、农作物绿色防控覆盖率达60%以上（样板坝区达80%以上），提高坝区农业的经济效益和产出效益。在手工业方面，推动苗族蜡染等生态友好型产业的发展，延续传统工艺，使用纯天然植物染料进行加工生产。第三，发展循环经济。开发作物多重效益，引进加工企业，延长产业链条，并将废渣废料变废为宝。例如，在皂角种植技术方面，采取无农药、有机肥的种植方式，对皂荚、皂角刺、皂角米进行深加工。民族村的倒毛鸡养殖基地，践行生态理念，用林下种植的中草药喂养，无需为种鸡注射防疫药品。同时将鸡的排泄物收集转化为肥料，用于农作物种植。产业生态化不仅有利于保持和恢复生态环境，而且迎合了市场对有机农产品的旺盛需求。无污染、无化肥的绿色有机农产品在市场上拥有更高的产品价值和更广阔的发展前景，更有利于带动农户增收。

二、立足本地实际，精准选产建基地

新结构经济学认为，一个经济体的经济结构内生于它的要素禀赋结构，其自生能力取决于产业、产品、技术选择是否和这个经济的要素禀赋结构所决定的比较优势相一致。[①]《中共中央国务院关

① 林毅夫著，苏剑译:《新结构经济学——反思经济发展与政策的理论框架》，北京大学出版社2012年版。

于打赢脱贫攻坚战的决定》指出，要“发展特色产业，特色产业脱贫。制定贫困地区特色产业发展规划。出台专项政策，统筹使用涉农资金，重点支持贫困村、贫困户因地制宜，发展种养业和传统手工业等”。织金县委、县政府通过对自然地理条件、市场需求、技术传统、区位优势等多方面调研，深入挖掘本地比较优势，确定了重点发展竹荪、皂角、南瓜等特色优势作物以及生态家禽、肉牛养殖等养殖业，形成了“5311”的种植业产业结构规划和“3311”的养殖业产业结构规划。并充分挖掘本地的苗族蜡染文化，逐步发展起具有一定规模的特色手工业。为推动规模化发展，因地制宜打造产业基地，为产业发展提供完善的配套设施。实现了产业选择因地制宜、因势利导和市场导向的统一，为自生能力的培养奠定良好基础。

（一）深挖特色资源，精准选择产业

挖掘市场资源，扩大皂角产业。织金县皂角米产业具有加工传统，拥有良好的市场基础。猫场镇在20世纪80年代就出现了皂角米加工业，是西南地区最大的皂角米加工集散地，拥有市场话语权。但是猫场镇的皂角米产业只涉及加工环节，生产端和销售端都不在本县，全县经营皂角精加工的企业达100余家，每年从外地调进皂角籽近3000吨，加工成品皂角米1300余吨，销往广州、深圳、福建、台湾及东南亚等地。本土皂角产业呈现“小散弱、链条短、效益薄”的状况。此外，皂角米市场供应明显不足，全国皂角米的需求量是每年50多万吨，但实际供应量为3000多吨，且国内其他两个皂角米主产地产量较小，因此本县发展皂角米产业的市场

空间很大。在确定了本地自然地理条件适宜皂角种植的前提下，县委、县政府将皂角种植加工确定为重点发展产业。

除皂角米加工产生的效益外，皂角刺和皂荚业具有良好的经济效益。在良好的水肥管理条件下，种植皂角 3 年后产刺，开始有收益。按皂角刺市价每公斤 160 元、平均每株产刺 0.2 公斤、每亩种植 56 株计算，初产刺年亩产值可达 1792 元。皂角一般 6 年后开始挂荚，第 6 年至第 10 年平均单株产刺 1 公斤、产荚 5 公斤，亩产刺 56 公斤、产荚 280 公斤，按鲜荚市价每公斤 16 元计算，鲜荚亩产值 4480 元，刺亩产值 8960 元，每亩皂角刺、皂荚年产值合计 13440 元。10 年后进入盛产期，平均单株产刺 2 公斤、荚 20 公斤，亩产值可达 35840 元。发展皂角产业在提高森林覆盖率，推进食品、药品、化工等产业的形成，实现三产融合发展等方面都具有良好的生态效益和社会经济效益，是践行农业产业绿色转型的典范。

发挥特色优势，实现竹荪产业规模化。织金竹荪已有超过三十年的发展历史，具有市场优势、品牌基础和种植传统。得益于独特的自然地理环境，织金的野生竹荪品质好、营养价值高，市场优势明显。1972 年，织金竹荪作为国宴菜品接待了美国总统尼克松，自此声名远扬。20 世纪 80 年代，织金群众就开始尝试室内种植竹荪，出现了全民栽培的趋势。到 1990 年，全县竹荪种植户已达 2000 多户。1992 年全县竹荪干品产量飙升至 150 余吨，产品远销沿海城市以及东南亚国家。2000 年，织金被授予“中国竹荪之乡”的称号，在全国打响了织金竹荪的品牌。2010 年获国家地理标志产品保护认证和地理标志证明商标注册，2017 年进入全国名特优新农产品目录。经过三十余年的发展，织金竹荪已形成较为成熟的生产体系和市场。竹荪产业既有可观的经济效益，又在多年的发展中奠定了良好的技术基础、产业基础和群众基础，依托“中国竹荪之乡”的地理标志，织金竹荪具有明显的市场优势。因此，织金县将竹荪种植这一优势产业确定为一项重要的扶贫产业，通过改进种植技术，集约化生产，计划建成10万亩规模化的食用菌种植基地。

利用特殊地质条件，拓展南瓜产业加工链。织金属于典型的“七山两水一分田”喀斯特地貌，土地贫瘠，地表破碎，石漠化严重，对农作物品种的土壤适宜性、耐寒性等特征要求较高。南瓜是喜温的短日照作物，耐旱性强，对土壤要求不严格，即使在肥力不足的坡耕地、石漠化地块，长势也较好，是织金独特的地理环境条件下少数适宜种植的作物。而且南瓜可以与其他高秆作物套种，形成复合收益，带贫益贫效果较好。作为大宗作物，南瓜市场广阔，南瓜叶、南瓜籽、南瓜花等具有多重效益，深加工后的南瓜粉、南瓜籽油、南瓜挂面等南瓜加工产品的市场需求也越来越大，市场前景乐观。在前期深入调研的基础上，织金县引进农耀南瓜深加工企业开展订单农业，保障产业“种得好、卖得出”。按照保底收购方式计算，农户每种植1亩南瓜可增收2212元，带贫效益可观。

挖掘民俗文化资源，激活非遗手工业。蜡染是中华民族古老的民间传统印染工艺之一。2006年苗族蜡染技艺经国务院批准列入第一批国家级非物质文化遗产名录。在织金，苗族是人口最多的少数民族，苗族蜡染具有深厚的技艺传承和产业发展基础。据统计，全县有4万余名绣娘，其中7000余名为建档立卡贫困人口。激活少数民族贫困人口潜在的产业发展技能，是扶贫产业选择的题中应有之义。发展蜡染手工业一方面能够盘活农村剩余劳动力资源，采取“离土不离乡”的方式进行生产经营，发挥低成本优势；另一方面能够践行“生态先行”的理念，蜡染属生态友好型产业，布料以棉麻布为主，染料以杨梅汁、黄栀子 、蓝靛等天然有机物为主，无毒无污染。[①] 然而，织金县蜡染产业主要是分散在苗家的“原生态”家庭手工业。随着外出务工人数的增加，苗族绣娘不再有闲暇制作费时费力的手工蜡染，蜡染工艺也因此日渐衰落。基于本地优势民族文化资源，县委、县政府将苗族蜡染作为重要扶贫产业之一，计划通过创新组织形式和销售渠道，打造规模化本地特色文化手工业。

（二）打造产业基地，推动农业现代化

产业基地是实现农业现代化生产的依托。织金县深处喀斯特山区，易于规模化、集约化发展农业的大片平坝土地资源十分有限。为了改变过去“小、散、弱”的农业生产局面，实现转型产业的现代化发展，织金县充分整合全县坝区资源，将500亩以上的坝区打造成高效农业示范区和结构调整的引领区。共谋划打造猫场坝区、大陌坝区等13个坝区，作为产业结构调整的主战场。因地制宜，精准科学地编制坝区产业规划“一坝一策”实施方案，选择经济效益高、市场销路好的蔬菜、食用菌等作为主导产业，确保坝区可利用土地100%高效利用，传统低效作物种植实现全调减，良种良法覆盖率100%。

① 胡明:《对发展贵州“原生态”蜡染文化产业的思考》,《贵州财经学院学报》2007年第1期。

在工作机制方面，推行一个坝区、一名领导、一个专班、一套方案、一抓到底的“五个一”工作机制。一是推行县领导领衔坝区，落实坝区“坝长”负责制。成立织金县坝区农业产业结构调整工作领导小组和坝区“坝长制”工作专班。建立以党政领导负责制为核心的责任体系，县区党政主要领导对辖区内坝区创建工作负主要责任，统筹推进全县坝区农业产业结构调整工作中的重大问题和重要事项。明确“坝长”作为坝区创建工作第一责任人，对坝区创建工作负主要责任。按照《织金县2020年坝区农业产业结构调整推进方案》及坝区创建目标责任书要求全面推进坝区创建工作，使坝区在扩大产业规模、优化产业布局、拓展销售渠道、加强科技攻关、强化利益联结等方面取得明显成效。二是建立坝区专家对口联系制度。组织科技人员紧紧围绕坝区主导产业，开展种植、管理、收割、包装、分拣、销售等各个环节的专项技术培训，培育一批专业服务型和专业技能型产业技术农民。集成推广高效种植模式和绿色高产栽培技术，提高坝区综合产值。实现科技人员全产业、全过程跟踪服务，服务成果与科技人员职称评聘挂钩。三是建立反馈考核制度。定期组织召开专题会议，对坝区推进工作进行会商研讨，针对存在的问题及时研判、及时解决。每季度末各坝区专班将坝区工作推进情况报县农业农村局，形成工作推进报告报县委、县政府的制度。严格按照“坝长”负责制下“五个一”工作机制和贵州省关于坝区创建的“四项八大类”指标以及市有关坝区创建的20项细化指标进行考核，对工作成绩突出的予以奖励，对未能完成考核目标的进行通报批评，并纳入年终绩效考核。

第三节 推进制度建设，强化产业转型保障

组织和制度保障是推进产业扶贫规划落实到地的关键一环。织金县一方面创新政府管理制度，统筹建立自上而下的组织体系；另一方面创新生产组织模式，以党建为引领，在各乡镇建立组织化程度较高的生产联合社，整合生产端分散的要素资源，壮大市场参与合力。另外，创建精准的考核督查制度，保证管理制度和生产组织模式能够在推动产业转型的工作中落到实处，见到实效。

一、创新管理机制，设层级组织体系

为实现产业转型工作落实到最基层，在贵州省、毕节市的指导下，织金县形成了县级领导领衔规划、工作专班配合推进、乡镇村级干部主抓落实的层级组织体系。

（一）因“产”制宜，领导领衔谋发展

推行“一个产业一个领导小组、一个工作专班、一套推进方案”的工作机制。11 位县级领导领衔推进 11 个特色优势产业发展规划，以县领导为主要负责人，相关部门的主要领导任小组成员，成立特色产业领导小组。在县级领导领衔推进的工作机制下，南瓜、皂角、竹荪等特色产业的调研工作、技术研发及市场拓展有序展开，为产业结构转型升级打下良好的基础。以皂角产业为例，县主要领导和分管领导在建设年度内每人带头创建示范点 3000 亩以上，四大班子副县级以上领导每人带头创建示范样板点 1000 亩以上，乡镇主要领导和分管领导创办 1000 亩以上规范化种植样板基

地，高效推动全县皂角产业发展。截至 2020 年全县共建设示范基地 32 个，其中规模在 5000 亩以上 5 个。

在“产业革命”这一政治议程的推动下，领导领衔推进能够超越部门的行政利益和科层治理的逻辑，有效克服行政科层制在资源整合有限、人员调度困难、工作推进较慢等方面的问题。同时，还能充分激发行政科层组织中的个人推动产业结构调整的能动性，激活并动员各层级负责人的社会资本，进而实现特色产业培育和升级过程中的多维资源整合，推动农业生产由粗放型向集约型转化。

（二）成立特色产业专班，选配力量抓推进

成立皂角、蔬菜、茶、经果林等 11 个县级工作专班和 10 个农业农村局下属的特色产业发展工作专班，调配专业技术人员、龙头企业经理等人力资源，集中解决工作推进过程中遇到的困难，推动特色产业的组织化、规模化发展。政治议程的推进往往受限于原有行政科层组织的框架，而难以实现超常规运作。特色产业工作专班的机构设置一定程度上打破了科层制的条块壁垒，为“产业革命”政治议程的推进提供了组织保障。

（三）规划建设示范点，镇村干部保落实

在乡镇（街道）层面，党政主要领导各建示范点 1000 亩以上，其他班子成员各建示范点 500 亩以上。乡镇领导主持规划示范点替代产业、实施方案并推进示范点基础设施配套工作以及技术指导工作。发挥乡镇领导因地制宜整合调动资源的作用，引进经营主体，连接产销，建立利益联结。在村级层面，村支“两委”带头创办村

级示范点200亩以上。村干部负责在本村范围内通过多种形式创建示范田，具体落实特色产业的种植工作。种植传统农作物的农户在面对新型产业发展时更加关心的是产业转型的成本和风险。领导领衔推进的模式能够集中力量为示范点的建设提供资源和组织保障，大大降低了产业转型的成本和风险，提高产业转型的成功率。

二、创新生产组织，组建乡镇联合社

受到山区耕地资源匮乏，宜耕土地破碎，农户居住分散等因素的影响，织金县农业生产主要以单家独户的分散种养殖为主。分散居住的农户受到山水阻隔，多独自面对农产品交易市场，而难以自发集聚，形成组织化程度较高且具有一定规模的共同体。这塑造了当地农业产业组织化、规模化程度低的样态。单个农户势单力薄，难以推动产业纵深发展，农产品加工也只停留在初级水平，科技含量和附加值低，农业产业长期面临着“小、散、弱”，市场销售渠道窄，议价能力低，内部竞争激烈，产品滞销等问题。以村为单位的集体股份经济合作社虽然在理论上具有整合本村生产要素，扩大产业规模和提升市场议价能力等作用，但实际情况常常是村委班子人力物力资源短缺，经营管理能力不足，产业失败风险大，难以在市场竞争中获得优势。为解决生产组织力量薄弱的问题，提高农业生产者的组织化程度，织金县探索发展了以党建引领的乡镇集体股份经济联合社（简称乡镇联合社）。通过政府主导的组织化管理方式，整合同乡镇各村资源，科学统筹规划，推动规模化、集约化、标准化生产。进而提升市场议价能力和农户收益，实现乡镇农业生产规模化、管理规范化、成本统一化，同时连接市场资源，拓宽销售渠道，建立稳定的产销对接关系，保障农户利益。

（一）乡镇联合社的组织架构

乡镇联合社的主要职能是统筹组织各村集体经济合作社的产业实施，推进扶贫产业发展，包括乡镇一级的合作总社和村一级的合作分社（即各村集体经济合作社）。乡镇联合社组织架构包括成员（代表）大会及其下设的理事会和监事会。理事会由名誉理事长、理事长、副理事长及下属理事组成，监事会由监事长及下属监事组成。理事会下设职能部门，包括劳务部、物资保障部、销售部、法务部、会计和财务总监。由乡镇农业服务中心主任兼任乡镇合作总社理事长，由乡镇党委副书记任合作总社的支部书记，党委书记任合作总社的名誉支部书记，乡镇长任合作总社名誉理事长。合作总社的经营管理、财务收支、人员聘用均独立于乡镇政府。全乡镇的产业谋划、推进工作采用乡镇政府委托合作联社的方式开展实施。各村集体经济合作社接受合作总社的统一安排，落实产业项目的推进工作。

（二）乡镇联合社的主要职能

乡镇联合社在推动特色产业落地的各个阶段发挥着重要的规划、组织和协调作用，履行五大职能：

一是产业谋划与实施职能。乡镇政府委托联合社对本乡镇全年的产业发展进行科学规划。乡镇合作总社组织各村集体经济合作社开展联席会议，依据各地自然地理条件、耕地条件、人力资源条件等，讨论选定各村全年发展产业的类型和实施规模。各村集体经济合作社按计划组织合作社成员（包括村干部、种养大户、贫困户、等贫困户）推进产业事宜。

二是资金保障职能。合作总社与龙头企业或银行等金融机构进行对接，就产业发展所需的资金进行合作，采取银行贷款、企业垫付等多种方式保障产业发展资金落实到位。

三是物资保障职能。为保障乡镇产业生产成本统一，合作总社负责统一采购种苗、化肥等生产物资。采购物资根据各村产业规模需求，分发至各村集体经济合作社用于组织生产。

四是技术保障和田间管理职能。合作总社与科研机构、技术中心对接，邀请专家团队对村干部、种养大户、贫困户、非贫困户进行田间指导和育苗、防虫害等技术培训。此外，根据各产业种植规律，合作总社按阶段提醒、督促各村合作社安排田间管理事宜，提升本乡镇生产过程中技术与管理的一致化水平，减少农产品因缺乏技术和管护而出现的品质参差不齐的情况。

五是产销对接职能。一方面，合作总社采集市场信息，与龙头企业对接，采取订单农业的合作模式，签订订单收购合同，产品直销龙头企业。另一方面，合作总社自行拓展销售渠道，联系社会市场与电商平台，以规模化生产为基础，联系买家议价，签订收购合同，最后组织本镇农产品的统一销售。

乡镇联合社产业实施后的收益按照一定比例和参与情况分红给各村干部、种养大户、贫困户和非贫困户。在产业推进的过程中，联合社保证成本核算、资金使用的统一性，这不仅能够减少农户在市场参与中面临的风险，而且有利于扶贫政策实施的公平性。以南瓜种植为例，每亩南瓜的种植成本是1100—1200元，如果没有乡镇联合社的统筹，各地用工费用在80—100元不等，将导致同一产业在同一个镇的投入不同、收益不同，对贫困户的务工收益和分红不同。

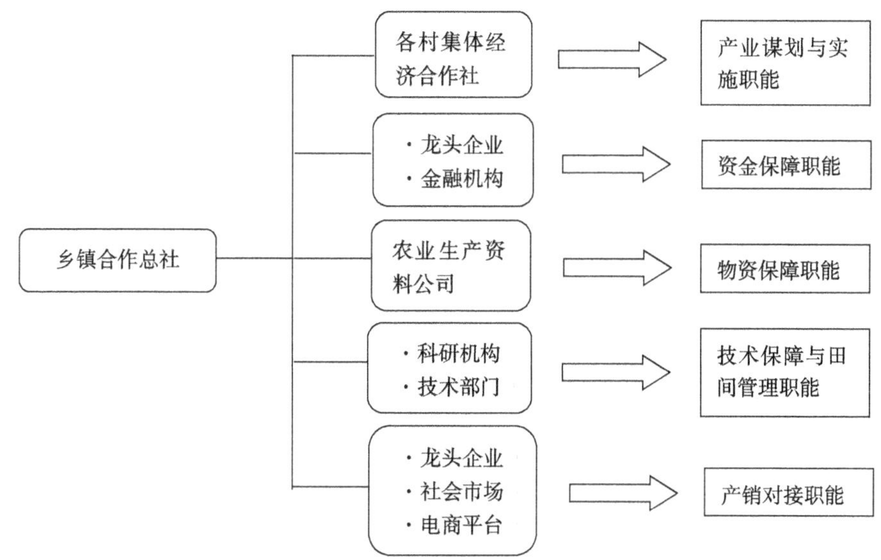

图 5-2　织金县乡镇联合社五大职能示意图

三、创新考核制度，精准督查保实效

县域内地质地貌、水土资源组合、气候条件等农业生产条件分布差异明显，产业组织和推进的情况复杂多变。农户对传统产业仍保持较大惯性，容易对产业转型不懂、不理解、不配合。产业结构调整的推进势必面临诸多困难。为保障产业结构调整的实效性，织金县建立“六大重点区域”产业结构调整考核体系，出台《农业产业结构调整督促指导方案》《农村产业革命督查考核工作方案》等文件，对产业结构调整工作的各个方面进行定期的督促考核。

第一，设立督查、巡查组，多样化组织形式。考核督查组分两种，一种是由各单位部门人员抽调组成临时督查组，根据阶段性工作安排需要开展督查核查工作；另一种为常设督查组，专门负责督查考核工作，对各项工作内容定期开展督查巡查。两种考核督查组的设置，兼顾了考核工作的常规性和灵活性，在应对特殊情况，保证考核过程公平、结果真实等方面具有重要作用。

第二，督查方式严格化，督查内容精细化。按照“因地制宜、实事求是、分类督查、精准考核”的原则，对传统低效作物的调减完成情况、坝区高效作物的种植及配套情况、领导示范点的建设情况等方面进行考核。考核方式方面，采取旬、月、季、年以及“全随机、全入户、全数据、全留痕、全负责、全反馈、全整改、全通报”的方式，及时跟进产业改革推进情况。考核内容方面，对农业产业结构调整的督查考核内容进行了细致明确的规定。例如根据农业生产的周期及各产业的种植特点，对督查考核内容进行了逐月细化。例如2—3 月考核重点为作物种植方案、物资储备和供应情况以及订单签订情况；5—6 月产业考核的重点为作物成活率、管护情况、技术培训以及项目资金投入情况等。通过细分农业生产的各个环节，织金县实现对农业产业结构调整的精准考核，避免“一刀切”和不符合实际情况的考核督查方式。

第三，落实运用考核结果，形成明确奖惩制度。细化考核标准，将结果运用于综合考核中，实行明确的奖惩制度。通过将产业结构调整列入县对乡镇（街道）、涉及部门绩效考核中，有力确保各项任务目标的顺利实现。例如，把“皂角产业”发展纳入农民增收的目标考核体系、列入县对乡镇（街道）目标考核内容，由县实绩考核办、督办督查局、林业局、农业农村局组建督查组，定期或不定期对“皂角产业”发展工作进行跟踪督查检查，确保各项工作措施落到实处。对考核挂末的乡镇（街道）主要领导、分管领导实行诫勉谈话、黄牌警告、召回管理或组织处理。

第四节 连通市场要素，搭建产业转型平台

“连峰际天，飞鸟不通。”地处乌蒙山深处的织金，域内多高山陡坡，多河流险滩。由于山水阻隔，交通极为不便，长期与外界隔绝。本地农产品与外部市场难以连通，更不必说吸引企业入驻，带动区域经济发展。织金农业长期面临着既走不出去，又引不进来的困境。尽管近年来大兴交通设施建设，建成多条骨干道路，通乡、通村路也陆续完善，农产品流通得到了一定程度的改善，但是山高路远仍然是当地农业产业实现规模化、市场化发展的瓶颈之一。本地的自然和社会资源禀赋不足以实现农业要素的自发集聚，形成规模市场和优势产业。而实现农业产业化发展又需要农业生产要素的集聚和组织，需要开拓市场和承受市场风险的能力。为实现农业产业化的目标，织金内培外引规模企业，在生产要素集聚、产业链条延长、市场开拓等方面发挥龙头作用。同时采取多种措施开拓农产品销售渠道，建立稳定的产销对接渠道。

一、紧抓龙头带动，优化产业链条

农业产业发展要想获得突破，必须破解产业链条短、效益低的难题。织金县大力推广“龙头企业 + 合作社 + 农户”的模式，通过内部培育和招商引资，与多家龙头企业建立合作机制，延长产业链条，增加产品附加值，提升产业效益。

（一）内培外引，创新企业合作机制

整合帮扶资源，内培外引龙头企业。为引进优质龙头企业进驻织金，县委、县政府充分利用东西部扶贫协作、全国工商联帮扶、恒大帮扶等机会，动员各级责任主体的社会资源，多措并举招引企业投资本地农业产业发展。制定相关优惠政策，出台《织金县皂角产业链招商引资优惠政策》等招商引资政策优惠文件，在基地建设、蔬菜育苗、企业建设、品牌创建和金融等方面给予支持和补助。例如，由恒大出资 12.58 亿元建成肉牛养殖场 32 个、大棚 6559 栋、露天蔬菜种植基地 6 个、育苗中心 10 个、辣椒烘干线 1 条、冷库 2 个等项目。县级统筹解决蔬菜育苗中心征地费用和恒大援建大棚两年的土地流转费用，完成大棚基地有关基础设施配套，充分让利于经营主体。共计先后引进培育勐海豪扬、农耀等企业 101 家。其中龙头企业 51 家，培育各类新型市场经营主体 3000 余个。围绕全县种植业“5311”、养殖业“3311”发展规划，已有 135 家企业及合作社投入资金 7.5 亿元，兴办产业项目 189 个，带动贫困人口 32106 人，夯实群众持续稳定增收的基础。此外，利用全国工商联捐赠的 2500 万元和 1000 万元帮扶资金，建立“同心光彩助农融资担保

基金”，为农业项目和涉农企业提供融资担保，为 29 家小微企业（专业合作社）提供担保贷款 5965 万元，承贷企业向建档立卡贫困户提供就业岗位 107 人，产业辐射带动建档立卡贫困户 668 户 2587 人。

创新合作机制，引导企业联合发展。引导国企和民企联姻合作，实现资源互补与整合。成立国有平台公司织金县农业发展投资（集团）有限公司（下称县农发公司），与引进的部分企业组建混合制公司，最大限度整合用活国有平台公司的资金优势与民营企业的技术、管理、市场优势，突破产业发展过程中主体培育难、顾虑多、渠道窄等瓶颈。2018 年引进浙江三多农业综合开发有限公司与县农业公司合资组建贵州七多皂角产业科技发展有限公司，其中县农发公司占有 15% 的股份，浙江三多农业综合开发有限公司占有 85% 的股份。新组建的混合制公司采取“公司 + 合作社 + 贫困户”模式，带领农户共同参与创建产业生产、加工示范基地，获得产业发展收益。2019 年成立县皂福万家平台公司，引进中证公司与县皂福万家平台公司组建沁心源公司，牵头实施全县皂角产业种植。

（二）延长产业链，提升产品市场价值

农业产业链的延伸依托于农产品加工业，其主要目的是增加农产品附加值，通过投入劳动、技术、资本等方式使农业产业链向前期产业部门延伸，增加中间环节，创新农产品深加工技术，提高农业生产的回报率。[①] 产业链延伸是当前农村产业融合的主要模式，

① 朱啸枫、张东玲、陈景帅：《农业产业链延伸、生产性服务业和农村教育耦合协调研究——基于山东产业融合视角》，《青岛大学学报（自然科学版）》2020 年第 1 期。

有利于把价值链留在农村。织金县鼓励引进企业在本地建设农产品加工厂，引进高效加工技术，提升产品效益。

蔬菜产业方面，由企业投资在三甲街道建设现代高效农业全产业链项目，对南瓜、萝卜、蔬菜等进行精深加工、冷藏。该产业链集蔬菜脱水、果蔬面条加工、冷库存储于一体，显著提高了蔬菜产品附加值。每年可先后贮藏毕节市各县、区、乡镇地区产出的南瓜和其他蔬菜 10 万吨。2020 年，加工厂的 6000 平方米冷库、AD 蔬菜烘干线、精品蔬菜干燥烘箱、蔬菜磨粉打粒生产线等建成并投入使用。

皂角产业方面，全国工商联援助 500 万元资金建设皂角米加工车间，逐步将分散在农户家中的皂角米加工引向规模化、规范化、标准化生产。除此以外，七多公司与沁心源公司组织开展皂角产业种植改培和系列产品研发。开展日化用品研发。借助上海复旦大学、江苏苏州大学等院校在学科专业、科研技术、实验平台等方面优势，围绕皂角生物表面清洁作用，结合现代萃取技术提取皂荚中的皂素及其他清洁物，辅以其他植物提取物配置纯天然洗涤用品和护肤用品。与广州日化企业开展合作，生产“织皂金福”系列皂角洗涤用品日化 3 个系列的 9 个单品。开展药品研发。积极与中科院西南植物研究所、国家中草药工程技术研究中心等科研平台对接，大力开发皂角中药产品。与贵州中医药大学签订合作协议，深入开展“黔产皂角米（精）营养成分分析、毒性评价及产品研发”合作，通过皂角生物活性治癌抗癌药物研发，结合细胞治疗、畜牧用药等前沿科技成果，全面推动织金皂角生物药用产品开发及药物应用推广。

二、推进品牌建设，强化产销对接

（一）推进扶贫产品商品化进程

农产品的品牌化是提高产品附加值，实现农业产业规模化、标准化、品质化的必然要求。生长地的气候条件、地理环境、生态条件赋予了农产品重要的禀赋和辨识度。随着生态恢复和环境保护工程成效的凸显，织金县独特的生态环境、山地优势和气候特点为本地农产品提供了品牌优势。为系统推动农产品的品牌化建设，县委、县政府制定《织金县脱贫攻坚农产品品牌发展实施方案》，成立品牌发展工作领导小组，按照“培育一批、扶持一批、推荐一批”的模式，有重点、分层次地推进品牌建设。加快推进无公害农产品、绿色食品、有机农产品和农产品地理标志“三品一标”认证，用好原产地标记制度和原产地保护制度，建立完整的全程质量追溯信息采集系统。

一是加强特色农产品地理标志认定。全县共有 21 个乡镇获得地理标志产品产地认定。2010 年织金竹荪通过了国家质量监督检验检疫总局的国家地理标志产品保护认证；2018 年织金入围农业部认定的中国特色农产品优势区；2019 年“织金竹荪”作为地理标志保护产品拟被纳入第二批中欧地理标志协定清单。2017 年“织金竹荪”品牌价值达到 8.41 亿元。2019 年织金皂角精入选国家地理标志产品目录。

二是加强特色农产品质量认证。制定特色农产品地方安全标准。2016 年，织金县成功创建省级竹荪出口质量安全示范区和有机竹荪转换认证，2017 年被农业部授予中国名优农特产品和国家生态原产地产品保护证书。着力打造“黔树燕窝”地方特色公共品牌，与贵州省疾控中心建立“皂角米食品安全监督评价指标”合作机制，委托省疾控中心开展毒理检测和有效成分分析。

三是加强特色农产品溯源体系建设。对生产（苗木繁育）产地环境、检疫性病虫害、农药残留、重金属、加工企业等进行有效监控，形成产地有准出制度、销地有准入制度、产品有标识和身份证明的全程质量追溯体系，切实把好农产品基地准出和市场准入关，保证产品质量。

（二）打造扶贫产品多样化销路

为推进农产品与市场对接，织金县成立专门组织体系，开拓线上线下市场和本地外地市场，多措并举实现产销对接。

一是制定工作方案，强化队伍建设。制定《织金县加强农产品产销对接工作实施方案》，出台《调整充实织金县农产品销售工作领导小组》等文件。成立由县委分管领导任组长，县委、县政府、县政协等部门九名副县级以上领导任副组长的产销对接领导小组。成立由相关副县级领导领衔的综合协调、宣传推介、县内销售、县外销售四个专项工作小组，确保领导力量和组织力量全力投入产销对接工作。

二是充分挖掘本地市场空间，推进农产品“七进”。制定《织金县农产品“七进”销售工作方案》，与学校、机关食堂、企业、超市、农贸市场和高速公路服务区合作，签订农产品采购销售订单，实现农超对接、农校对接、农企对接等，建立起稳定的供销关系。“七进”工作有效扩大了织金县龙头企业集中配送范围，整合优化配送模式，减少中间流通环节，确保配送质量和效率。2020 年，全县共组织协调 50 家机关食堂、25 家煤矿企业、3 家重点销售企业采购蒜苗 735 吨，协调 8 家企业采购白萝卜 133 吨。2020 年 1—6 月，“校农结合”销售农产品 489.29 吨，销售额 698.07 万元。

三是借助多方力量，拓展外地市场。借助全国工商联、广州花都区、恒大集团对口帮扶平台，加强互访、沟通和协作，促进“织货出山”走向东部市场。自 2016 年花都区与织金县开展对口帮扶工作以来，组织开展农产品专场推介会 6 次，累计完成农特产品销往广州市场 6.57 万吨，销售金额达 3.3 亿元，累计带动贫困户 81053 人次。发挥贵州省织金县农耀农业开发有限公司、贵州爱闯农业机械有限公司、织金豪扬农业发展有限公司等龙头企业的市场资源，在广州、上海、成都、重庆等 10 余个大中城市的大型蔬菜批发市场设立专铺，实现“织货出山”。例如，依托广州耀泓公司，在广州江南果蔬市场建立“织金优质农特产品销售中心”2 个、销售档口 8 个。

四是利用线上线下平台优势，实现信息互通。一方面，线下积极组织企业参加各类产品推介会，签订收购协议，推动“织货出山”。例如，2019 年织金名特优新“农文旅”产品推介会在广州市花都区举行，向花都区机关、学校、企业、社区、部队介绍了织金的旅游和特色农产品资源，搭建了织金县各文化旅游、绿色农特产品企业与广州花都区合作交流平台。2020 年 1—5 月，通过各类推介会，全县农产品销往广州、深圳、重庆等省外市场 3156.2 吨，销售额 5099.84 万元；销往安顺、贵阳等省内市场 6846.5 吨，销售额

15567.83 万元。

另一方面，线上拓展销售渠道，积极探索利用电子商务平台进行区域品牌的传播与推广。织金县于 2018 年入围“全国电子商务进农村示范县”。在“一亩田”APP 等农产品销售平台上开设织金县农产品销售专区；依托广州掌鲜电子商务有限责任公司打造“织货出山”销售点 148 个；与广东龙头企业电商唯品会开展合作，2020 年为绣娘、染娘提供 500 多万元的订单。引导种养殖大户、农村合作社、农产品商贸流通企业、电商企业等龙头企业利用大型的第三方网购平台和自建平台开设织金扶贫馆、特色馆等网上商店。

第五节　创新利益联结，激发产业转型动力

在推进脱贫攻坚的过程中，产业结构转型面临的一大阻力在于农户对新的生产组织方式的不信任。千百年来，生息在此的居民代代传承着适应喀斯特山区自然环境的生存方式，他们选择小农耕作，种植玉米、马铃薯，倾向于低风险的稳妥的农业生产。在与恶劣环境长期斗争的实践中，这种生产生活方式已经成为一种生存智慧，流淌在当地农民的血液中。对于突如其来的产业转变以及未知的风险，他们大多保持警惕；对于产业转型带来的预期收益，他们始终心存怀疑。推进农业产业转型，广大农户的参与至关重要。为消除农户对于产业转型的疑虑，调动农户的生产积极性，织金县在产业扶贫的过程中探索多种利益联结机制，通过扶贫资金的资本化运作，将“资金”变“资本”，为贫困人口创造就近就业岗位、要

素分红收益、土地流转收益等增收途径，同时，在产业项目运作过程中，创新资金运作方式，提供农业生产保险，保障农户基本利益，为产业转型的顺利实施提供贫困农户的内生动力和生产热情。

一、因地制宜，构建多种利益联结

织金县产业扶贫的利益联结机制多样，贫困户的增收方式主要包括土地流转、就近务工、资金直补和要素分红四种类型。

土地流转。在织金，劳动力外出务工，老弱妇孺留守乡村的情况非常普遍，农村土地闲置现象严重。通过企业、合作社流转土地，把零散的土地资源整合起来实现规模化生产，既可以充分激活农村闲置土地资源，又可以切实增加贫困户收益。根据土地的条件的不同，织金县土地流转费用在每亩每年200—500元不等。

就近务工。依托产业园基地建设、田间管理，为贫困户提供就近务工岗位。对于从“土地”上解绑出来的劳动力，由村委组建劳务输出中心，以贫困劳动力为主，向经营主体提供劳务服务。例如，农耀公司的阳光村露天坝区蔬菜种植示范基地位于龙场镇阳光村，村委组织贫困劳动力参与该基地的田间管理工作。按照用工60%以上建档立卡贫困户标准，共计为212户贫困户854人提供就业机会。该基地就业岗位月均工资2500—4000元/月，带动贫困户增收效果明显。

资金直补。在贫困户独立发展种养业的分散型产业模式中，利益联结通过资金直补方式实现。对于有产业发展意愿且有能力独立发展的贫困户，运用财政专项扶贫资金，按照户均累计不超过2万元的补助标准，购买或种植后经验收合格给予直接补助。乡镇政府、村支“两委”与贫困户签订协议保证滚动持续发展。签订滚动发展协议时限不低于3年，确保贫困农户稳定收益，持续发展。

要素分红。在贫困户依托合作社、村集体、企业等经营主体集中发展产业的模式中，利益联结机制主要通过分红的形式实现。入股要素主要包括两种类型。一是资金入股分红。贫困户以财政专项扶贫资金、信贷资金、政府补贴资金入股产业项目，由经营主体集中实施，产生收益后分红。二是土地入股分红。将贫困户土地经营权量化后入股，由经营主体统一实施项目后分红。三是生产资料确权分红。将政府所有的生产资料（如蔬菜大棚）收益权确权给贫困户，由经营主体统一组织实施生产，再根据生产经营状况给贫困户分红。例如，由恒大援建、农耀农业有限公司经营管理的五星村大棚蔬菜示范基地，每个大棚对应确权一户建档立卡贫困户，按每年1800元棚固定分红。

除贫困户外，村集体也依托自身资源入股分红，如将机耕道、滴灌工程等配套基础设施量化入股分红、将人力资源量化入股分红以及资金入股分红等。具体分红方式有两种。一种是按照保底价格分红给贫困户。保底分红比例原则上不低于入股扶贫资金的5%并逐年递增，经营主体提供不低于投入资金的资金量或固定资产进行担保抵押，且协议分红时限不低于3年，协议期满后，若需继续合作则再次签订协议实施。另一种是按照入股比例分红给贫困户。分红比例原则上不低于量化入股扶贫资金收益的70%，项目实施单位全程委派管理人员参与项目经营管理。利益联结协议由联系村领导、驻村干部、包村干部、村干部、民生监督员、群众代表与经营主体协商落实。协议分红时限原则上不低于 3 年，协议期满后，若需继续合作则再次签订协议实施。

在具体的项目运行过程中，利益联结机制往往是多种类型组合而成的。

"企业 + 基地 + 合作社 + 贫困户"模式。以恒大援建蔬菜基地为例，一是贫困户要素分红。将 6559 栋蔬菜大棚按 1 户 1 棚的标准，将收益权确权给贫困户，引进经营主体统一经营蔬菜产业。由经营主体结合实际情况每年向每户贫困户支付 1300—1800 元不等的保底收益。对于愿意资金入股的贫困户，按入股资金的 15% 进行年底分红。二是村集体要素分红。在带动群众脱贫致富的同时，按照一个大棚 100 元 / 年的标准分红给村集体，对于村集体经济合作社资金入股的，每年按入股资金的 10% 进行固定分红。三是贫困户就近务工。由村组建劳务输出中心，以贫困劳动力为主，向经营主体提供劳务服务，人均日工资 80—120 元，务工群众每人每月可获 2400—4000 元工资收入。

"企业 + 合作社 + 贫困户"模式。竹荪种植产业，按照 1 户贫困户 1 亩竹荪的标准，以财政专项扶贫资金入股项目，合作社引进经营主体统一种植红托竹荪。企业和合作社按照 6 : 4 比例对净收益进行分红。合作社收益分红资金再次按照 2 : 8 比例分红，20% 作为村集体积累资金，80% 作为贫困户入股分红资金。恒大援建肉牛生产基地，建成后确权给政府，由合作社管理运营。贫困户以低于成本价的价格从恒大集团处购买基础母牛，所需资金由政府、恒大分别给予每头原牛价格30%的补贴，剩余40%由政府设立担保基金帮助贫困户统一贷款，贴息时间为3—6年。合作社每年按照贫困户购牛款总额的20%固定分红给贫困户，实现贫困户稳定增收。政府投入的“三通一平”费用，作为村集体入股合作社的股金，村集体在合作社运营期间负责监督协调工作。皂角林下套种产业，在种植前3年幼苗期，林下套种草本中药材、辣椒等矮秆作物。公司与农户签订相关种植协议，公司将该阶段以短养长产业的经营种植权交给农户，由公司统一购置种苗，统一技术培训，统一规范管理，农户负责种植，产品由公司协助农户组织外销。公司、农户、村集体按5∶4∶1的比例进行分红。截至2020年，已有马场镇马家屯村、鸡场坝村、文丰村、布底村等9个村集体与贵州中证资产管理有限公司签订协议，参与皂角种植和皂角套种银杏管理，获取产品总收益的10%管理分红作为村集体收入。

二、多措并举，激发农户转型热情

农业属于天然的弱质产业，具有生产周期长、环境影响大、回报见效慢等特征。农业产业化发展始终面临着生产过程中的自然灾害风险和农产品流通中的市场风险。[①] 为保障农户在产业转型中的利益，激发贫困户的参与动力，织金县一是开展订单农业，保证产销衔接；二是加大补贴力度，降低转型成本；三是做好保障措施，降低转型风险，有效激发群众参与农业产业转型的内生动力。

① 蒋永甫、龚丽华、疏春晓：《产业扶贫：在政府行为与市场逻辑之间》，《贵州社会科学》2018年第2期。

（一）开展订单农业，保证产销衔接

开展订单农业，有效规避供需错位导致的市场风险。传统农业往往采取“以产定销”的生产模式，容易导致农业生产与市场需求脱节或“一窝蜂”生产带来的产品滞销和价格波动。为减少农业产业发展中面临的供求不衔接风险，织金县采取“以销定产”的订单农业模式，依托龙头企业的市场资源优势，连接粤港澳大湾区市场、江南果蔬批发市场、贵阳农产品批发市场等开展销售。由龙头企业根据市场需求向联合社下单，联合社再根据订单规模统筹安排各村集体经济合作社组织产生。2019 年蔬菜产业累计签订订单超 19 万亩，其中：农投公司签订订单 11.5 万亩（其中大蒜 4.9 万亩、豌豆 3.6 万亩、蚕豆 3 万亩）、玉水玉园公司 3 万亩、其他公司签订 4.5 万亩。2020 年农耀公司签订南瓜种植订单 15 万亩。

订单模式采取保底收购方式，在市场价高于保底价的情况下，对农户采取市场价收购；在市场价低于保底价的情况下，对农户采取保底价收购。以南瓜为例，以广州江南大市场电子信息价、贵阳石板市场昨日价公布当天收购价，按保底价 0.7 元 / 公斤收购。若市场价高于保底价，高出部分除去 0.3 元 / 公斤的运输管理成本外，剩余部分按照 7 : 3（农户占 70%，企业占 30%）的比例分配。在联合社的统一组织收购下，农产品得以保量保价的实现销售，农户原本面临的市场风险在这一机制中被规避。

订单农业模式下，龙头企业还扮演着“技术员”和“管理员”的角色。为保证订单种植的产品品质，龙头企业一方面联合科研机构，组织技术团队开展种植技术培训。另一方面采取统一质量技术

标准，统一提供种苗物资，统一组织抚育管护，统一收购、加工、销售的“四统”方式。在具体实施层面，由县农业农村局牵头，金荪公司具体负责，成立县级食用菌种植技术指导小组，广泛开展竹荪制种、栽培、田间管理、病虫害防治等技术培训和指导服务，着力提高经营主体标准化栽培管理水平。2020 年，完成技术骨干和农民培训 2500 余人次，巡回开展技术指导服务 300 余次。耀泓公司与县农业农村局组建技术服务组，共 50 余人，分成分 5 个组深入 30 个乡镇（街道）500 余个村开展技术培训，实现一个乡镇（街道）一名技术员长驻指导，培训指导点籽、起垄、覆膜、病虫害防治等技术。勐海豪扬公司的蔬菜基地作为教学观摩培训基地，常年为农户提供种植技能培训，每年可培训产业技术人才 400 人。在全面提升农户种植技术、劳动技能的同时，还不断激发群众内生动力。

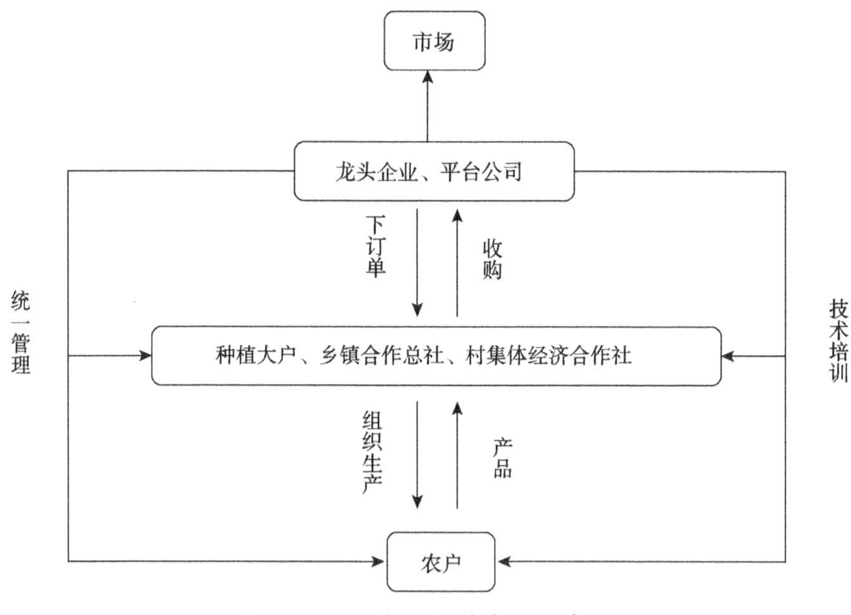

图 5-3　织金县订单农业示意图

（二）加大补贴力度，降低转型成本

一是加大种植奖补力度，激发参与动力。明确种植补助。明确种植南瓜每亩补助 150 元、辣椒每亩补助 200 元、叶菜类蔬菜每亩补助 100 元、茄果类及其他类蔬菜每亩补助 200 元县的标准，引导群众自觉自愿减少低效作物种植，进一步激发群众种植高效经济作物的热情。同时强化监督管理，由县委组织部、县纪委（监委）牵头，其他涉及部门配合，对各乡镇（街道）上报兑现补助资金的情况开展严格审核，确保补助对象精准，促使项目补助资金真正发挥效益。截至 2020 年，全县已实施蔬菜项目种植补贴 129665 亩，南瓜种植补贴项目 16570 亩，辣椒种植补贴项目 4105 亩，茶叶种植补贴项目 1801 亩，马铃薯种植补贴项目 26808 亩。设立“作物超市”，扩宽经济作物种类选择。对自愿调减低效作物改种高效经济作物的农户、流转种植低效作物土地改种高效经济作物的企业、合作社、村集体股份经济合作社（联合社）、种植大户，提供南瓜、辣椒、茶叶、黄豆、叶菜类蔬菜、茄果类蔬菜等品种，供其选择种植实施。对自愿在“作物超市”购买种子或自愿将土地流转给合作社种植高效经济作物的农户，由合作社统一提供种子、化肥、农药、农膜等物资和技术指导服务。

二是供应平价农用物资，降低转型成本。首先，县级统筹规划，制定《织金县平价饲料粮食供应工作实施方案（试行）》，充分考虑农户的种养殖需求，根据农户实际情况，提供平价饲料玉米或其他农业生产所用农用物资。借助县级储备玉米 3000 吨的储备规模，采取适时轮换方式，按照成本价向全县销售低于市场零售价

格的饲料玉米。截至2020年，县国有粮食企业储备可供销售平价饲料玉米1540吨，同时采取免费或平价的方式为农户供应黑麦草种子、农膜、农药、肥料等农用物资共计2500余吨。其次，部门联动做好保障工作。各部门立足工作职责，做好各种高效替代作物种子种苗、农膜、化肥、农药等物资储备及培育工作，推进平价化肥、平价农膜等农用物资发放，确保满足高效作物种植需求。县供销社按照统一调配、统一销售、统一价格的模式在32个乡镇（街道）设立化肥供应点，截至2020年已销售化肥11795吨，库存1950吨；县财政部门统筹做好财政补贴资金预算、拨付、管理、结算等工作；县市场监管、工信等部门完善各蔬菜品种离地价格监测指标体系；县纪委牵头对补助资金、面积调减进行监督管理，共同推进农业产业结构调整工作。最后，乡镇确保工作落实。按照农户申请—村级审核—乡级审批的办理流程，各乡镇街道向农户供应600—1000斤的平价饲料玉米或其他农业生产所需物资，借此满足农户生产需求，消除农户转型顾虑。如龙场镇级联合总社打造“平价玉米超市”项目，按低于市价0.4元/公斤的价格向农民平价出售玉米。土地入股在合作社用于转型种植高效益作物的农户，可在平价玉米超市按每亩不高于500公斤的数量购买平价玉米。项目覆盖全镇农户3011户12422人，其中贫困户1044户4288人，有效解决了全镇参与产业结构调整农户家庭畜禽养殖饲料短缺的问题。同时联合总社购买200余斤黑麦草发放给各村农户，解决全镇400余户农户缺乏草料养殖牲畜的难题，为农户减少牲畜喂养成本10万元以上。

（三）做好保障措施，降低转型风险

一是探索推行“契约式”项目管理制度。在产业扶贫项目实施中，地方政府大多采用将国家扶贫政策针对贫困户的帮扶资金或农户权益，通过入股或委托经营的形式交付“扶贫经济组织”使用并直接投资到产业项目当中的方式，待项目收益后贫困户按照股份或协议比例分红。[①]这种扶贫资金“资本化”运作往往涉及企业、合作社、政府、农户等多重主体，利益关系也复杂多样。为明确责任关系，保障各方——特别是贫困农户的利益，确保资金安全，织金县探索实施“契约式”项目管理制度。

对所有项目及资金全面实行契约式管理，项目实施单位与收益单位及农户签订实施协议，明确各方权利、义务、违约责任等，确保项目资金发挥应有的社会效益和经济效益。一是签订协议，明确产业项目发展中的主体责任与利益关系。根据不同的产业发展模式，乡镇、合作社、企业、信用社与贫困户签订产业发展协议，明确分散直补、集中实施项目以及信贷资助发展三种带贫益贫模式中各方的责任和利益。二是制定管理办法。出台《织金县财政专项扶贫资金管理办法》《织金县财政专项扶贫资金项目管理办法》《织金县财政专项扶贫资金报账制实施细则》等文件，对全县扶贫产业项目进行统一管理。三是强化各级监管。将扶贫产业项目纳入绩效考核，成立工作专班，实施项目推进责任制。乡镇直管，作为项目责任主体，乡镇负责规划实施方案，找准找好项目经营主体单位，完

① 蒋永甫、龚丽华、疏春晓:《产业扶贫：在政府行为与市场逻辑之间》，《贵州社会科学》2018年第2期。

善项目申报资料，落实利益分配，签订合作协议，全程督促扶贫产业项目的推进并监督总体质量；村级监管，发挥群众监管的主体作用，对项目资金的使用、利益分配进行监督。

二是完善农业保险。为减少贫困户产业实施过程中的风险，织金县建立“保险超市”解决农业生产过程中的风险防范问题。制定《织金县政策性农业保险工作实施方案》，按照“政府引导、市场运作、自主自愿、协同推进”方式，从保护农民利益的角度出发，严格按照风险补偿机制和农业保险保费收取补助标准要求，推进保险超市建设。运用财政风险补偿专项资金，推行种植保险和价格保险，有效降低高效益经济作物的生产销售风险，减少转型农户的后顾之忧。

一方面，将茶叶、食用菌、蔬菜、生态畜牧等 12 大优势特色产业纳入种植保险保障范畴。探索创新价格指数保险、收益保险等创新型险种，逐步实现有灾保成本、无灾保收益。将 500 亩以上坝区和集中连片 1000 亩以上农产品全部纳入农业价格保险范畴，促进农业生产和农产品市场价格基本稳定，推动农业保险从保成本向保收入转变。对积极参与脱贫攻坚或与建档立卡贫困户有利益联结机制的优先参保。

另一方面，由县财政预算 6000 万元，作为农业产业风险补偿专项资金，重点支持南瓜、蔬菜、辣椒、茶叶等产业种植保险和价格保险，增强全县农业抵御自然灾害、疫病风险、市场风险的能力，助推农业产业持续健康发展。种植保险方面，现阶段主推南瓜、辣椒、叶类蔬菜、茶叶产品，按照 4% 的保险费率交保费，根据新型农业经营主体（含一般农户）种植补贴计算，按照县财政配套 5% 的标准，南瓜、辣椒和茶叶县财政每亩补贴 2.4 元，叶菜类蔬菜县财政每亩补贴 1.8 元。截至目前，已为全县各类新型农业经营主体和一般户补贴蔬菜和茶叶种植保险 56395.03 元，参保面积 3.15 万亩。价格保险方面，现阶段主推南瓜、辣椒、叶菜类蔬菜三类产品，按照县级配套 10% 的标准，县财政对南瓜每亩补贴 17 元，辣椒每亩补贴 50 元，叶菜类蔬菜每亩补贴 12 元。截至目前，县农发公司提供价格保险产品清单 20553.18 亩，涉及财政补贴资金 815864 元。

在我国，生态环境脆弱与区域性贫困表现出高度耦合的特征。西南喀斯特地貌区是我国典型的生态环境脆弱区，分布着大量贫困人口。织金县作为典型的喀斯特山区县份，长期面临着生态环境脆弱导致的农业生产落后和山水险恶导致的交通闭塞。这样的生存环境塑造了当地居民“从穷山恶水中攫取资源”的农业生产方式。这种方式不仅牺牲了人们赖以生存的自然环境，而且始终难以使当地居民摆脱贫困的泥沼，反而越陷越深。习近平总书记指出“绿水青山就是金山银山”。为打破生态型贫困的循环，织金县在产业扶贫的实践中始终把“两山”理论作为旗帜引领，以“淘汰低效作物，发展高效产业”的农业产业转型为契机，以恢复和保护生态环境的理念为引领，深挖本地资源，因地制宜发展涉林经济和循环经济，实现生态保护与扶贫经济发展的有机统一。对于产业转型实践中的制度配套、要素流通和内生动力的激发，织金县也探索出了一套切实可行的方案，为产业扶贫规划的落地提供了保障。管理体制机制的创新、多方资源的整合以及多种惠民政策的出台，为绿色转型的产业扶贫规划筑起深扎人民和土地的基石。在环保先行的理念指引下，绿色织金的生态红利逐渐显现，蕴藏在绿水青山中的经济潜力，正不断转化为喀斯特山区贫困人口脱贫致富的强大动力。

第六章　突围之路：易地搬迁促进跨越式发展

易地扶贫搬迁是国家精准扶贫“五个一批”的重要组成部分，对解决“一方水土养不活一方人”地区的贫困问题发挥着重要作用。从2016年开始，贵州省根据国家政策导向和以往搬迁实践，开始了新时期的易地扶贫搬迁工程，在脱贫攻坚、全面建成小康社会的背景下，易地扶贫搬迁所受到的重视程度、所享受的政策支持力度以及得到的资金保障力度是前所未有的。易地扶贫搬迁是由国家主导的综合性、系统性地以改善贫困群体福祉为总体目标的规划性社会变迁过程。易地搬迁是政府出于民众福祉的考虑，在较为明确的总体目标和方向下，依托相关政策、制度和经费投入，通过政府科层体制的推动，通过人口迁移和空间再造，突破迁出地资源约束实现脱贫攻坚的目标，促进社会发展和社会稳定。然而，正如习近平总书记所言，在精准扶贫中通过易地扶贫搬迁脱贫一批，是一项复杂的系统工程，政策性强、难度大。[①] 既要精心组织做好安置住房、配套水电路气网等基础设施和教育、卫生、文化等公共服务

① 习近平:《在中央扶贫开发工作会议上的讲话》(2015年11月27日)，载《十八大以来重要文献选编》(下)，中央文献出版社2018年版。

设施建设，也要依据不同安置方式，扎实推进产业培育、就业培训等后续发展工作。

织金县自“十三五”易地扶贫搬迁政策实施以来，深入贯彻党中央和国务院的决策部署，坚持“搬迁是手段，脱贫是目标”，立足县情实际，强化政策支持，紧紧围绕“建房、搬迁、就业、配套、保障、退出”六个关键环节，充分尊重搬迁群众的意愿和选择，积极发挥地方主动性和积极性，在实施精准搬迁、创新安置方式、培育后续发展能力、促进社区融入等方面进行了许多有益的探索，积累了不少值得借鉴的典型经验，以生动的事实和瞩目的成就，回答了“为什么搬”“怎么搬”“搬了之后怎么办”等一系列问题，从根本上解决了居住在“一方水土养不活一方人”区域贫困群众的生存发展难题，做好了易地扶贫搬迁工作的“整篇文章”。概而言之，新时代织金县易地扶贫搬迁的基本经验主要体现在以下几个方面。

第一节　精准识别搬迁对象，坚持城镇集中安置

织金县集革命老区、少数民族地区、偏远山区为一体，人口与资源环境矛盾突出，属于西南喀斯特生态脆弱区，特殊的地形地貌对其整体发展形成一定约束，由此涂染了其贫困底色。作为全国脱贫攻坚的主战场，织金县贫困人口多、贫困程度深、致贫原因复杂、区域性贫困问题突出。“十三五”期间，织金县精准识别贫困

人口与贫困村落，以贫困程度深的自然村寨整体搬迁为重点，以城镇安置、集中安置为主，多种安置方式为补充的多元安置模式，对7201户32161人建档立卡贫困人口进行搬迁，确保所有贫困人口在2020年稳定进入小康社会。

一、精准搬迁：搬迁对象的识别过程

移民搬迁工作首先要做的是如何界定和选择“搬迁对象”，只有确定了搬迁移民户，才能推动政策的“落地生根”。扶贫搬迁对象的精准瞄准是指以贫困者个人或家庭为瞄准单位，使扶贫搬迁资源传递“精准到人”或“精确到户”。织金县易地扶贫搬迁人口主要是居住在深山、石山、高寒、荒漠化、地方病多发等生存环境差、不具备基本发展条件，以及生态环境脆弱、限制或禁止开发地区的农村建档立卡贫困人口，优先安排受泥石流、滑坡等地质灾害威胁的建档立卡贫困人口。对贫困发生率50%以上、50户以下的自然村寨优先实施整体搬迁。[①] 为了确保搬迁对象精准，织金县按照“明确责任、严格标准、统一尺度、公开透明、接受监督”原

① 迁出地区域需满足下列条件之一：（1）土地贫瘠、人地矛盾突出、水资源匮乏等生产生活条件恶劣，通过就地就近帮扶促进生产或就业仍无法让农户脱贫的区域，重点是贫困程度相对较深的贫困村；（2）生态环境脆弱，属于石漠化重度或中度的地区；（3）属于主体功能区的限制开发区或禁止开发区，或处于其他限制或不宜开发的区域；（4）地理位置距离中心城（集）镇和县级以上交通干道偏远，交通、水利、电力等基础设施和教育、医疗等基本公共服务落后，严重制约区域发展，并且延伸基础设施和公共服务成本远高于易地扶贫搬迁成本的区域；（5）地震活跃带、地质灾害多发易发区。

则，综合运用“四看法”、比差法、倒推法精准锁定搬迁对象。[①]织金县在搬迁人口识别认定程序上严格按照选定搬迁区域、公布搬迁条件、普查筛选搬迁对象、符合条件且愿意参加搬迁的群众填写易地扶贫搬迁申请书、对申请户逐户进行入户核实、村民小组评议、村委会集体复议并进行张榜公示、乡镇政府复核并二次公示、最后报县（区）初审、市（州）审批、省抽查确认等11个步骤，其中要求做到“两公示一公告”，即通过农户自愿填表申请，各村召开小组会议、村民代表大会进行民主评议，形成初选名单，针对初选的贫困户，由村委会和驻村工作队进村入户调查核实后进行第一次张榜公示，经公示无异议后报乡镇人民政府审核，入户调查内容主要涉及家庭组成人员情况、家庭收入及人均收入情况、家庭主要经济收入来源及类型、导致贫困的原因等方面的详细调查，形成入户调查摸底表；镇政府对各村上报的名单进行审核，确定全乡镇搬迁户名单，在各村进行第二次公示，经公示无异议后上报县扶贫办复审，复审结束后在各村张榜公告。

① 搬迁对象除居住地满足迁出地区域条件外，还需符合以下条件之一：（1）住房条件相对较差，愿意参加易地扶贫搬迁的建档立卡贫困户；（2）受教育程度低，或劳动能力弱，或家庭农业生产资源相对较少，靠就地就近从事农业生产仍不能有效脱贫的建档立卡贫困户；（3）愿意通过易地扶贫搬迁避让地质灾害的建档立卡贫困户；（4）满足迁出地区域条件的50户以下、且贫困发生率在50%以上的自然村寨，进行整体搬迁；（5）对鳏寡孤独残等特困户需要易地扶贫搬迁的，由政府根据家庭实际人口统一提供相应的安置房免费居住，产权归政府所有，也可结合民政供养服务机构进行安置。

二、城镇集中安置：脱离贫困空间，阻断贫困代际传递

脱贫攻坚时期，从2017年开始，织金县的易地扶贫搬迁全部实行城镇化集中安置，这一决策主要是基于织金县人多地少的资源条件约束考虑，更是以搬迁群众脱贫致富和长远发展为出发点做出的理性选择。一般来说，以农村为中心的有土、就近安置模式，能够增强搬迁对象在新安置点的适应性，规避他们因生计模式转型而带来的风险。但贵州省以往的移民搬迁实践表明，过去的“农村搬农村”“这山搬那山”的搬迁方式，无法从根本上改变搬迁农户贫穷落后的处境，更难以实现脱贫致富的目标。所以在经历了2016年的以城镇化安置和集中安置为主的多元化安置模式之后，从2017年开始，所有易地扶贫搬迁全部实行城镇化集中安置，不再提倡农村安置和分散安置。

（一）集中安置模式

对织金县来说，统筹考虑水土资源条件、城镇化进程及搬迁对象意愿，全部采取集中安置方式。集中安置主要包括：（1）建设移民新村集中安置。依托新开垦或调整使用的耕地，在周边县、乡镇或行政村规划建设移民新村，引导居住在生存条件恶劣地区的搬迁对象就近集中安置；（2）依托小城镇或工业园区安置。结合新型城镇化建设，在县城、小城镇或工业园区附近建设集中安置区，安置周边不具备基本生存条件地区且有一定劳务技能、商贸经营基础的搬迁对象；（3）依托乡村旅游区安置。挖掘当地生态旅游、民俗文化等资源，因地制宜打造乡村旅游重点村或旅游景区，引导周边不

具备基本生存条件地区搬迁对象适度集中居住并发展乡村旅游。

城镇化集中安置模式首先可以节约耕地，减缓原本紧张的人口与资源环境的矛盾，打破“越垦越穷、越穷越垦”的恶性循环，促进地方的生态修复。其次，城镇化集中安置有利于改善搬迁群众的生计空间，改变“靠山吃山、靠水吃水”的低水平生计模式。随着城镇化和工业化快速发展，人口、资本、技术等生产要素进一步在城镇集聚，由此创造了更多的就业创业机会，拓宽了搬迁群众的增收渠道，只要对贫困人口进行相应的适合的就业培训和能力提升，他们在城镇安置点找一份谋生的工作其实并不难。最后，城镇化集中安置是实现贫困人口共享经济社会发展成果的重要途径。城乡二元结构的客观存在，导致公共服务资源分配中的“重城轻乡”，居住在偏远乡村的贫困人口不能均等地享受公共服务，缺乏发展的基本条件。在城镇集中安置以后，贫困人口将和城里人一样享受更加完善的基础设施和公共服务，贫困人口的子女在城镇能够接受更好的教育资源，和城里的孩子站在同一起跑线参与竞争，有望通过“书包里翻身”来彻底阻断贫困的代际传递。

织金县共建成安置点10个，其中2016年建成集镇（中心村）安置点8个，共搬迁2184户9723人；2017年建成县城安置点1个，搬迁3738户17537人；2018年建成县城安置点1个，搬迁1075户4901人。具体搬迁情况见表6-1。

表 6-1 织金县“十三五”期间易地扶贫搬迁安置点分布

安置点名称	安置点类型（个）				搬迁总规模			
	小计	县城	集镇	农村及其他	户	人	其中建档立卡贫困人口	
							户	人
珠藏镇龙山村安置点	1	0	1	0	332	1376	332	1376
马场镇马场村安置点	1	0	1	0	196	851	196	851
鸡场乡迎宾大道安置点	1	0	0	1	96	441	96	441
纳雍乡鼠场村安置点	1	0	0	1	54	215	54	215
熊家场镇群潮村安置点	1	0	1	0	312	1454	312	1454
化起镇新祥村安置点	1	0	1	0	449	2008	449	2008
桂果镇猫场村安置点	1	0	1	0	347	1539	347	1539
牛场镇群兴村安置点	1	0	1	0	399	1839	399	1839
易地扶贫搬迁新城区安置点	1	1	0	0	3738	17537	3630	17035
平远人家移民安置小区	1	1	0	0	1075	4901	1042	4770
合计	10	2	6	2	6998	32161	6857	31528

（二）资金补助标准

织金县城镇化集中安置模式坚持以岗定搬、以产定搬的原则，综合考虑中心集镇、县城等不同层次安置点的就业吸纳能力、产业发展潜力以及公共服务供给能力，据此确定搬迁的规模和层次，确保搬迁群众有业可就、有事可做。为降低贫困人口的搬迁成本，建档立卡贫困人口人均可以享受 2 万元的住房补助，同步搬迁的非贫困人口人均住房补贴为 1.2 万元。对于签订搬迁及旧房拆除协议并按期拆除旧房的，每人奖励 1.5 万元。按照要求，建档立卡的贫困人口人均自筹资金不超过 2000 元，非贫困人口人均自筹资金不超过 1 万元。针对那些搬迁后暂无生活着落的建档立卡贫困人口，政府统筹资金按照人均一年 1500 元的标准发放生活补助，帮助贫困人口顺利度过转型期，尽快适应迁入地的生产生活。

（三）建房面积控制标准

为防止建档立卡贫困人口因搬迁而影响脱贫进程，织金县对实行城镇集中安置的住房面积进行了严格控制，按照“保障基本”的原则，从设计到施工，严格按照中心村人均不超过 25 平方米，县城人均不超过 20 平方米进行控制，建房按每平方米 1500 元控制，做到不因搬迁而负债，每户住房面积根据家庭实际人口合理确定。对于确需与建档立卡贫困户同步搬迁的其他农户，各省可根据当地居民生产生活习惯，结合地方财力和农户自筹能力，自行确定面积控制标准，坚决防止盲目扩大住房面积。

（四）自然村整村搬迁

织金县在实施易地扶贫搬迁的过程中，对居住规模在 50 户以下，贫困发生率在 50% 以上的自然村寨实施整体搬迁，并且在迁入地安置的时候尽量不打散原来村寨的社会关系，让搬迁户继续生活在熟人社会的环境中，增强他们在安置点的归属感和适应性。在大部分深度贫困的自然村寨，由于整体上处于低水平发展的状态，贫困户与非贫困户之间的贫困差距并不大，如果仅仅搬迁建档立卡贫困户，留下来的非贫困户由于生存资源和发展机会有限，再加上基础设施和公共服务的可及性差，很容易陷入返贫陷阱。更重要的是，自然村寨的整体搬迁，可以保持搬迁群众社会关系的完整性，让他们更加安心地在安置地工作和生活。否则，部分搬迁户会因老家还有亲戚朋友，在迁入地无法割舍家乡的亲情友谊，而出现经常返乡而影响其工作。在一些深度贫困地区，由于可利用的外在资源和关系网络有限，生活在其中的贫困人口必须采用抱团取暖的方式去应对日常生活的困难和风险，他们愿意在初级关系上投入更多的精力和情感，维护好亲情和友情，以备不时之需。自然村寨整体搬迁，很好地平衡了搬迁对象真实情感与谋求发展之间的关系，让他们可以在迁入地更加安心地生活和工作。

三、搬出大山：抓阄分房与移民上楼

（一）动员式搬迁

易地扶贫搬迁不仅重视战略规划，在战术层面也应当精心构思，确保应搬尽搬。要实现应搬尽搬，关键在于精准和公平，只有让贫困群众明确“为什么搬”“哪些地方应该搬”以及“谁应该搬”，他们才会积极配合，解决搬迁过程中的信息不对称问题，减小搬迁阻力。织金县在动员搬迁的过程中精准宣传搬迁政策，调研中了解到山区农户知晓移民搬迁政策最主要的渠道是通过乡村干部以及驻村工作队宣讲，或开村民大会，或入户或田间地头进行跟踪宣讲，其次是通过宣传单（明白卡），再次是电视广播，此外也有亲朋好友之间的交流以及互联网渠道获取信息的。宣传的内容主要包括移民搬迁政策、移民搬迁的特色做法和亮点举措。具体宣传方式主要有：（1）各类帮扶干部运用群众语言，进村入户宣传解读政策和各项指标，调动广大群众参与热情；（2）动脑用心钻研搬迁政策，因村、因户、因人做好政策解读，对群众中优先搬迁从而改善生活的先进典型加大宣传；（3）采用定期会议日、庭院说事会、院坝会、板凳会、建立微信群、记录民情日记等形式，与移民户多见面，广泛宣传政策，充分调动群众参与的积极性和主动性；（4）采用群众喜闻乐见的形式，充分发挥好大喇叭的宣传作用，也可以请典型移民搬迁户现身说法，还组织村上的秧歌队、锣鼓队、快板书、自乐班等，讲好身边搬迁故事，开展群众宣传发动工作；（5）在村委会等群众集中的地方，开设移民搬迁专栏，刷写搬迁标语，对移民搬迁对象进行公告公示；（6）通过电视、广播等形式，滚动式宣讲政策，同时加大基层干部业务培训，将《新时期易地扶贫搬迁工作百问百答》《易地扶贫搬迁应知应会》制作成"口袋书"、小手册，并不定期测试干部政策知晓及运用能力；（7）采用"先住带后住、现身说法"等方法，做好典型示范，组织将要搬迁的移民，实地观摩安置房的住房质量、配套设施和外部环境，带他们参观已入住家庭的新生活，激励他们实际入住的意愿。

规划性社会变迁往往伴随着高强度的政府动员才能实现，易地扶贫搬迁作为一种大规模有计划的人口迁移，具有很强的社会动员特征，强调贫困群体的自上而下的主动参与，重视搬迁对象文化的多样性与社会系统的复杂性，即所谓的"政府主导、群众自愿、因地制宜、分类指导"的原则。多部门参与共同建设易地扶贫搬迁工程是推进易地扶贫搬迁的现实需要。这也表明，实现政府各部门力量和资源有机整合、协同推进至关重要，甚至决定着易地扶贫搬迁顺利推进的成败。为了顺利完成易地扶贫搬迁任务，织金县实施“市包县区、县区包项目”的领导包点责任制。易地扶贫搬迁领导小组负责贯彻落实上级易地扶贫搬迁安置点建设的部署安排，研究、细化易地扶贫搬迁安置点工作任务和时间安排，统筹协调易地扶贫搬迁的部门力量和资源整合，协调解决工作中存在的主要问题和重大问题。易地扶贫搬迁安置点工作组负责具体落实部门整合，履行包建设进度、包工程质量、包资金管理、包搬迁入住、包后续产业发展、包就业创业、包稳定脱贫、包考核验收的“八包”责任。

（二）抓阄分房策略

在移民搬迁的过程中，待安置点小区建好以后，每个移民村普遍选取了通过“抓阄”的方法进行安置房分配，在分配安置资源的方法上，几乎所有移民安置点都如出一辙地采用了抓阄法，在抓阄具体方法上大同小异，抓阄之所以在移民群体资源分配中得到广泛应用，是因为抓阄与人们的社会记忆、可行能力、公共参与方式、社会公正观、地方性知识以及资源分配难题六方面紧密联系，是乡土社会中人们一种共有的习惯，而并非一般意义上的习俗或习惯法。[①] 为保证分房过程公开、公平、公正，让贫困户满意，除个

① 程军、陈绍军：《由共有的习惯：“抓阄”引发的社会学想象——基于T县丹江口水库移民土地分配实证研究》，《中国研究》2014年第2期。

别老年贫困户或残疾移民户等被村“两委”提前安排一楼等出行便利的地方，其他所有移民户都很有默契地选择了中国传统中认为最公平公正的方式——抓阄。抓阄分房是确保新房公平分配的重要方式。织金县在各个易地扶贫搬迁安置点都以抽签、摇号等方式，依据随机性原则分配住房。如惠民街道移民安置小区，搬迁群众在每一期的摇号分房过程中，持户口本和身份证抽签后，当场签字确认所抽房屋信息，每签一户，工作人员都会叮嘱其做好搬迁准备，确保按时全部搬迁入住。此外，分房的随机性原则虽然能确保绝对公平，但对一些肢体残疾、年老体衰的搬迁群众却造成了相对不公平。为解决这一问题，织金县在安置点的住房分配过程中，特别注意照顾弱势群体，在分房前，移民局要求各个乡镇上报搬迁对象中残疾、年老体衰的搬迁群众名单，并优先给这些搬迁群众安排低楼层住房，很好地兼顾了公平和人性化。

（三）大杂居小聚居

如果针对多个行政村搬入同一个社区中的移民房子分配，该地区采用大杂居小聚居的模式，对同一个村落中的移民在搬迁时无特殊要求的情况下应被安排在同一个生活区域，这样住进同一个楼的移民既能延续传统熟人社会的交往方式，也便于基层政府进行社区治理。这样的空间分配策略具有一定的合理性，一方面移民从村落散居居住形式过渡到集中上楼居住的方式是一种社会性脱域，移民社会交往范围从彼此熟人社会的地域性关系中脱离出来，进入一个由多个小熟人社会聚居而成的半熟人社会，面临一系列的不适应可能会引起空间转型风险，局部熟人社会小聚居能最大程度保持移民传统的互动规则和社交方式，使移民能更好地适应新环境；另一方面，大杂居小聚居的模式作为一种空间营造和资源分配的手段，能避免社会性脱域导致的基层治理危机，充分发挥传统权威和乡贤在基层治理中的基础作用，并辅以网格化管理模式实现社区整合和秩序重构。

在脱贫攻坚的关键时期，许多地方都将易地扶贫搬迁视为实现精准脱贫的最彻底最有效的方式。从移民搬迁前、搬迁过程到搬迁后续发展中，织金县都充分尊重移民的选择意愿，发挥群众的主体性，回应他们的诉求，确保搬迁全过程的公开透明、公平公正。织金县启动了易地扶贫搬迁的精准识别机制，通过加强基层组织建设和引入技术治理，确保符合标准的贫困人口能够享受搬迁政策。同时，为打消搬迁户的各种顾虑，织金县在实施搬迁动员时，细化工作流程，充分尊重搬迁群众的主体性和选择权，让他们以主人翁的姿态全程参与搬迁工作的各个环节。搬迁工作的精准识别和参与式动员，将真正有搬迁需求的群众纳入搬迁进程的中心，让他们在搬迁中表达自己的意愿和感受，以“共商、共识、共建、共享、共担”为主要内容的“五共”工作法，让乡镇干部、村干部、寨老、村民代表等参与搬迁前的规划和动员、搬迁中的协调统筹、搬迁后的建设管理，点燃基层群众的参与热情，增强他们的效能感和获得感，这无形中就减少了搬迁中的矛盾和冲突，促进了和谐社区建设。在搬迁工作中注重群众主体性的发挥，不仅有效地规避了识别不精准和替民做主的问题，也改变了搬迁群众的精神面貌，“等靠要”思想得以消除，享受到搬迁政策的群众以更加积极的态度去迎接安置地的新生活，全身心地投入到美好家园的建设中。

第二节 健全持续增收机制，加强后续精准帮扶

移民搬迁后的基本生计和后续发展能否得到有效保障，是衡量易地扶贫搬迁实践成效的重要标尺。城镇化集中安置实现了贫困户“挪穷窝”的目标，但其能否真正“换穷业”，乃至最后彻底“拔穷根”，则需要地方政府和搬迁群众进一步共同努力，为后续发展奠定坚实基础。为确保搬迁群众有稳定的生计来源和相应的后续发展能力，织金县想方设法盘活迁入地和迁出地两种资源，支持和鼓励移民将安置区发展资源与迁出地发展资源整合到生计恢复发展之中，统筹实现生计资源的增加，构建城乡联动、工农互补的发展机制，积极应对贫困人口搬迁后的生存和发展问题，降低移民的生计风险。

一、盘活农村土地资源，构建利益共享机制

众所周知，实施易地扶贫搬迁的村寨往往是生活条件恶劣、生态环境脆弱、自然灾害频发的区域，居民对有限资源的掠夺性开发，导致了环境恶化和生态退化，进而陷入“越垦越穷，越穷越垦”的恶性循环。但移民搬迁后，迁出地的人口资源压力在一定程度上得以缓解，这些区域可以利用土地整理、宅基地复垦、生态修复等方面的政策，进行耕地的改良和山林的绿化，为发展现代农业提供前提条件。在国家实施乡村振兴战略的整体背景下，一系列的

惠农政策和大量的涉农资金项目投向农村，激发了迁出地的发展活力。织金县正是认识到这一点，启动迁出地承包地、山林地、宅基地“三块地”改革，盘活农村资源存量，吸引资本下乡发展特色农业，建成“1+1+N”（即政府 + 经营主体 + 村集体、贫困户、搬迁农户等 N 个主体）运营模式，建立政府、企业、村集体、贫困户等各类主体积极参与的多方联动工作机制，构建公平的利益联结机制，让迁出地的农业发展收益惠及移居城镇的贫困人口，把迁出地的农村开辟成他们重要的生计空间，构建起贫困人口多元化的生计模式，让他们的基本生活和长远发展有保障。总体而言，在搬迁后，仍继续完善迁出地区的基础设施和推进扶贫开发（除整村搬迁村落外），为搬迁群众使用原住地区的农业资源奠定基础。

案例 6-1　马场镇“合作社 + 龙头企业 + 基地 + 搬迁农户”的产业带贫模式

马场镇位于织金县东部，全镇总面积 73.1 平方公里，平均海拔 1370 米，全镇有贫困村 8 个，其中深度贫困村 3 个，共有建档立卡贫困户 1787 户 7665 人，涉及搬迁农户 196 户 851 人，安置在马场镇马场村大冲组，属于集镇安置。为解决农户搬迁后续发展保障，马场镇对搬迁对象实行“三包”（包搬迁、包就业及产业扶持、包脱贫），特别是在产业结构调整中，有针对性地对搬迁对象较多区域进行集中连片种植皂角、银杏、南瓜、樱桃等，对搬迁对象务工、土地流转等进行有限考虑，全部落实搬迁农户“五个三”

生计保障和后续发展配套措施，统筹易地扶贫搬迁迁出点和迁入地资源，创新“党支部＋理事会”管理模式，理事会主要负责为易地扶贫搬迁耕地、宅基地、林地进行集中经营管理，做好搬迁群众迁出地“三地”可利用资源的收储、流转、管理和投资开发利用。采用“龙头企业＋合作社＋农户”的发展模式，实现小农户与现代农业发展有机衔接，着力发展一批可持续的增收产业，围绕“一带三园”（即乡村振兴示范带，大陌综合产业园、皂角种植园、玛瑙红樱桃种植园）产业布局，着力服务好勐海豪扬农业发展有限公司经营的1062栋标准蔬菜大棚，澳博尔农业发展有限公司经营的1200头规模肉牛养殖场，继兰花卉经营的10000平方米育苗中心建设，引导经营主体在产品、规模、市场、加工等方面进行提质改造。以产业园为例，大棚蔬菜能实现亩产13000元，年保底分红260余万元，劳动就业收入150万元，覆盖贫困户1062户3186人；肉牛养殖场年产值300余万元，年保底分红190余万元，覆盖贫困户482户1888人；花卉基地年产值96余万元，年保底分红16余万元，覆盖贫困户84户323人。由政府引导，推行“农校”“农超”“农企”等合作对接模式，发展订单农业，实现产销对接，就近消化农产品。同时还利用全国工商联帮扶优势和东西部扶贫协作平台，在北京、杭州、广州等10余个大中城市开拓农产品批发市场，推动“织货出山”。

“我们这个大棚蔬菜种植产业对涉地农户采取了土地入股的形式，易地搬迁农户土地都流转的，对已流转的950亩土地按年均保底700元/亩进行分红，每5年按10%比例递增。按1个蔬菜大棚覆盖1户贫困户，对已建成的1062栋大棚全部确权给贫困户，由经营主体结合实际情况按照每年向每户贫困户支付1300—1800元不等的保底收益，对于愿意资金入股的贫困户，按入股资金的15%进行年底分工，在带动群众脱贫致富的同时，由公司按100元/（棚·年）的标准支付给合作社作为集体经济。那个养牛基地也是这样的，按一户贫困户1—2头牛的规模，共计1188头牛按930元/（头·年）的标准进行保底分红。花卉基地也是按照每户每年不低于2000元进行保底分红，同时吸纳贫困户长期在园区务工就业，由村组建劳务输出中心，以贫困劳动力为主，向经营主体提供劳务服务，人均工资80—120元，务工群众每人每月可收入2400—4000元，为群众增收致富扩宽渠道。对于后期销售，我们也搭建了销售平台，形成了产销一条线，解决了生产的后顾之忧。”（马场镇镇长访谈，2020年10月24日）

二、开辟多元就业渠道，拓展生计发展空间

充分合理的就业是移民“稳得住”的关键，搬迁移民非农就业主要有两种方式：一种是本地就业，即“离土不离乡”；一种是劳务输出（外出打工），即“离土又离乡”。农村是扶贫移民生计的“大后方”，城镇是他们生存和发展的“前沿阵地”，搬迁贫困户在此能否安居乐业，很大程度上取决于其能否在城镇找到合适的就业

机会和创业平台，拓展新的生存资源和发展空间。具体的就业帮扶策略有以下五种：

（一）以外出务工帮扶一批

外出务工是我国农村贫困群众脱贫的重要方式。一方面，织金县强化就业信息基础，进行劳动力培训就业信息摸底排查，精准掌握搬迁劳动力年龄结构、文化程度、劳动技能、身体状况、就业失业状况、培训就业意愿等基础信息，根据搬迁群众的人力资源禀赋和企业的用工情况，建立了劳动力供给和需求台账，实现劳动力供给侧与需求端的精准对接，确保搬迁户家里至少有一人实现就业。另一方面，扶持外出务工就业，织金县通过“以训就业、以训促业、以训促收”等渠道，通过横向和纵向培训方式扩大搬迁对象就业能力，有效全面畅通搬迁对象脱贫致富道路，几年来织金县已培训 5039 人 / 次。对那些具备外出就业潜力的搬迁群众开展社会化培训，提高他们的劳动技能和水平，然后进行劳务输出，促进搬迁劳动力的有序转移，织金县充分利用全国工商联、广州花都区对口帮扶和东西部协作平台等优势资源，针对有外出务工意愿的搬迁群众，积极联系广东、浙江、福建等发达地区劳动力市场，向外输出就业，举办大型招聘会，对外推荐就业 2000 余人。

（二）以公益岗位就业帮扶一批

公益岗位扶贫是近年来我国脱贫攻坚探索的创新扶贫方式。公益岗位扶贫主要是指在贫困地区设置一批“公益岗位”，运用政府购买服务的理念和方式予以现金或实物补贴，实现贫困人口的就业增收和当地公共服务供给。[1] 由于公益岗位扶贫的福利性，它所瞄准的贫困对象包括了弱劳动力特征的贫困劳动力，如年龄偏大、体能下降、缺乏劳动技能、受家庭拖累较重等，处于无业可扶的困境之中。[2] 公益岗位扶贫的实质是政府集体购买具有公益性质的就业岗位，按一定的标准供给扶贫对象，一方面解决相关公共领域的发展和管理问题，另一方面增加扶贫对象的就业收入，促进脱贫，易地扶贫搬迁尽管基本解决搬迁人口的住房和公共服务问题，但在安排搬迁对象的生计上仍面临较大挑战，为部分具有劳动能力的扶贫搬迁对象提供公益岗位，是解决移民生计问题的一种有效方式。[3]

针对一些搬迁群众文化水平低、外出就业能力弱的现实，织金县开发具有服务性质的公益性岗位，强化就业岗位培训，一是积极协调 114 个劳动保障协管员公益性岗位用于解决搬迁劳动力就业，在促进就业的同时，提高了安置点管理水平；二是积极调动和激发搬迁劳动力参与劳动技能培训，以实用技术、民族手工艺、市场需求旺盛等领域为突破口和重点，有针对性地进行“因人施策、因岗施策、以岗定训”等方式，开展劳动技能培训，创新就业扶贫机制，实行党员干部与安置点待业劳动力“1+1”“1+N”结对帮扶，把就业服务延伸到环卫、家政、保安、美容美发、竹艺加工等领域，开发“10+N 个一批”就业扶贫专岗，开发保洁员、护林员、

① 左停:《积极拓展公益岗位扶贫政策的思考》,《中国国情国力》2017 年第 11 期。

② 胡振通、王亚华:《公益岗位互助扶贫模式助力脱贫攻坚战：基于山东乐陵的实地调研》,《农业经济问题》2019 年第 10 期。

③ 吴国宝:《用好公益岗位扶贫这一政策工具》,《人民论坛》2018 年第 29 期。

护寨员、保安、楼栋长、辅警等就业扶贫岗位 821 个，有效解决了搬迁劳动力中“三无两有”人员就业问题，动态消除零就业家庭，确保安置点有劳动力家庭实现一户一人以上稳定就业。

（三）以扶贫车间就地就业帮扶一批

就业扶贫车间是精准扶贫的新产物，不但解决了搬迁贫困人口就近就业脱贫，一定程度上还缓解了劳动密集型企业用工难题，企业得到了收益，同时村集体通过就业扶贫车间获得收入。织金县强化扶贫车间建设，出台系列就业扶贫政策，推行“支部 + 企业（合作社）+ 群众”模式，利用安置点门面、厂房等资源优势，打造以“就业扶贫车间”为载体的就地就近转移劳动力就业脱贫模式，成功实现了部分贫困人口的有效脱贫，营造了就业脱贫的良好社会氛围，在企业谋求发展的同时，实现了搬迁群众就近就地就业。织金县对设立就业扶贫车间，吸纳贫困劳动力就业并签订劳动合同的企业，按吸纳贫困劳动力稳定就业人数给予岗位补贴和场地租金、水电费补贴。

织金县安置点就业扶贫车间已生根开花，比如惠民街道引进盛德皂角加工合作社、电子元件加工车间、清达服饰织造有限公司、锡箔纸加工车间、杨白胜蜡染刺绣公司等企业入驻安置点，定岗式、定向式、订单式开展蜡染刺绣、服装加工、电子元件加工、厨师、家政护工、挖掘机等就业技能培训，为搬迁群众提供 800 多个就业岗位。不仅如此，就业扶贫车间还推行“短平快”的职业技能培训，对有劳动能力并有就业意愿的贫困人口进行免费上岗培训，实现贫困户凭“技”上岗。

案例 6–2　惠民街道“扶贫车间”就地就近转移搬迁劳动力

惠民街道办事处易地扶贫搬迁集中安置点距离县城 8 公里，建有住房 109 栋 5512 套，共 4958 户 22438 人搬迁入住，安置点辖惠泽、惠民等 3 个社区，为了帮助搬迁劳动力就地就业，惠民街道大力引进扶贫工厂。清达服饰织造有限公司系平远新城临时党工委引进的一家集制衣、销售于一体的扶贫车间，主要解决安置点搬迁群众就近就业问题。该公司于 2018 年 11 月落户织金县易地扶贫搬迁安置点，总投资 1500 万元，厂房面积 1200 平方米，引进平车等设备 150 套。项目于 2019 年 2 月正式投入生产，目前有工人 150 余人，为实现服装的正常开展，该企业于 2018 年 11 月开始，在安置点陆续招聘了 85 名搬迁劳动力进厂就业，并对招聘人员开展 3 期缝纫技能培训，每期培训一个月。该厂实行计件工资，多劳多得，2020 年因受新冠肺炎疫情影响，3 月开始生产，目前最高工资 5000 元，最低工资 2500 元。

“搬迁前我家住在边远山区，大山环绕，交通不便，居住环境恶劣，地域条件的限制是我们村祖祖辈辈贫穷的主要根源，由于土地贫瘠，生活十分困难，我只能像其他年轻人一样外出务工，每年和父母孩子见面只有春节那几天，父母成了空巢老人，孩子成了留守儿童，孩子上学要走很远的泥巴路才能到学校，父母身体不太好，去趟医院要走路一个多小时，我们一家 6 口人都幻想着有一天能够搬到城里居住。2018 年 7 月，我的梦想终于成真了，我家成了易地扶贫搬迁户，可以搬到城里居住，住在这里，交通方便，孩子上学方便，医疗条件也不错，新房还都是装修好的，政府还发放了家具，连锅碗瓢盆都给发放，我们就是拎包入住，现在我在社区工作人员帮助下，找到了一份做装修的工作，每天可以下班回家，不用背井离乡去打工了，孩子就在家门口上学，父母看病也不远，感觉生活越来越好。”（惠民街道惠泽社区搬迁户访谈，2020 年 10 月 22 日）

（四）以支持自主创业扶持一批

织金县还通过出台包括创业补贴、经营场所租赁补贴、担保贷款、职业培训等在内的扶持政策，帮助搬迁群众自主创业，比如惠民街道由社区党组织牵头，整合公建门面、农贸市场等资源，创建“扶贫微创园”，扶持 85 名搬迁居民开设便民超市、便民餐馆和经营摊位。目前，织金县通过订单式、定岗式劳动力对外输出及农业产业基地、合作社等多方位措施，在全县搬迁对象劳动力 6638 户 15245 人中，已解决就业 14838 人，已实现有劳动力家庭一户至少一人以上稳定就业。

在新时代，随着国家工业化、城镇化进程的快速推进，以及乡村振兴战略的实施，中国的城乡关系正在发生前所未有的逆转，城乡二元体制渐趋消解，城乡融合发展态势越来越明显，城乡之间的界限也变得模糊起来。织金县正是准确地把握了城乡关系的新发展方向，在探求易地扶贫搬迁的后续发展路径时，高度重视如何盘活农村承包地、山林地、宅基地“三块地”，构建城乡联动机制，充分发挥城市和乡村各自的资源优势和发展潜力，为搬迁群众营造多样化的生计空间，让他们在安置地有稳定的收入来源，为搬迁后的可持续发展创造条件。

第三节 健全公共服务体系，加强移民社区融入

法国社会学家莫里斯·哈布瓦奇认为，记忆是一种集体社会行为，现实的社会群体都有其对应的社会记忆。移民在搬迁前，他们一直习惯了农民角色的扮演，这种社会角色在心里沉淀下来的历史记忆使他们很难改变对自己农民身份的认同。从偏远的山村搬迁至繁华的城镇，这对年轻人来说可能并不会产生多大的冲击，因为他们的知识结构和生活体验早已城市化，融入安置点所在的城镇并不难。但于中老年人而言，下山进城让他们产生了巨大的“文化震惊”，一时半会儿很难适应城市化的生活方式。根据以往的工程移民经验，如果移民不能适应安置地的新环境，他们很可能会出现返迁现象，从而影响移民搬迁政策的执行效果。为避免此类现象的发生，如何提供更加精准的公共服务，促进搬迁群众更好地融入安置地就显得尤为重要。

一、优化普惠性社区公共服务

从社会学视角看，社会融入是处于弱势地位的主体能动地与特定社区中的个体与群体进行反思性、持续性的社会互动过程，易地扶贫搬迁农户需要经历这一过程才能在迁入地获得平等的社会权利

和地位，从而有效融入迁入地的社会环境中。[①]为此，织金县在安置地采取了多种举措，建立优质公共资源下沉机制，以社区党组织为主，提供一系列的公共服务，解决搬迁群众就学、就业、社会保障和生活便利问题，让搬迁户更好地融入安置地社区。移民安置点均成立了便民服务中心，设立医疗、低保、养老、就业、就学、生活、咨询等服务窗口，为入住居民配置家具和家电用品，免费提供广电网络服务，实现拎包入住。完善公用事业服务，物流、金融、电信、移动、水务、电力等单位在安置点设点服务，满足居民多样化生活需求，为搬迁群众提供一站式服务。织金县围绕“六个一”服务工作，整合资源配套建设社区综合服务中心、新时代文明实践中心、文体活动中心、老年人服务中心、儿童活动中心、平价生活超市等服务设施，打造社区文化体育广场、多功能活动广场，建设特色宣传栏、墙体感恩宣传标语等公共文化服务载体。针对留守儿童、空巢老人、残疾人等特殊困难群体，在社区设“老年人活动中心”“四点半学校”等为他们提供服务，并采取“1+X”结对帮扶模式，由社区党员与留守儿童、空巢老人、残疾人等特殊困难群体结成帮扶对子，为他们办实事、送温暖。配套安装多功能健身运动器材，方便群众娱乐锻炼，丰富群众精神文化生活，配套有图书室、法律服务所、心理咨询所、妇女维权中心、红白喜事服务场所等，提高搬迁群众对社区的认同与融入，增强搬迁群众获得感和幸福感，促进社区和谐发展。针对一些老年农民的恋土情结，一些移

① 陈成文、孙嘉悦：《社会融入：一个概念的社会学意义》，《湖南师范大学社会科学学报》2012年第6期。

民安置点建立了乡愁博物馆，里面陈列了许多迁出地的生产生活用具，并以图文并茂的形式呈现不同历史时期迁出地的生活片段，有思乡之情的移民可以免费参观乡愁博物馆，以释怀自己的乡愁。诸如此类的举措，都是为了让搬迁户能够更好地融入安置社区，同时又不彻底隔断与家乡的情感联系。

在就学方面，织金县也出台了相应的政策，为搬迁户提供更加优质的民生服务，让“稳得住”的搬迁目标有保障。面对大量学龄儿童迁入安置点对当地教育资源所产生的冲击，织金县严格按照省教育厅《关于推进易地扶贫搬迁安置区教育发展的实施意见》，合理优化安置区学校布局，改造完善校舍设施，配齐配强师资力量，满足搬迁群众子女就近就地入学需求。针对建档立卡贫困户子女入学存在经济困难，织金县规定搬到安置地的贫困户继续享受扶贫资助政策，即高中阶段（含中职）“两助三免（补）”，普通高校本专科（含高职）“两助一补”，所涉免费（补助）项目不允许先收后还。一直以来，教育被认为是切断贫困代际传递最有效的方式，所以，织金县通过教育硬件和软件的建设，所有搬迁户的子女在安置地基本上都能够享受良好的教育资源，这势必为搬迁户家庭后续的发展注入强劲的动力。比如惠民街道按照就近就地分流解决的原则，将入学人员安排在平远新城第一幼儿园、织金九小、织金思源实验学校、三甲小学、三甲中学就读，满足搬迁群众子女就学需求。

在就医方面，安置地所在的医疗卫生部门为搬迁群众建立了健康信息档案，形成了动态的监测管理制度，满足搬迁群众最基本的看病就医需求。同时安置地政府还定期组织县级以上医院医务骨干到安置区开展巡回医疗，在县、乡医疗卫生机构为搬迁群众开设“绿色通道”，提供先诊疗后付费和“一站式”服务。安置地医疗卫生机构通过开展精准就医、送医到社区等活动，极大地方便了搬迁群众的就医。移民安置点还规范建设卫生服务，建有卫生室，开通农村合作医疗报销服务，为搬迁群众提供价廉、便捷、质优医疗服务。同时，推行家庭医生签约服务，家庭签约医生服务覆盖率100%，定期为65周岁以上搬迁居民进行体检、对就学子女进行疾病筛查，逐户逐人建立健康档案，根据病情实行“一人一策”治疗。

二、有效衔接社会保障体系

移民社会保障是以国家、地方及社会对移民，特别是对暂时或永久丧失劳动能力、失去工作机会或遭受灾害的移民，在经济和社会生活方面提供帮助、照顾、保护和保证，以调节社会关系、促进社会公平和稳定的社会制度。[①]搬迁农户适应安置点的生产生活需要一个过程，在这期间也需要一系列的社会保障政策发挥相应的兜底功能，保障搬迁群众生活不下降并实现稳步提升。在构建易地扶贫搬迁的社会保障体系中，织金县重点搞好最低生活保障、医疗保障、养老保障的衔接工作。

首先，做好最低保障的衔接。对于大部分搬迁的贫困户来说，他们在农村已经享受了农村最低生活保障，搬迁后他们可以继续享

① 陈绍军、高渭文、周魁：《水库移民社会保障问题研究》，《河海大学学报（哲学社会科学版）》2001年第2期。

受低保政策，但其所享受的低保性质发生由乡到城的变化，相应的保障待遇也随之提高。按“就高不就低”原则，将搬迁群众中享受农村低保待遇的农户全部转为城市低保，缓解搬迁群众中农村低保对象搬迁后生活压力。

其次，做好医疗、养老保障的衔接。在扶贫过程中，因病致贫的现象极为常见，如何实现迁入地和迁出地之间的医保转接，减轻患病搬迁群众的就医成本，需要认真研究。针对这一问题，织金县通过迁入地和迁出地医保的转换和衔接，基本实现了“一站式”的结算服务，搬迁群众可以享受有效的基本医疗保险。医疗养老保险按原农村缴费标准不变，但享受城市标准，减轻搬迁群众社会保障支出，提高保障水平，对于那些有稳定劳动关系的搬迁群众鼓励他们参加职工医疗保险。因家庭困难而交不起保费的，由县级政府统筹资金解决。

最后，做好特殊困难群体保障服务。织金县移民安置点落实“无障碍”出行服务，将安置点一层楼栋房源优先提供给家中有重度残疾人、75 周岁老人、行动不便的家庭居住，保障搬迁居民中生活困难的特殊群体出行需求。织金县通过做实、做细安置地的民生工作，让搬迁户能够享受更为优质的公共服务。虽然新的生计模式尚处于不断建构之中，但有安置地普惠式的公共服务体系和保障体系的建立，使得搬迁户的社会融入水平大幅度提高。

三、多样化文化服务促进移民社区融入

搬迁后移民是否能够“稳得住”，更重要的是他们是否对所搬

迁小区具有认同感和归属感，为了加强不同村落移民之间的联络和交流，各个移民安置点社区组织多项文化娱乐活动，促进移民主人翁意识和社区融入。移民的社区融入主要指移民为了在迁入地持续稳定地生存发展而逐渐接受迁入地的生产、生活方式，表现为对经济、文化、心理以及身份转变等方面的适应。良好的社区融入可以提升移民的社区认同感和归属感，学术界对社区融入有两种界定：一是将社区融入看作社会融入的浓缩，二是强调移民的心理归属感和社会文化融入。[①]这里社区融入属于第二种，首先，移民的乡土情结使其在市民化过程中融入意愿较弱，阻碍了社区生活共同体的生成，移民普遍缺乏社区归属感；其次，易地搬迁破坏了移民原有的社会关系网络，移民从农村熟人社区进入城市陌生人社区，邻里联结弱化；由于文化素质低，移民缺乏精神文化生活，思想观念落后，阻碍了现代社区建设。

织金县坚持把激活搬迁群众内生动力作为脱贫致富的重要抓手，不断加强感党恩教育宣传，引导搬迁群众转观念、勤致富、听党话、感党恩、跟党走。第一，技能培训中心以社区干部、楼栋长、农民党员等为授课对象，建设新时代市民讲习所、流动党校、脱贫攻坚夜校等固定讲习阵地，每月集中开展政策、技术、文明等固定讲习 2 次以上，并由社区干部、楼栋长、农民党员把相关政策传递给每一个搬迁群众，坚定搬迁群众发展的信心和决心。第二，以楼栋为单位建立群众 QQ 群、微信群，并开设微课堂公众号，适

① 林晶晶、林宗平:《社会融入视角下生态移民社区的治理路径研究——以成都市生态移民集中安置为例》,《地方治理研究》2020 年第 3 期。

时推送各项惠民政策、便民服务、时政新闻等内容，进一步延伸讲习所触角，实现搬迁群众全员学、及时学、随地学的目的。第三，统一采集制作新旧房对比照片，时刻让搬迁群众感恩党中央的好、挂念总书记的好。

而后，开展各种丰富多彩的文体活动与竞赛。比如平远新城"颂党恩"文艺讲习会演、"关爱留守儿童、助力梦想腾飞"体育运动等文艺娱乐活动，成功举办新力杯拔河比赛、"新城杯"篮球比赛、"技能展示"、颂党恩·搬新居·文艺会演、"五星级"文明评比、"端午·我们的节日""家风家教主题宣传月"等活动，丰富搬迁群众精神文化生活，提高精神文明素质。重点聚焦感恩教育、文明创建、公共文化、民族传承"四进社区"，丰富社区文化活动内容，孕育社会好风尚，焕发文明新气象。

案例 6–3　马场镇丰富多彩的文娱活动帮助移民融入社区

马场镇在易地扶贫搬迁安置点举办了丰富多彩的文艺活动，例如 2019 年成立了文艺宣传队——广场舞，这支队伍每年组织邀请本镇其他村居文艺宣传队在马家屯文化广场举行文艺宣传活动友谊赛，共有来自村居的 8 支文艺宣传队，现场表演山歌舞蹈，为 200 多名村民送上了丰富的文艺大餐。2020 年马场镇在易地扶贫搬迁点举行"亲近自然、醉享布依"六月六大型文艺演出活动、"丽水奇山、风情布依"文艺演出，举行了丰富多彩的文艺表演，节目全为自编自导，有山歌、舞蹈、小品等表现形式，体现了布依人家对美好生活的赞美和积极的创作热情，也为搬迁群众送上了别开生面的文化盛宴。这些活动不仅给群众带来了艺术性和观赏性，还使搬迁群众增加了情感交流和凝聚力。同时，马场镇还在易地搬迁社区开展“治理早婚早育、宣传婚育新风”送文化进村活动，利用群众喜闻乐见的文艺表演形式传递婚育新风，构建和谐社会。

第四节　创新社区治理模式，促进基层治理现代化

党的十八届三中全会首次提出“国家治理能力和治理体系现代化”，此后，围绕这一议题，学术界开展广泛讨论。农村基层治理现代化是国家治理现代化体系的一个功能实现部分。2017年《中共中央　国务院关于加强和完善城乡社区治理的意见》指出：“到2020年，基本形成基层党组织领导、基层政府主导的多方参与、共同治理的城乡社区治理体系，城乡社区治理体制更加完善，城乡社区治理能力显著提升，城乡社区公共服务、公共管理、公共安全得到有效保障。”[①] 易地扶贫搬迁社区作为移民新型居住形态的过渡型社区，人员构成复杂，不少社区是跨村、跨镇甚至跨县的群众居住在一起，打乱了原有行政村的村落结构及熟人社会格局，导致户籍关系错综复杂，管理难度大，形成完善的社区治理模式对于实现搬迁群众“稳得住”的目标起着关键作用。织金县重点抓好基层党建、基本公共服务、培训和就业服务、文化服务、社区治理“五个

① 《中共中央　国务院关于加强和完善城乡社区治理的意见》，2017年6月12日，新华社（http://www.xinhuanet.com/politics/2017-06/12/c_1121130511.htm）。

体系”建设，为移民后期扶持工作奠定基础。

一、党建引领筑牢社区治理根基

织金县构建以党建工作为统领的“紧密协同型”管理构架，在建强基层组织方面发力，不断推进搬迁群众后续管理工作向精细化管理服务转变，形成了精细到点、精细到人的工作格局。

一是建强党建组织。建立健全集中安置点社区基层党组织，切实发挥基层党组织领导核心作用，成立临时党工委，下设党政办、扶贫办、社会事务办等13个二级办事机构，从乡镇（街道）、县直相关单位抽调55名业务骨干集中办公，带领搬迁群众脱贫致富，切实把党的政治优势、组织优势转化为社区的治理优势。

二是建强社区组织。探索“支部＋楼栋党小组＋党员”工作机制，成立惠泽、惠民等3个社区党支部，依托楼栋设立党小组31个，并以搬迁党员家庭为阵地建立党员活动点，提高党员管理水平。发挥“关键少数”作用，从党员、“两代表一委员”等人员中推选社区干部3名、楼栋长8名。探索构建“社区＋网格＋楼栋”的三级管理层级，推选楼栋长109人，将社区划分为35个网格单元，从社区党员干部中明确网格员15名，负责进楼入户了解民情、转达民意、解决民忧。

三是建强群团组织。成立安置点团支委、工会、妇联、残联、老年协会，创建“留守儿童之家”“老年人活动中心”“四点半学校”“脱贫攻坚夜校”等活动场所，以精细化网格管理为抓手，推动完善群众服务各平台，借助群团组织凝聚力量，形成共建、共治、共享的社区治理体系，做到了安置点基层党组织全覆盖、搬迁群众党员全覆盖、党员联系服务群众全覆盖、解决搬迁群众发展需求全覆盖。

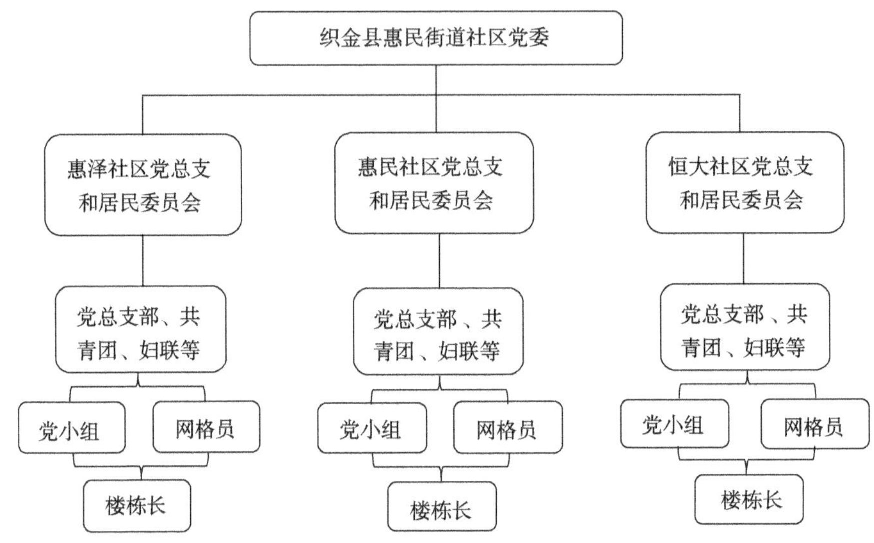

图 6-1 惠民街道易地扶贫搬迁社区管理组织架构

二、“七彩标记法”创新社区管理模式

由于县城安置点搬迁任务重，共搬迁安置 4813 户 22438 人，管理难度极大，有的搬迁群众出了小区就找不到回家的路，有的想就近就业可找不了招聘信息，有的马桶坏了找不了维修电话，有的想找社区干部却无法联系等等。基于上述复杂情况，为方便搬迁群众，织金县在移民搬迁安置社区各楼栋单元口处制作小区公告栏上墙，内容涵盖公告、通知、信息、监督、就业招聘广告等栏目，将联系小区领导、楼栋包保责任人姓名及联系电话张贴于公告栏内，切实为搬迁入住居民提供全天候的贴心服务。在此基础上，为有效

管理各楼栋，探索出了“七彩标记法”，即在小区门口公告栏中用七种不同颜色对党员、楼栋长、就业、低保、残疾人、留守儿童、空巢老人进行标记，有效掌握和管理每户具体情况。通过“七彩标记法”管理，可以很清晰地看到每栋楼、每户搬迁对象有无低保、残疾、空巢老人等重点人员，对每户搬迁对象就业状况做到一目了然，让复杂管理简单化。楼栋长、社区干部可以通过七彩标记，全面掌握每户搬迁对象具体情况，有效便捷管理搬迁群众。做到了干部心中装群众，群众心中感党恩的管理模式。

三、“五治”融合打造基层治理新模式

织金县建立健全政治、法治、自治、德治、智治“五治”融合基层综合治理体系，以政治强引领、法治强保障、自治强基础、德治强教化、智治强支撑为突破口，积极探索基层社会治理新模式，打造共建、共治、共享的社会治理新格局。

一是发挥“政治”引领作用提升基层治理凝聚力。构建“党委领导、政府负责、社会参与、各方协同”的基层社会治理工作机制，充分发挥基层党组织的核心和战斗堡垒作用，探索“基层党建+”工作模式，坚持“党建带社建”，建设以基层党组织为核心，群团组织为纽带，依托社会组织建立服务工作体系，构建“公共服务圈”“群众自治圈”“社会治理圈”。

二是发挥“法治”保障作用提高基层治理能力。针对与百姓切身利益有关的重大项目，健全依法决策机制，健全立体化、信息化的社会治安防控体系，切实增强基层群众安全感。健全公共法律

服务体系，加强社区律师、公证法律服务，广泛运用互联网开展法律咨询，让基层群众能够享受到更便捷、更优质的法律服务。加大法治宣传力度，深化法律“六进”普法活动，提升基层群众法治观念，积极营造办事依法、遇事找法、解决问题用法、化解矛盾靠法的良好社会氛围。

三是发挥“自治”强基作用激发基层治理源动力。政府要向服务型政府转型，改变传统的单一管制模式，赋权于民，充分调动移民自我管理、自我服务的积极性，建立移民自下而上的治理机制，提高移民参与社区治理的能力。织金县完善基层群众自治机制，推动建立以群众自治组织为主体、社会各方广泛参与的新型基层社会治理体制，发挥群众自治组织自我管理、自我服务的优势，真正实现“民事民议、民事民办、民事民管”。引导各类社会组织积极参与基层社会治理，开展志愿服务，救助困难群众、帮助特殊人群、预防违法犯罪等公益事务，让基层社会组织的微治理释放出大能量。探索五级网格化管理服务，以楼栋为单元建网格，在搬迁群众中选出专职网格员，全力构建“人人都是网格员，个个都来管闲事”的自治机制。以民主推选为主，成立负责巡防、矛盾纠纷调处等工作的治保会、居民调解委员会、妇委会等自治组织，激发搬迁群众“主人翁”意识。

四是发挥“德治”教化作用激活基层治理内生力。培育社会主义核心价值观，完善社会、学校、家庭“三位一体”的德育网络。注重发挥乡贤文化、家训家风、生活礼俗的教化作用，不断提升群众道德素养，厚植基层社会治理的道德底蕴。

五是发挥“智治”支撑作用强化基层治理效能。加快基层社会治理智能化平台建设，把大数据融入到基层社会治理各方面，推动信息资源共建共享、互联互通、开放兼容，实现技术融合、业务融合、数据融合。加快网上便民服务体系建设，整合基层服务资源，构建全流程一体化在线服务平台和便民服务网络，切实解决服务群众“最后一公里”的问题。安装法律服务机，实现 24 小时智能咨询，让数据多跑腿，群众少走路，力争小事不出社区，大事不出街道，践行新时代“枫桥经验”。

四、“五分类工作法”创新管理体制

织金县坚持党政主导、群众自愿，积极稳妥、应搬尽搬的原则，不断创新易地扶贫搬迁集中安置区后续管理体制机制。县城安置点在 2018 年搬迁入住之初，面临着就业、培训、就学、就医等一系列后续难题，要切实解决好 22438 人的县城安置稳定入住，统筹抓实易地扶贫搬迁户入住、生活、就业、就学、医疗及后续保障工作，安置点探索创新出了“五分类工作法”。

一是分类摸底“强基础”。全面摸清安置点党员、“两代表一委员”、资源资产等情况，确保后续服务更加精准、管理更加精细。

二是分类讲习“转观念”。按照支部打头阵、党员当先锋的思路，丰富讲习载体和形式，教育引导搬迁党员群众转观念、感党恩、听党话、跟党走。

三是分类引导“促就业”。采取组织引、党员帮、社会扶等方式，因人施策、分类扶持，全面消除“零就业”家庭，确保稳就业、能致富。

四是分类保障“惠民生”。建立优质公共资源下沉机制，以社区党组织为主渠道，解决搬迁群众就学、就业、社会保障和生活便利问题。

五是分类管理“促和谐”。以党组织引领社区自治，筑牢社区治理保障网，让搬迁群众住得安心、放心。

通过“五分类工作法”管理，织金县各个安置点基本掌握了搬迁群众“家底”，有效解决了搬迁群众就学、就业、就医等难题，提升了社区综合管理水平，增加了搬迁群众的满意度。

五、积分超市提升基层组织和搬迁农户内生动力

织金县在移民搬迁安置点建设惠民超市，实行“党建＋积分”工作模式，全面提升基层党组织在农村经济社会发展中的领导核心地位，全面提升搬迁农户自身内生动力。积分主要以户为单位，将安置点村干部、党员、公益性岗位工作者等群体进行分类管理、分类积分，积分内容主要围绕脱贫攻坚、农村人居环境卫生综合整治和农业产业结构调整以及乡村建设、社会治安、公益美德等方方面面，分类细化评分细则。各个移民安置点统一建立积分管理台账和积分数据库，积分行为发生后，积分主体可以通过电话、短信、QQ、微信等多种方式向积分管理办公室进行申报，也可由村干部、网格员、村民组长代为申报。积分可以在积分超市兑换相应的生活用品，也可以被授予“积分之家”荣誉，取得申报“优秀共产党员”“最美家庭”“道德模范”“劳动模范”“创业模范”等各级各类

评先选优资格。积分高的还可以享受一定激励政策，比如可协调当地农村信用社享受贷款免息或减息优惠，优先录用到本村（居）公益性岗位，还可享受合作医疗保险和养老保险减免等政策奖励（减免部分资金由村集体经济负担）。积分超市在一定程度上激发了群众内生动力和参与社区建设、管理和服务的积极性，也提高了搬迁农户参与垃圾分类、助人为乐、参加公益活动、见义勇为、拾金不昧等环境意识和善行行为。

空间贫困论导引下的易地扶贫搬迁，试图通过改换贫困人口的地理环境和发展空间，来实现贫困人口的脱贫致富，彻底解决“一方水土养不活一方人”地区的贫困问题，这一政策设计无论在理论上还是实践上都具有一定的合理性和可行性。从前期的搬迁实践来看，织金县能够严格按照党中央和国务院的要求，结合县域实际情况，出台了一系列政策措施，易地扶贫搬迁工作也取得了良好的成效。但同时我们也应该看到易地扶贫搬迁工作不仅仅是居住空间的改变，更是涉及经济、政治、文化、社会等方方面面，不仅是人口的安置与转移，也是社会结构的再造与文化空间的重塑。但由于多方面的原因，在移民搬迁的具体实践中尚存在一些问题，面临不少挑战，需要积极加以应对，比如织金县的城镇化集中安置模式带来的就业压力，如何保障搬迁农户在安置地有充分的就业机会，能够持续稳定就业，对地方政府无疑是一个巨大的挑战；而且织金县移民搬迁可以追溯到 30 年前，不同阶段的扶贫搬迁有不一样的搬迁政策，当脱贫攻坚时期的搬迁示范效应显现后，贫困边缘户或者历史上搬迁的移民户越会有不平衡和不公平感；有些地方“重搬迁而轻发展”，导致整体发展后劲不足；单一化的安置方式也会对脱贫的可持续性带来一定挑战。针对织金县的实际情况，后续搬迁工作可以考虑梯次搬迁，延缓农村宅基地的拆旧复垦，为搬迁农户的生计转型预留空间；加强搬迁农户的返贫监测与预警机制，防止农户返贫，巩固其脱贫成果；提升搬迁农户的就业能力、教育水平与转变其自身思想观念，增强其自身发展的内生动力；引入专业社会工作力量，加强搬迁人口的适应性教育，帮助搬迁群众更好融入社区。通过多方面完善和优化，持续推进搬迁群众后续发展，不断提升搬迁群众获得感、幸福感和安全感，有效实现“搬得出、稳得住、可发展、能致富”的长远目标，实现脱贫的可持续性。

第七章　增智赋能：激发脱贫主体内生动力

只有实现从消除收入贫困向消除精神贫困和动力贫困的转变，着眼于群众自身反贫困能力的内生性提升，才能实现长期、持续、稳定和彻底的脱贫。在脱贫攻坚实践过程中，织金县不断革新工作思路、创新工作抓手，坚持从增智赋能出发，引导贫困群众将争取上级扶持与自力更生、艰苦奋斗相结合，走出了一条有效激发脱贫主体内生动力的新路子。

第一节　发挥党建引领作用，筑牢脱贫攻坚引领力量

内生动力是否充足，关系到群众自我发展的意愿、自力更生的能力和顽强拼搏的精神。在脱贫攻坚中，要想完全释放蕴藏在贫困群众内部脱贫致富的巨大能量，激发内生动力的制度安排变得十分必要。在探索建立激发内生动力制度安排的过程中，织金县搭建的党建引领制度模式，表现出思想、行动和创新三大引领力。

一、完善党的全面建设，强化党组织的思想引领力

中国特色社会主义最本质的特征是中国共产的领导，中国特色社会主义制度的最大优势是中国共产党的领导。如同习近平总书记指出的那样，正是因为始终在党的领导下，集中力量办大事，国家统一有效组织各项事业、开展各项工作，才能成功应对一系列重大风险挑战、克服无数艰难险阻，始终沿着正确方向稳步前进。[①]脱贫攻坚作为中国共产党领导中国人民战胜贫困，全面建成小康社会的重大战略部署，加强党的政治建设、组织建设、思想建设、作风建设和执政能力建设是打赢脱贫攻坚战的根本前提和重要保证。实践也反复证明，只有加强新时代党的建设，才能有力引领和有效推进脱贫攻坚。

另外，脱贫攻坚作为新时期一项重大的民生工程，打赢脱贫攻坚不仅需要各级政府部门、社会团体和广大人民群众的广泛参与，也需要强有力的引领力量。这是因为，脱贫攻坚既是一项光荣的历史使命，同时也是一项艰巨的现实任务。面对一场“时间紧，任务重”的脱贫攻坚战，一方面需要各级政府部门和广大党员干部发挥先锋模范带头作用，既当扶贫的指挥员、又当战斗员，通过将扶贫好政策、致富好点子送到贫困户手中，点对点、户对户，开展精准帮扶，才能带领群众斩断“穷根”；另一方面，还需要广大干部着眼于群众自身反贫困能力的内生性提升，通过自身带动，凝聚和提

① 《坚持党的集中统一领导（人民观点）——让我们的制度更加成熟更加定型》，《人民日报》2019 年 11 月 8 日。

升群众的“内生动力”，从而最大限度地发挥政策的杠杆作用。

尤其在提升内生动力方面，实施党建引领具有举足轻重的作用。这是因为，激发内生动力最重要的是改变贫困户的“精神贫困”和“能力贫困”。这就需要扶贫工作者一方面要通过教育宣传来引导和改变贫困群众的思想观念；另一方面需要通过技能培训、政策引导、产业带动等多种形式，改变贫困户的能力贫困。而发挥党建引领，就是要统一思想认识，让基层党组织成为凝聚党员群众的“主心骨”；就是要示范带动，让党员干部成为助推社会发展的“领头羊”；就是要动员群众，让社会力量成为参与贫困治理的“主力军”。

二、加强党组织基础建设，增强党组织的行动引领力

《中国共产党章程》规定：“企业、农村、机关、学校、科研院所、街道、社区、社会组织、人民解放军连队和其他基层单位，凡是有正式党员三人以上的，都应当成立党的基层组织。”[①] 在所有的基层组织中，党支部是基础组织，是党组织开展工作的基本单元，是党在社会基层组织中的战斗堡垒，是党的全部工作和战斗力的基础。加强党支部建设，能够有效提升党组织的行动力、执行力和战斗力，对保证脱贫攻坚各项工作的顺利开展具有重要价值。

在脱贫攻坚过程中，织金县紧盯基层党组织建设，通过完善基层党支部建设，增强党的组织引领力。为此他们抓紧做好以下几项

① 《中国共产党支部工作条例（试行）》，人民出版社2018年版。

工作，一是选优配强领导班子。在基层干部选择、任命过程中，突出政治标准选好村干部。注重从本村致富能手、退伍军人、外出务工经商返乡人员、专业合作社负责人、乡村医生、乡村教师、大学毕业生等群体中择优选拔村干部。鼓励村“两委”成员交叉任职，全面推行村党支部书记和村委会主任“一肩挑”。二是严格任职程序、强化干部管理，推动基层工作规范化、干部管理标准化。织金县按照组织动议、资格联审、组织考察、会议研究、正式任职、备案管理等程序，规范村党支部书记选拔。同时，在对村党支部书记进行任免考察时，实行县委组织部会同乡镇党委同步考察的工作模式。三是加强后备干部培养。通过对各村致富能人、退伍军人、外出务工经商返乡人员、专业合作社负责人、乡村医生、乡村教师、大学毕业生等群体进行全面摸底调研，分类别建立工作台账。同时，有针对性地把村级后备干部选拔到村级副职、村民小组长、网格员等岗位上进行锻炼。

政党作为一种为实现特定目标而组织起来的政治组织，有其特定的政治功能。就政治功能而言，加强党组织基础建设，可以使党的组织通过多种形式嵌入社会，并通过组织活动吸纳社会各界力量，从而实现党在政治上的领导功能和组织功能。此外，加强党组织基础建设，可以扩大党在基层的组织覆盖和工作覆盖，使得原本松散的乡村社会拥有较强的组织优势。最后，加强党组织基础建设，有助于发挥党组织在人民群众当中的引领作用，增强党组织的行动力。中国革命的成功很大程度上得益于中国共产党通过基层党组织把人民群众组织和团结起来。因此，从历史经验来看，只有组织而没有引领，则不能够带领人民群众战胜困难；而只有引领没有组织则会导致行动力不足，不能动员和组织人民群众参与到各项事业中去。只有发挥好基层党组织的引领力和行动力，才能战胜一切困难，推进各项事业的成功开展。

三、推行党支部领办合作社，强化党组织的创新引领力

习近平总书记指出："发展集体经济，是实现共同富裕的重要保证"[①]。家庭联产承包责任制在激发生产积极性的同时，也削弱了基层组织与家庭之间的经济联系，降低了农民的组织化程度，弱化了农民的集体意识。集体经济的壮大不但事关村级治理单元在"脱贫攻坚"战略阶段的工作成效，更与乡村振兴战略的实施相互依存。

在新型农业发展思路指引下，织金县围绕立足特色农业产业优势，支持推动农村党支部领办合作社，探索出一条具有山区特色的新型集体经济发展之路。2020 年，织金县根据毕节市出台的《毕节市党支部领办村集体合作社运行管理办法（试行）》，积极推行把村党支部建在产业链、合作社、龙头企业、生产小组上。在具体运作过程中，第一，通过农地、林地、道路等生产要素的"七权同确"，将集体资源、资金、资产作为原始资本，吸纳群众入社；第二，整合各方资源，如龙头企业、种养大户资金、技术入股，群众土地承

① 习近平：《摆脱贫困》，福建人民出版社 2014 年版。

包经营权等形成多方入股；第三，通过党支部发挥组织优势、政治优势，建立风险保障机制，确保新型农业合作社良性运行。截至2020年，织金县党支部领办的村集体合作社覆盖了所有的行政村，实现了强村、富农、产业发展、干群关系提升四重效果。

党支部领办合作社的发展模式之所以在织金县获得成功，得益于充分发挥党支部的带头引领作用和“群参群享”的工作模式。首先，在党支部领办集体合作社的过程中，织金县通过“三级联动”，形成有效的引领合力。一是成立以县委书记、县长为双组长的村党支部领办合作社工作领导小组，同时抽调12名业务骨干，成立党支部领办村集体合作社工作专班，加强业务指导、进度督导、调度推进。二是建立由县委组织部、县农业农村局、县市场监管局等15家部门为成员单位的集体合作社联席会议制度，定期召开推进会、调度会、协调会、培训会，推动工作落地、落细、落实。三是明确33个乡（镇、街道）党委（党工委）书记、乡镇长及办事处主任亲自抓1个以上党支部领办集体合作社工作，578个村（社区）党支部书记具体抓任务分工的工作模式。

其次是“群参群享”的工作模式。一方面通过引导群众多方面参与，多要素入股，实现有效覆盖。党支部领办的合作社，通过鼓励和支持与农民专业合作社业务有关的企业、事业单位（具有管理公共事务职能的单位除外）或者社会组织参与，有效扩大了合作社的覆盖面。另一方面，通过建立健全利益联结机制，实现“群享”。一是通过推行股份合作联结、双向入股、按股分红和二次利润返还等方式，让群众分享从加工到流通环节的利润。二是通过返聘土地流转农户到龙头企业等经营主体产业基地务工，让农民获得工资性收益。三是通过发挥村集体股份经济合作社上连龙头企业，下连农户机制，减少市场流通成本，提高农民收益。

党支部领办合作社的发展模式，充分发挥了基层党组织的政治优势和组织优势，破解了集体穷、支部弱、群众散的难题，壮大了村集体经济，增强了基层党支部的治理能力和服务能力。党支部通过领办合作社把群众组织起来，以股份合作的方式把集体和群众联结在一起，强化了基层干部和群众的血肉关系，形成了经济利益共同体。同时，党支部领办合作社，提升了群众脱贫致富的意愿和信心，激发了群众的内生动力，是"大党建引领"脱贫攻坚事业在基层工作中的典型创新，为各地脱贫攻坚工作提供了范本。

第二节 创新工作抓手，提升脱贫主体致富能力

致富能力不强是长期困扰和制约农村经济社会发展的难题，也是贫困户在脱贫过程中面临的一大难题。在破解难题，提升脱贫主体致富能力方面，织金县以人民为主体，通过创新工作抓手，聚焦政策宣传、聚焦技能培训、聚焦就业渠道和聚焦产业发展四个关键点，解决贫困群众的发展意志力不强、发展底气不足和发展能力不足的问题。

一、创新工作抓手：开办新时代脱贫攻坚讲习所

农民讲习所创始于第一次国共合作时期，是老一辈中国共产党

领导人探索开展农民政治思想教育、培养农民运动领导骨干的伟大探索，是中国共产党启迪民智、维系民心、动员民力的伟大创举。在实践过程中，“农民讲习所”在构建和谐干群关系、开展群众工作、落实党的群众路线等工作中发挥了重要作用。在脱贫攻坚实践过程中，毕节市委、市政府逐渐意识到，脱贫攻坚只有让群众广泛参与进来，激发群众的内生动力，才能使脱贫攻坚工作行稳致远。织金县委、县政府积极响应毕节市委决策部署，以讲习所为抓手，针对脱贫致富信心不足、劳动技能缺失、思想迷茫的群众开展“讲习”活动，极大地鼓舞了群众斗志，调动了大家的积极性。讲习所之所以能够成为织金县提升脱贫主体致富能力的工作抓手，得益于以下几个方面：

一是灵活多样的实践运作。织金县讲习所不固化形式、地域和时空，按照集中与分散相结合的方式，不仅在固定讲习所开展集中讲习活动，还在院坝田间、村头寨尾、园区工地等场所灵活开展，场所和形式以群众方便为原则。此外，讲习所不拘泥于文本限制，上到国家政策、科学技术，下到个人生活习惯、卫生健康，始终聚焦于群众需要，以群众学会用好为目标。

二是“讲”“习”并举的目标定位。织金县讲习所将“宣讲”与“实践”相结合，不但向农民传授知识、讲解政策，还通过“党员带头”“志愿服务”等形式，树立典范标杆，传授讲习经，并通过现场观摩的方式，组织其他基层党组织负责人和群众参与到讲习中来。随着脱贫攻坚的结束和乡村振兴的到来，织金县讲习所也逐渐从重宣讲向重实践创新、变革，依据战略使命和时代要求不断赋予新的内涵。

三是“志”“智”双扶的效果。扶志与扶智在脱贫攻坚工作开展中历来是重点与难点。织金县新时代脱贫攻坚讲习所通过开展形式丰富的讲习，以群众需求为中心的讲习内容选择，以及宣讲与实践并重的工作原则，起到了很好的扶志与扶智成效。针对不同群众需求，如未脱贫致富的群众，侧重于富民政策教育讲习引导；针对意见大、思想复杂矛盾的群众，侧重于法律法规、社会公德美德的讲习引导；针对“等靠要”的群众，侧重于自力更生、艰苦奋斗精神的讲习引导；针对思想迷茫的群众，侧重从思想和精神层面激发群众脱贫致富的内生动力。

新时代脱贫攻坚讲习所重在扶贫先扶志、治贫先治愚、脱贫先脱旧，以精神层面的脱贫促进物质层面的脱贫，取得了“志智双扶”的良好成效，成为了织金县提升脱贫主体内生动力的重要抓手。

二、全方位政策宣讲，增强群众脱贫底气

脱贫攻坚以前，政策信息不对称是织金县贫困群众脱贫路上的一大绊脚石。群众不明白政策，脱贫就难以显成效。为了移除这座“大山”，织金县委、县政府积极利用“讲习所”这一宣传阵地，从纵向和横向两个方面着手，以群众容易接受的方式讲好“政策经”，让贫困群众知政策，懂政策，用政策。

（一）上下联动，政策宣传更牢固

政策宣讲在脱贫攻坚中有着重要地位。政策宣传到位与否，直

接关系着脱贫攻坚工作是否落实到位，关系着脱贫攻坚目标能否实现，关系着脱贫群众能否摆脱贫困。为此，织金县委、县政府通过上下联动，下足功夫开展政策宣传。一是建立健全组织领导机构，为政策宣传提供组织保障。织金县成立了以县委书记、县长为组长，相关县领导为副组长，县直相关部门为负责人、各乡镇党委书记为成员的新时代农民讲习所工作领导小组。领导小组的建立，为政策宣传提供了有力的组织保证。

二是组建志愿服务队伍，为政策宣传提供人才保障。织金县在县级层面成立由县长任总队长的志愿服务总队，由相关部门牵头，结合服务范围成立了 10 支县级志愿服务大队，33 支乡镇志愿服务中队，578 支村志愿服务小队。同时，各县直部门结合实际，成立本单位、本系统特色志愿服务队伍。不同层级服务队伍的建立，有效保障了志愿服务活动开展所需要的人才资源。

三是搭建服务平台，为政策讲习提供阵地保障。织金县通过挖掘整合现有资源，搭建了十大政策宣讲服务平台。一是整合党校、党员活动室等搭建理论宣讲平台；二是整合各中小学、机关团委、媒体中心等搭建传播服务平台；三是整合农家书屋、图书室、产业基地等搭建科普服务平台；四是整合青少年校外辅导站、乡村学校、社区家长学校、四点半课堂等搭建教育服务平台；五是整合文联、文化站、文化馆、图书馆、文化广场、村级综合文化服务中心等搭建文化文艺服务平台；六是整合医院、乡卫生所、村卫生室搭建健康服务平台；七是整合扶贫工作站、农技服务中心、劳动服务中心、社会福利院等搭建扶贫帮扶服务团；八是整合法制教育基地、公共法律服务中心、律师事务所、社区公共法律服务室等搭建普法教育平台；九是整合城市综合执法大数据、公安交通管理大数据、媒体中心、网上办事大厅等搭建城市服务平台；十是整合村居“两委”、“十户联动”、乡贤寨老、“五老”人员、群众等搭建群众互助服务平台。

（二）灵活宣讲，政策宣传更到位

在政策宣讲过程中，织金县结合实际、针对不同群体，组织开展不同形式的政策宣讲。

一是印制宣讲资料。织金县委、县政府通过印制《腾飞的织金：毕节实验区建设 30 年纪实》图文纪实和《织金三十年》，以图文的形式，向织金群众宣传 30 年来织金发展变化以及脱贫所取得的伟大成就。

二是支部带头讲。依托新时代农民讲习所，支部每月集中开展支部书记上党课、支部成员上讲台、党员代表谈经验等活动，通过提高党支部组织力，增强群众对党组织的认同感和归属感。

三是党员人人讲。针对基层群众，织金县委、县政府依托全县 3 个乡级新时代文明讲习站和 578 个村级新时代文明讲习所，以群众会、院坝会、入户谈心会等方式，组织本村党员干部深入开展政策宣传。通过算账对比、现身说法、坚定群众脱贫致富信心和决心。

四是开发田埂、院坝阵地。织金县政府按照“便民化”原则创出特色，建立“现场式”讲习所，力求把讲习所办到群众家中，办到田间地头，办到生产一线，最大化满足群众实际需求。在逢年过节、喜事前后、民俗活动期间、农忙耕作季节等时节采取院坝会、群众会等方式开展集中讲习、流动讲习、上门讲习，在农村生产生活的一线把群众组织和动员起来。

五是坚持“请进来”。为更加丰富讲习内容，更加精准讲习政策，织金县委、县政府以志愿服务为抓手，组织开展志愿服务下基层。通过开展先后开展了“流动课堂进村寨，党的声音进万家”“青春心向党，建功新时代”“产业服务小分队，技术指导大文章”等志愿服务项目，全县累计开展志愿服务活动 1 万余次，参与志愿者 10 万余人次，记录服务时长 800 万余小时。志愿服务活动，以“请进来”的方式，让织金县的政策宣传更加丰富多样。

（三）时政结合，政策宣传更全面

新时代农民（市民）讲习所作为思想宣传的大本营，牢牢把握政策宣传、政治教育的主体功能，既能够有效保证政策发挥应有的功效，又能够提升群众的集体认同感和国家荣誉感。织金县在政策宣讲过程中，以习近平新时代中国特色社会主义思想和党的十九大精神为核心，强化群众政治教育；以精准扶贫政策、脱贫攻坚方案为重点，强化群众脱贫动力，从横向和纵向两个方面入手让织金县政策宣传更加全面。

习近平新时代中国特色社会主义思想，是马克思主义中国化的最新成果，是十八大以来以习近平同志为核心的党中央进行艰辛理论探索和推进理论创新的成果，是党和人民必须长期坚持的指导思想。织金县政策宣传把握习近平新时代中国特色社会主义思想和党的十九大精神，立足新时代新形势，开展讲习工作，使讲习所成为宣传党的新思想、新成果的主阵地。

织金县通过政策宣传，让人民群众全面了解和充分认识了党和国家的扶贫政策，让织金人民“干”有底气，“干”有方向，大大增强了群众脱贫的信心和智慧。

三、强化技术培训，增强群众脱贫能力

习近平总书记强调，“扶贫先扶志，扶贫必扶智”[①]。扶志就是扶思想、扶观念、扶信心，扶智就是扶知识、扶技术、扶思路。织金县新时代农民讲习所坚持“扶志”与“扶智”相结合，通过技术和方法讲习，解决贫困群众在农业生产和找工作过程中遇到的各种技术性问题，为贫困群众走上致富道路提供了有力支持。

（一）整合培训资源，开展定制化培训

“授人以鱼不如授人以渔”，为满足群众产业发展的技术需要，织金县在分类摸底、分类讲习，整合全县培训资源的基础之上，开展定制化技术讲习培训。

首先，通过分类摸底，了解群众的技术需求。为真正实现贫困户的技能培训与技能诉求挂钩，织金县联合乡镇人民政府、驻村干部，村“两委”成员和帮扶干部开展技能需求培训大走访，对贫困户个人情况、劳动技能、就业情况、技能需求开展全面摸排，建立农村技能培训需求台账和数据库。

其次，整合全县培训资源，让技能培训更专业。为满足贫困户

① 习近平：《在中央扶贫开发工作会议上的讲话》（2015 年 11 月 27 日），载《十八大以来重要文献选编》（下），中央文献出版社 2018 年版。

不同的技能需要，织金县整合省、市、县、乡、村五级农业专业人才资源，按照主导产业情况遴选出具有解决技术难题的专业人才，组建了197人的产业扶贫技术专家组。同时，根据各村主导产业情况，织金县从乡镇（街道）选派了一批农技人才，按照“1+1”结对帮扶原则，为群众提供“点对点”的技术服务。另外，根据全县主导产业情况，组建联合专家组，按照“N+1”服务模式适时开展“面对面”的专业性巡回指导服务。

最后，按需配置培训内容，让技能培训更精准。为了满足不同群众的技术培训需求以及节约培训成本。织金县打破传统村庄的物理空间限制，以镇为单位，开展定制化专业技能培训。将具有共同技能需求的群体聚集到一起，开展针对性的技能培训。

（二）立足产业需要，解决技术难题

脱贫的关键在产业，而产业发展的关键在技术。织金县通过先“讲”再“习”、边“讲”边“习”产教结合的方式开展技能培训讲习。在讲习内容上，织金县一方面根据南瓜种植、皂角种植和加工、旅游服务等特色产业发展需要，开展针对性的技术培训。另一方面根据农户产业发展需要，开展到户产业技术需求培训。

以织金县特色产业南瓜产业技能培训为例。织金县成立了南瓜产业工作专班，组建了120余人的技术服务团队，通过院坝会、田坎会等方式，开展动员培训300余场次。让农户清楚产业政策、知晓技术保障，提高种植积极性和主动性，从而实现了从“要我种植”到“我要种植”的转变。其次，与贵州大学林学院、贵州省林业科学研究院建立技术合作机制，引进山东泰瑞公司服务织金皂角

产业，在种苗、嫁接、优良品种培育方面提供技术支持。另外，出台县级技术人员服务农业产业结构调整考核办法，建立县有专家组、乡有林业站、村有技术员的县、乡、村三级全覆盖技术服务指导体系。最后，在组织开展培训的同时，组建专家组和技术指导队，在全县各村开展皂角种植、管理、病虫害防治等面对面的技术培训和技术服务。2019 年以来，织金县共下派干部 100 余人，开展技术服务 2000 余人次，实地解决皂角产业发展技术难题 10 个，开展讲习 1000 余次，开展现场培训 200 余次。

（三）抓技能培训，拓宽就业渠道

盘活农村劳动力资源，提高劳动力就业水平和质量，对打赢脱贫攻坚具有重要意义。为此，织金县统筹推进新发展理念与人力资源开发相结合，围绕产业结构调整和劳动技能培训，推动织金县从人口大县向人力资源强县转变。在劳动技能培训方面，织金县根据贫困乡村产业结构调整和农民增粮增钱的要求，坚持实际、实效、实用原则，大力开展劳动力转移培训、农业实用技术普及培训、“绿色证书”工程培训等工作。

2019 年以来，织金县共完成就业培训 15880 人，实现就业 15403 人，就业率 97%。其中，易地扶贫搬迁群众培训 1627 人；劳务输出培训 20226 人；农民技能培训 25900 人；职业技能培训 5959 人。例如，化起镇六甲村后坝组张明昌户，家庭经济来源主要为务工，生活拮据，在参加恒大吸纳就业第二十五期培训班及乡镇特色培训班培训后，被推荐到恒大帮扶织金县化起镇六甲村蔬菜大棚基地种植羊肚菌工作，每月的工资收入 2000 元。

此外，为确保外出贫困户稳定就业。织金县制定了《织金县稳就业工作专班工作方案》。工作专班的主要职责是由政府出面，利用东西部协助资源，确保贫困群众能够稳定就业。例如，作为东西帮扶城市的广州花都区，仅2020年便与织金县组织开展了2次劳务对接协作，提供就业岗位7200个。通过“组织、培训、就业”三个环节，织金县实现了“培训一人、就业一人、脱贫一户”的目标。

在脱贫攻坚过程中，织金县以工作创新为抓手，紧紧围绕贫困群众的发展能力、致富能力想办法、找方法、出对策，把解决贫困群众发展意志力不强、发展底气不足、发展能力不足作为工作重点，探索出了一条通过聚焦政策宣传、聚焦技能培训、聚焦就业渠道和聚焦产业发展四大关键点，激发脱贫主体致富能力的实践之路。

第三节　加强乡风文明建设，提升脱贫群众精神面貌

乡风文明建设是基层落实脱贫攻坚的重要一环，也是乡村振兴战略的内在要求。如何打造乡风文明？各地在具体实践中多着眼于群众自身，群众成为了“被引导”和“被评选”的对象，如“最美家庭”评选、“新乡贤”评选等。这种聚焦于群众自身的模式通常存在一些弱点，如群众覆盖面不够，部分群众既无奖励，也无惩罚；奖惩措施力度弱、手段单一，导致乡风文明建设动力不足，以

及可持续运作能力不足。织金县在推进乡风文明建设过程中，通过改变外部环境和提升群众自身修养两手抓、两手硬的方式，推动乡风文明建设，取得了良好的效果。

一、新时代文明实践中心：乡风文明建设的重要助手

乡风文明建设既是乡村振兴的重要内容，也是乡村振兴的重要推动力量。加强乡风文明建设，既能够传承优秀的传统文化，也能够发挥好先进文化的引领作用，同时，也体现出对乡村本位和农民主体地位的尊重。2019 年 10 月，织金县被纳入全国第二批新时代文明实践中心建设试点后，织金县新时代文明实践中心在全县迅速铺开，并成为全县推进乡风文明建设的重要助手。新时代文明实践中心，之所以能够成为织金县推进乡风文明建设的重要助手，得益于其完善的组织保证、坚实的阵地支撑和贴近群众需求的服务项目。

首先，在组织保障方面，织金县成立了以县委书记、县长为组长，相关县领导为副组长的新时代文明实践中心建设工作领导小组。在各乡镇、行政村成立乡、村两级新时代文明实践工作领导机构，为新时代文明实践中心的顺利开展提供组织保障。

其次，在阵地支撑方面，织金县通过在县城凤凰公园内建设新时代文明实践中心阵地，设置文明实践服务工作台，学雷锋志愿服务总站，以及开设宪法教育馆、科普展示馆、宝桢书屋等多功能馆室，开展文明建设宣传，强化县城的阵地建设。同时，在 33 个乡镇建立乡级新时代文明实践所；在 578 个村建立村级新时代文明实

践站。新时代文明实践中心的阵地建设，为开展乡风文明建设提供了坚实的阵地支撑。

最后，在服务项目方面，织金县新时代文明实践中心通过谋划贴近群众需求的特色项目，来提高服务能力。织金县新时代文明实践中心结合群众需要，通过组织开展针对性的文化服务项目。如“流动课堂进村寨，党的声音进万家”“青春心向党，建功新时代”“文明劝导我先行”等贴近群众生活，贴近群众心声的特色服务项目，增加群众参与感和获得感。仅2020年，织金县新时代文明实践中心共组织开展文化服务活动1万余场次，参与志愿者10万余人。织金县新时代文明实践中心，在推进乡风文明建设，提高基层文化服务能力方面，发挥了重要作用，成为了织金县推动乡风文明建设的重要助手。

二、紧盯乡村文明建设，提高群众整体文明素质

（一）转观念、促行动，“倒逼”群众树新风

一个地区的贫困，表面上看属于经济问题，但从深层次考察，往往与其精神文明建设水平紧密相关。精神文明建设不强，很容易导致乡村生活歪风邪气之风、好逸恶劳之风、抱残守缺之风盛行，进而影响乡村的长远发展。在加强乡风文明建设的过程中，抓观念转变、促文明行动，“倒逼”群众树立文明新风显得十分必要。这是因为乡风文明建设不是贴在墙上、挂在树上，而是要切切实实反映在思想上，落实在行动上。

织金县新时代文明实践中心以多种方式，提升群众的文明素

养，推广文明的生活方式。

一是通过思想教育，促进观念转变。织金县委、县政府深知，转变群众的思想观念，教育是关键。为此，织金县按照“党委领导、部门齐抓、文明委组织协调”的工作机制，以“道德讲堂”“积分堂”“图说我们的价值观”为载体，结合中华传统美德、社会公德、“文明行为促进条例”、农村环境卫生综合治理等内容，积极开展文明宣传活动。先后开展“五美建设大比武，建设亮丽家园”“守护健康，与爱同行”“文明劝导我先行”等主题教育活动。塑造了全国道德模范提名奖获得者“飞腿哥”张槐乾，“背篓哥”杨文学、全国最美基层干部谌贻贵，省道德模范徐开芬等先进典型人物，有力地传播了社会公德、家庭美德，弘扬了社会正能量。织金县开展的文明教育行动，极大地提高了群众文明意识和脱贫致富的信心。

二是通过组织开展文体活动，传播文明精神。借助新时代文明实践中心，织金县文广、司法、科技、医疗等部门，每年都深入农村，开展文化、科技、卫生“三下乡”活动。每年组织开展文艺活动、义诊 200 多场，赠送各类书籍 10 多万册。各乡镇广泛开展“我们的节日”主题活动，以春节、清明节等传统节日为龙头，以“跳花节”“六月六”等地方节日和民族特色节日为纽带，通过举办各式各样的文艺活动，不断增进全县各族民众热爱祖国、热爱家乡的情感，提升村民文明素质。通过全县评比，先后有 6 个乡镇 15 个行政村获得文明乡镇、文明村授牌。

三是通过立规评比，“倒逼”群众树新风。新时代文明实践中心通过文明理念宣传和开展家户文明评比活动等，在环境卫生、婚丧嫁娶、文明用语等方面对广大村民开展评比评优。此外，新时代文明实践中心还通过“十星级文明户”评选，形成群众你追我赶的争星势头。如熊家场镇白马村，通过召开村民议事会，将环境卫生、产业发展、农村精神文明建设等方面纳入村规民约。在卫生保洁方面，划分各农户门前卫生责任区，公共区域卫生责任片等，有效改善了该村的村容村貌和村民的卫生环境意识。

织金县通过树立文明典型，引导广大农民群众见贤思齐、崇德向善；通过宣传健康的生活方式，促进农村精神文明建设；通过推广农村卫生人居环境理念，引导农民实施垃圾分类，改善村容村貌，保护农村生态环境，使得群众的文明素养逐渐得到提升，积极向上、奋发有为、绿色健康的现代文明生活方式在农村被逐渐推广开来。

（二）加强法律知识传播，推进乡村法制建设

“科学立法、严格执法、公正司法、全民守法”是中国共产党十八大报告中提出的新16字方针，表明我国社会主义法治建设进入了新阶段。法治国家的建设离不开法治公民，法治公民的培养离不开普法教育。织金县委、县政府借助新时代文明实践中心这一平台，全面推进县域范围内的普法教育，对提高群众的法治素养有着重要的意义。

为加强全县法律知识传播，推进乡村法制建设，织金县采取了系列措施。

一是通过制作法制宣传手册，培育群众懂法思维。织金县所有乡镇（街道）结合工作任务，将十九大宣讲提纲、《中华人民共和

国义务教育法》、《中华人民共和国治安管理处罚法》、《中华人民共和国未成年人保护法》、《中华人民共和国妇女权益保障法》等脱贫攻坚大决战阶段群众必须遵守的法律法规、脱贫知识、生活常识等内容通过收集整理，编撰成手册，作为法律法规讲习的教材补充使用，取得了良好的效果。

二是紧扣群众需要，普及法律知识。织金县紧扣《中华人民共和国刑法》《中华人民共和国义务教育法》《中华人民共和国国家安全法》《中华人民共和国治安管理处罚法》《中华人民共和国婚姻法》《中华人民共和国未成年人保护法》《中华人民共和国村民委员会组织法》《中华人民共和国残疾人保障法》《中华人民共和国妇女权益保障法》《中华人民共和国老年人权益保障法》等法律法规，积极开展法律知识宣传，力求讲深讲透，提高群众法治素质，让群众成为知法、懂法、用法的新时代农民。

三是融合实践，增进群众法治观念。织金县司法局法律宣传组结合实际工作中遇到的典型案例，如拆迁补偿费、产权纠纷、民生保障、家庭婚姻、信访诉求等涉及群众切身利益的突出问题，以身说法，通过通俗易懂、深入浅出、喜闻乐见的方式让群众学到法律知识。在开展法律知识宣传和讲解的同时，法律宣传组还与乡、村、组干部召开座谈会，深层次地了解、分析当前农村生产、生活中遇到的热点、难点涉法问题，在交心谈心的过程中普及法律知识，提高大众法制意识，促进稳定。织金县通过举办法制讲座和开展普法活动，不仅贴心、实在，而且营造了良好、自觉的学法用法氛围，有效促进了农村社会的和谐发展和乡村法制建设的完善。

三、探索“党建 + 积分”工作模式，打造文明新乡风

党的十九大报告指出，“加强农村基层基础工作，健全自治、法治、德治相结合的乡村治理体系”[①]，对提高乡村治理能力和治理水平，打造现代化新乡村具有重要意义。基层社会作为国家治理的“神经末梢”，基层治理的能力和水平直接关系着国家治理体系的构建和治理能力现代化的发展。为提高乡村社会在自治、德治方面的能力，织金县探索出了一条“党建 + 积分”的群众工作模式，这一工作模式按照强化党的领导、支部引领、群众主体、社会参与的工作思路，把村（居）民、党员、干部一并纳入积分管理，社区科学确定积分主体、积分范围和积分使用。织金县“党建 + 积分”的群众工作模式之所以在激发群众参与“动力”方面发挥关键作用。得益于以下三点：一是日常管理系统化，增加了群众的信任感；二是目标实施具体化，提高了群众的参与感；三是参与奖励物质化，满足了群众的获得感。

首先，任何工作模式的运行成败，关键在管理效率和取得参与者的信任。为了使“党建 + 积分”这一工作模式获得群众的信任，织金县从三方面强化“党建 + 积分”工作的日常管理。一是加强组织领导，完善制度建设。织金县在推进“党建 + 积分”工作运行时要求，各乡镇要成立以党委书记为组长的“党建 + 积分”工作领导小组，从政治高度推进“党建 + 积分”工作模式的运行。二是加强

① 习近平：《决胜全面建成小康社会 夺取新时代中国特色社会主义伟大胜利——在中国共产党第十九次全国代表大会上的报告》，人民出版社 2017 年版。

积分管理，做到公开透明。为强化积分管理，保障积分兑换的有序进行。织金县通过建立台账，完善积分申报流程、审核和备案等优化积分管理工作。三是强化考核，保证客观公正。在激励考核上，织金县成立由县委组织负总责的考核体系，对各乡镇“党建 + 积分”工作落实情况，开展定期不定期专项检查，根据督查结果，建立督查台账。日常管理的系统化，使得“党建 + 积分”工作模式得到了广大群众的信任。

其次，织金县在推行“党建 + 积分”工作模式时，通过制定详细的积分内容，将积分兑换目标具体化到实际的生活中，提高了群众的参与感。一方面，织金县围绕脱贫攻坚、人居环境卫生综合整治和农业产业结构调整等中心工作，将乡村建设、社会治安和公益美德等纳入积分内容，并根据干部、党员和公益性岗位工作者等不同群体，进行分类细化评分细则，做到了将积分融入到生活和工作的方方面面。另一方面，积分奖励的具体化，使得群众参与的积极性被大大提高。白泥镇前进村党支部书记肖恒说：“以前村里开群众会，部分村民要么迟到，要么干脆不来，自从村里有了积分超市，准时参会可以赚积分，在会议中积极提建议得到采纳后也可以获取积分，现在大家每次都积极参与。”

表 7-1 织金县“积分超市”部分兑换物品分值表

物品	分值	物品	分值	物品	分值
电风扇	150	垃圾桶	15	菜油	105
米	130	洗发露	60	杀虫剂	30
洗洁精	20	洗衣粉	75	照明灯	90
乒乓球拍	40	牙膏	10	拖鞋	20

续表

物品	分值	物品	分值	物品	分值
小魔方	20	电热壶	60	毛巾	30
大魔方	30	卷纸	50	酱油	20
水桶	10	作业本	5	保温杯	50
脸盆	15	文具盒	15	圆规	15

最后，参与奖励物质化，满足了群众的获得感。织金县积分奖励形式包括三种，一是可用积分在积分超市兑换相应的生活用品。二是当积分累积到一定分值后，可授予“积分之家”荣誉，并悬挂奖牌。同时，取得申报“优秀共产党员”“最美家庭”“道德模范”“劳动模范”“创业模范”等各级各类评优选先资格。三是对所得积分较高的居民，可享受新型农村合作医疗保险和养老保险缴费减免，还可协调当地农村信用社享受免息或减息贷款。“党建 + 积分”工作模式在实践中收获了众多群众的点赞，在与搬迁到织金县惠民街道的贫困户聊到“党建 + 积分”工作模式时，他们说“没想到把自家房前屋后打扫干净，就可以有积分，还能在社区的积分超市换取奖励，以后一定继续干，多加点积分”。

贫困群众既是脱贫攻坚的对象，更是脱贫致富的主体，因而激发贫困人口脱贫致富的内生动力至关重要。在决战决胜脱贫攻坚的过程中，织金县通过聚焦贫困群众的能力养成和自我发展潜力培养，引导和培育贫困主体的自力更生意识和观念，把扶贫与扶志、扶智结合起来，既解决了脱贫主体的“物质贫困”，又解决了脱贫主体的“素质贫困”。织金县激发脱贫主体内生动力的具体做法，从宏观上可以概况为两个重要方面：一是增智；二是赋能。

增智，就是增思想、增底气、增信心。通过增智来促进脱贫主体的观念转变，提升脱贫主体的精神面貌，是织金县激发内生动力的一大特点。这一特点在实践层面，表现为强化党建引领的组织制度建设，发挥基层党组织在激发内生动力上的思想、行动和创新三大引领力；打通政策信息流通壁垒，增强贫困人口的发展底气和信息；强化以文明为核心的精神阵地建设，深挖内生动力源泉。赋能，就是赋能力、赋技术、赋渠道，通过找准适合脱贫主体的发展路径，强化脱贫主体的致富能力培养。织金县在赋能方面，通过富裕脱贫主体更多劳动技能，帮助脱贫主体获得市场需要的生产能力和提升脱贫主体的人力资本价值；通过盘活农村劳动力资源，提高就业水平和质量，强化脱贫主体的致富能力和自我价值认同。

增智、赋能作为织金县激发内生动力的重要实践，为破解在扶贫过程中“等靠要”思想浓重、缺乏引领带动力量和缺少致富技能，提供了一种新的化解模式。这一模式既是践行“扶贫先扶志，扶贫必扶智”理念的一次重要实践，又是探索建立内生性扶贫模式的一次重要尝试。

第八章　多方发力：构建社会扶贫新格局

广泛动员凝聚全社会力量共同参与脱贫攻坚，是中国特色社会主义制度优越性的重要体现，也是我国脱贫攻坚的成功经验。自扶贫开发工作以来，党中央、国务院健全了东西部扶贫协作机制、定点扶贫机制和全社会力量参与机制，形成了全社会参与脱贫攻坚的大扶贫格局。织金县在精准扶贫战略下，坚持党的领导和政府主导，广泛动员社会各方面力量共同参与扶贫开发事业。织金县在东西部扶贫协作中深化与广州市花都区的协作、集聚全国工商联定点帮扶资源、联引各类民营企业等社会力量参与扶贫开发，通过主体联结、资源集聚、利益分配等方式实现了政府、企业与农户在脱贫攻坚过程中价值目标的一致性和协同参与的有效性。营造出社会广泛参与扶贫开发的良好氛围，构建了“输血”与“造血”并举、多方参与的“大扶贫”格局。

第一节　协同扶贫：构建社会扶贫统合机制

社会扶贫指企业、民间组织、政府专职扶贫开发机构以外的所有扶贫主体为贫困人口提供的救助与服务活动，与专业扶贫、行业扶贫共同构成我国“三位一体”的大扶贫格局。社会扶贫通过最大限度发挥各扶贫主体的自身优势，实现扶贫资源的统合和优化，以满足贫困群体脱贫和发展需求，弥补政府扶贫工作不足。在精准扶贫中，开展社会扶贫是社会主义制度下“先富带动后富，最终达到共同富裕”的客观要求，是让发展的成果更多、更公平地惠及贫困地区和贫困人口的具体体现。随着扶贫开发工作的推进和深入，织金县反贫困工作取得巨大成就。然而，贫困人口迅速减少的同时，制约贫困地区发展的深层次矛盾依然存在。面对贫困呈现出来的区域发展不均衡、致贫因素复杂化、贫困人口分布“大分散、小集中”等特点，单纯依靠经济增长和政府力量不能完全解决贫困问题，亟须充分广泛动员社会力量参与扶贫。构建多方参与扶贫开发的机制，实现多重资源的有机整合，是解决织金政府有限资源和广泛脱贫需求之间矛盾的有效途径。

一、政府引导是社会扶贫的保障

一是落实社会扶贫组织保障。多方参与的大扶贫格局的形成，需要充分发挥政府的组织领导作用。在中央对扶贫资源的动员调动和规划统筹下，织金政府作为主体担当织金脱贫攻坚工作的领导者和实践者，深入推进广州花都区扶贫协作和全国工商联定点帮扶，通过与花都区政府和全国工商联共同决策和制定政策为脱贫攻坚指明目标和方向。织金县党委和人民政府结合织金县脱贫实际，围绕党和中央提出的聚焦“精准扶贫”的扶贫思路，全面贯彻落实国务院办公厅《关于进一步动员社会各方面力量参与扶贫开发的意见》

（国办发，〔2014〕58号）。秉持社会参与的大扶贫格局的共同发展理念，织金县深化与广州市花都区的扶贫协作、协同全国工商联定点帮扶工作、引领企业和社会力量参与织金县脱贫攻坚。织金县通过制定《织金县对接广州市花都区对口帮扶工作方案》；成立以县委书记任第一组长，县长任组长，县委副书记任常务副组长的织金县对接广州市花都区对口帮扶工作领导小组；建立健全联络联系机制、定期汇报机制、储备资源承接机制，建立“一月一汇报”常态化机制，完善社会扶贫组织和制度保障。

二是多方动员民营企业参与。《关于打赢脱贫攻坚战三年行动的指导意见》指出，激励各类企业、社会组织参与脱贫攻坚战。由于民营企业在参与脱贫攻坚过程中能够将其独特优势与农村资本、土地和劳动力有机结合，随着扶贫开发工作的深入，广泛动员民营企业参与是脱贫攻坚是否取得成效的关键因素。在东西部协作扶贫和定点扶贫的带动下，民营企业纷纷加入社会扶贫的队伍。织金政府发挥动员和整合作用，从扶贫目标、扶贫内容、扶贫方式上为民营企业参与扶贫工作提供引导，将民营企业灵活开放的扶贫方式与刚性的政府制度化扶贫渠道相结合，充分调动民营企业参与扶贫开发的积极性和主动性。

织金县充分利用广州花都区东部发展优势和全国工商联联系民营企业广泛的优势，通过政策支持如资金扶持、贷款贴息、土地流转、基地建设、专业合作社方面给予企业特别是农业产业化龙头企业重大支持，同时推出扶贫项目鼓励和支持民营企业参与脱贫攻坚；另一方面，织金县通过加强舆论宣传引导工作，大力弘扬民营参与脱贫攻坚的先进事迹；对于民营企业参与精准扶贫作出突出贡献的，加强物质奖励与荣誉奖励，培育民营企业参与社会扶贫的自觉性和主动性，营造织金社会扶贫良好氛围。

二、科学扶贫是社会扶贫的关键

一是处理好外部资源与内源发展的关系。《关于创新机制扎实推进农村扶贫开发工作的意见》指出："扶贫开发工作要进一步解放思想，拓展思路，深化改革，创新机制。"要实现促进贫困地区经济社会发展、帮助贫困群体稳定脱贫的目的，就必须运用科学的扶贫手段、高效的扶贫方法。传统的扶贫方式一般以政府行政性的强制输入为主，社会扶贫则是通过将外部资源与内源发展相结合的行动方式，有效发掘贫困群体的发展潜力。织金通过强调促进贫困地区自我发展能力提升为扶贫重点，鼓励各社会扶贫主体依据自身资源优势，以贫困人口实际需求为导向，从单一的资金项目扶贫方式转向教育、医疗、就业等多领域扶贫。在项目制定、项目实施和项目评估等环节，强调为贫困地区输入社会资源的同时注重贫困对象的能动性和主体地位的发挥，实现从"输血"到"造血"的转变。

二是处理好价值理性和工具理性的关系。坚持价值理性与工具理性的统一，是社会扶贫主体优化帮扶方式和发挥自身优势的客观需要。马克斯·韦伯认为，价值理性是由行动者信仰所决定的行动，工具理性是通过对周围环境和他人客体行为的期待所决定的行动，行动者通过理性地衡量目的与手段之间的关系后判断利弊得失。[①]社会扶贫主体只有做到价值理性与工具理性的统一，才能实现扶贫效率和扶贫效果的统一。织金县鼓励帮扶企业以“公司 + 村集体 + 合作社 + 贫困户”“订单 + 车间 + 贫困户”等模式与合作社、贫困户建立利益联结机制，通过鼓励和支持农民加入农业产业化生产过程，提高农户生产组织化程度。在企业的帮扶下，农户有效掌握科学种植技术和捕捉市场需求信息，提升生产技术的同时具有了市场经营理念，减少了农民进入市场的成本和风险，推动了贫困人口进入市场化生产体系，实现贫困群体可持续性发展。民营企业作为织金社会扶贫重要主体，在扶贫过程中不仅将帮扶织金贫困群体视为企业自身任务，更当作企业的责任。在开展扶贫项目的同时为贫困群体开展免费的技能培训、提供生活救助，实现扶贫效益和履行社会责任的统一。

三、资源整合是社会扶贫的条件

一是建立高效的社会扶贫协调机制，解决社会扶贫各主体多头管理、力量分散问题。社会扶贫主体多元性和社会扶贫方式的多样化决定了社会扶贫人员、项目、资金来源复杂化、碎片化，因此，整合社会扶贫资源是适应贫困问题复杂化、扶贫主体多元化、扶贫方式多样化的迫切要求，而有效整合和协调社会扶贫资源是发挥社会扶贫效用的关键。织金县本着全局意识和效率原则，通过完善社会扶贫的整合机制，构建结构优化、相互协作、优势发挥的扶贫协

① ［德］马克斯·韦伯：《韦伯作品集Ⅶ：社会学的基本概念》，顾忠华译，广西师范大学出版社 2005 年版。

作模式，充分发挥社会扶贫资源的最大效用。织金县通过建立社会扶贫管理部门的协调分工机制，明确织金县扶贫办、织金县对接广州市花都区对口帮扶工作领导小组、织金县农业农村局、县投资促进局等部门的职责和分工，推动跨部门合作规范化、制度化和常态化，实现社会扶贫主体和县社会扶贫管理部门协同联动，达成社会扶贫行动目标、行动内容和帮扶对象一致，避免社会帮扶资源“碎片化”。

二是建立社会扶贫主体和贫困人口的协调机制，精准对接贫困地区和贫困人口的需要。由于贫困地区发展不均衡性和贫困人口致贫因素多元化，社会扶贫主体需重点关注贫困地区的贫困特点和状况，选择有针对性的扶贫措施，以满足贫困人口异质性需求。织金县各扶贫主体在政府引导下，发挥专业职能和资源优势，将资金扶持与项目开发相结合，通过产业扶贫、医疗扶贫、就业扶贫等多方位扶贫方式，精准对接贫困地区和贫困人口的脱贫需求，为不同类型的扶贫对象提供精准和优质的服务，确保各类社会扶贫资源有序、有效衔接，提高扶贫工作的针对性和效益。

精准扶贫战略背景下协同扶贫是协同理论在实践中的运用。“协同理论主张从宏观的角度研究系统内的各部分之间的关系、各子系统的相互合作及其作用规律。”[①] 协同扶贫作为以贫困者需求为导向的社会行动，需使政府、市场及社会各参与扶贫的主体之间保持协同互动，以持续提升扶贫的精准性，实现扶贫绩效最大化。织

---

① 范如国:《复杂网络结构范型下的社会治理协同创新》,《中国社会科学》,2014 年第 4 期。

金县脱贫攻坚的实践经验表明，协同扶贫不仅涉及不同行政区域地方政府及其部门的协同，还涉及政府与市场、社会的协同。织金县协同扶贫的做法和成果对于推动扶贫开发向纵深发展以及全面脱贫目标的实现具有重大的时代价值和现实意义，同时也为研究协同扶贫机制问题提供了地方样本。

第二节　同心合力：深化全国工商联多方位定点帮扶

中央和国家机关定点扶贫是中国扶贫开发事业的重要组成部分。定点扶贫指党政机关、企事业单位和社会团体充分发挥自身资源优势和专业力量，定点帮扶贫困县，以补充中央的扶贫投入，全国工商联作为人民团体是国家确定的承担定点扶贫单位之一。1994年，全国工商联响应党中央、国务院对毕节试验区“开发扶贫、生态建设”号召，与织金县建立定点帮扶关系。自1994年以来，全国工商联通过引资、捐资、集资等各种渠道，采取基础设施援助建设、教育扶贫、医疗扶贫、提供滚动扶贫资金、产业项目推动等方式，组织引导全国民营企业家捐款捐物对织金县实施帮扶。全国工商联定点帮扶织金县过程中，创新帮扶举措，充分发挥全国工商联作为党政联系非公有制经济人士的桥梁纽带与得力助手作用，对织金县经济社会发展产生了重大而深远的影响，为织金县脱贫摘帽和迈向乡村振兴打下了良好的基础。

一、干部互派建强攻坚队伍

帮扶队伍肩负着党和人民的重望，扶贫干部队伍是全力打好打赢精准脱贫攻坚战的生力军。全国工商联定点帮扶织金县以来，在脱贫攻坚战场上，始终坚持与织金县干部群众并肩作战。通过配备统战帮扶人员和挂职干部，建立了自上而下的帮扶组织网络和帮扶联系机制。织金县同步建立了全国工商联帮扶工作领导小组，建立互派干部挂职帮扶机制。全国工商联在全县 32 个乡镇（街道）配备了统战委员、统战业务员；在县直单位和村一级配备了统战联络员、信息员；除挂职织金县领导岗位外，先后选派 12 名优秀干部到织金县挂职帮扶。自 2015 年起，选派优秀干部下沉到部门贫困村挂职驻村第一书记。挂职干部深入农村一线，实现贫困户全覆盖走访，了解贫困户生活情况、务农、务工、家庭“两不愁三保障”基本情况，因地制宜、因户施策，坚持“一户一档”落实具体的帮扶措施。

二、项目扶贫夯实发展基础

（一）靶向瞄准补齐民生短板

决战决胜脱贫攻坚，聚焦补齐民生短板是关键。为贯彻落实习近平总书记在解决“两不愁三保障”突出问题座谈会上的讲话精神。全国工商联扶贫工作领导小组根据织金县实际需求，对标“一达标两不愁三保障”脱贫标准，盯织金民生保障短板，大力实施精准量化到户到人的民生帮扶项目。

一是对标脱贫标准，创新捐赠扶贫方式。全国工商联定点扶贫工作联络小组赴织金县调研，发现贫困问题突出集中在饮水、住房安全、产业覆盖等。全国工商联对标“两不愁三保障”脱贫标准，聚焦饮水安全、住房安全和种养殖三类扶贫项目，全国工商联面向全县贫困户，精准实施“一口水窖、一套危房改造、一棵皂角树、一头牛、一只猪”的“五个一”精准扶贫项目。全国工商联面向十二届执委和机关、直属单位干部职工为织金县“五个一”扶贫项目募得资金5300余万元。其中，先后投入资金2028.1243万元，帮助织金县建成小水窖近4000口，解决了4000余户近1.6万人的饮水难问题，覆盖建档立卡贫困户2045户8785人；投入帮扶资金2220.165万元，实施危房改造679套，覆盖建档立卡贫困户679户2935人；投资1113.1192万元开展“五个一”皂角种植项目，皂角种植总面积2627.72亩，覆盖贫困户676户2341人。

“五个一”精准扶贫项目作为全国工商联定点帮扶项目，是将帮扶举措创新转化为简约化、易于操作的技术方案的重要尝试，与贵州省将“两不愁三保障”扶贫工作标准创新转化为“一看粮，二看房，三看家里有没有读书郎”识别方式有着异曲同工之妙。在“五个一”精准扶贫项目实施过程中，因“五个一”具体可操作化，便于帮扶主体精准地开展帮扶，同时利于受益农户的登记排查、项目资金管理、项目追踪、项目后期服务等。

为扎实开展“五个一”精准扶贫项目，全国工商联和织金县共同制定《全国工商联十二届执委会捐赠织金县“五个一”产业扶贫资金项目实施方案》和《全国工商联捐赠织金县“五个一”产业扶贫项目资金管理办法》，明晰项目实施方式、项目资金管理、受益农户、技术服务、后续管护等内容，指导“五个一”扶贫项目精准实施。联派出定点扶贫工作联络小组深入织金县开展组团式调研。一方面详细查看饮水、住房、产业发展情况，了解贫困户的迫切需求；另一方面深入了解拟实施“五个一”扶贫项目农户的家庭情况，掌握群众意愿和种养殖能力。在项目具体实施上，水窖项目根据水利部门测算和家庭人口数，制定规格和补助标准；危房改造项目按照国家危房等级标准，分级进行补助；种养殖项目实行直补到人，确保项目资金一一对应每个贫困户。项目实施严格按照需求清单，确保项目精准。“五个一”扶贫项目建成后，统一悬挂捐赠牌，注明捐赠人和受捐赠人信息、捐赠资金、规格标准，接受社会监督的同时，鼓励社会力量参与捐赠帮扶和引导受益群众饮水思源，营造良好社会氛围。

通过实施“五个一”精准扶贫项目，让贫困群众住上了安全的住房、吃上了放心水、有了致富的门路，切实解决贫困群众生产生活所需，补齐织金县脱贫攻坚短板，为织金县高标准、高质量如期完成脱贫攻坚任务作出积极贡献。

二是“志智双扶”催生“造血”功能。全国工商联针对织金县贫困面大、贫困程度深的实际，秉承“扶贫先扶志、治贫先治愚”的理念，积极开展教育扶贫工作。通过帮助织金修学校、资助学生、培训教师等，改变贫困地区群众思想观念、改善织金县教育教学条件、帮助贫困家庭辍学生实现入学；通过培训干部，培育干部市场意识、科技意识，为织金县打造出源源不断的治贫动力；依托

“绣娘”培训项目，打造“织金绣娘”品牌，探索“非遗+电商+扶贫”帮扶模式，带动“绣娘”创业就业。定点帮扶以来，全国工商联共组织捐赠价值1912.105万元现金和物资开展“志智双扶”行动。其中，组织捐款81.7万元，修建光彩学校或教学楼；共资助贫困大学生、中学生、小学生8000余人就学；实施培训项目30个，共为织金县培训教师、干部和技术人员2900人次，为织金县培养了一大批本地干部和先进技术人员。

（二）资金支持助农发展添动力

决战决胜脱贫攻坚，深化金融供给是支撑。资金是贫困户发展生产和摆脱贫困的重要因素，也是加快贫困地区发展，实现精准脱贫的重要条件。由于织金地理条件恶劣，传统农业发展水平低，农户广种薄收，资金短缺成为限制贫困户自身发展的重要因素，造成贫困的恶性循环。全国工商联定点帮扶以来，为织金实施精准扶贫带来多渠道的资金投入，帮扶资金除用于基础设施建设以外，织金县和全国工商联深刻认识到助农发展帮扶资金的投入需充分考虑贫困地区资源禀赋、村级规划和农户产业发展需求的差异性。全国工商联通过实施同心光彩向农户提供小额无息委托贷款和向农村专业合作社提供滚动发展资金，以金融性、灵活性的方式为农户和合作社的生产发展提供资金支持和服务。

2009年，全国工商联主席黄孟复视察织金时，确定了向织金县捐赠1027万元的滚动扶贫资金，在织金县开展试验性、金融性滚动帮扶项目，用于解决农户生产项目的启动资金困难问题，同时提升受帮扶农户的信用意识、市场意识和信用度，实现“让农民更有幸福感，生活得更有尊严”的目标。帮扶资金通过两种形式用于对农户的帮扶。一是面向农户的小额无息委托贷款。织金县工商联作为项目的实施主体，通过与农村信用社签订委托协议，由农信社面向农户发放小额无息贷款，到期返还、滚动发展，用于扶持以家庭为单位的农业生产项目。二是面向农村专业合作社的滚动发展资金项目，由专业合作社为社员统一购置生产资料、统一管理销售、统一回笼资金，继续用于其他项目的滚动发展。2012 年以来全国工商联协调光彩事业基金会捐资 2500 万元，织金县政府匹配 500 万元共建同心光彩助农融资担保基金，并通过与银行合作使可担保额度达 1.9 亿元以上，解决农户、农民合作社、小微民营企业审贷时面临的无抵押、无信用评级等困难和障碍，促进农村小微企业的发展。自实施同心光彩项目助农发展项目以来，共为 29 户小微企业（专业合作社）提供担保贷款 5965 万元；承贷企业向建档立卡贫困户提供就业岗位 107 人，产业辐射带动建档立卡贫困户 668 户 2587 人。

三、联引企业助推产业发展

决战脱贫攻坚，大力发展产业是核心。贫困地区通过招商引资一方面可以弥补政府财政有限的不足，另一方面通过充分发挥市场经济主体作用，实现市场资源向贫困地区倾斜，达到扶贫开发的“发展式扶贫”目的。全国工商联作为中国共产党领导的面向工商界、以非公有制企业和非公有制经济人士为主体的人民团体和商会组织，是党和政府联系非公有制经济人士的桥梁纽带，是政府管理和服务非公有制经济的助手。[①]其成员主要为私营企业、非公有制经济等社会经济力量，在“万企帮万村”精准扶贫行动的推动下，全国工商联在招商引资上具有其独特的政治优势和资源优势。织金县在全国工商联的帮扶下，始终将招商引资作为助推产业转型升级、培育经济增长新动能和决胜脱贫攻坚的重要抓手，着力优化营商环境，积极“走出去、请进来”，瞄准市场需求和政策导向，大力引进一批市场前景好、技术含量高、产业带动力强的富民产业项目。

市场经济的趋利性使得资本投入者往往“投富不投贫”。想要吸引更多的资本投入者前往贫困地区进行投资兴业，需充分发挥贫困地区的自然资源、劳动力资源等禀赋优势和营造良好的营商环境，以吸引市场经济主体进行可持续性的投资兴业，激发贫困地区市场活力的同时，实现“输血式”扶贫向“造血式”扶贫转化。织金山清水秀、矿产丰富、劳动力富足，拥有丰富的旅游资源和矿产等开发资源。自全国工商联定点帮扶织金起，全国工商联就把宣传、推介织金作为帮扶工作的重要抓手。在全国工商联的常委会、执委会、“万企帮万村”精准扶贫行动会议、东部七省市开展的“百企帮百村”推荐会等各种渠道宣传推介织金，号召全国工商联系统和广大民营企业家关注和参与对织金县的扶贫工作。通过向国内外广泛宣传织金，提高织金知名度，为织金县招商引资树立了良好的外部形象的同时充分发挥了全国工商联“非公有制经济人士的

① 《中国工商业联合会章程》。

桥梁纽带”作用，调动并依托地方工商联和行业商会的力量，联引了大量民营企业通过“百企帮百村”活动参与到织金县扶贫开发。

全国工商联鼓励和引导民营企业参与织金扶贫开发，重在提高织金农民发展能力和增收水平，重在产业扶贫和解决制约织金县发展的突出问题。自定点帮扶以来，全国工商联联引直属商会企业及正邦、宝龙、千喜鹤集团等一批大型企业结对帮扶织金；贵州省工商联发动直属商会和企业，组织民营企业赴织开展“百家民企进织金”结对帮扶活动，联引温州商会、兴伟集团、宏益地产、远通地产、鼎来集团、宏立城基金会等 87 家企业（商会、公益组织）在织金实施小水窖援建，扶持竹荪产业发展和村集体发展，开展公益捐赠和教育支持等。共联引企业与织金县意向或实际签约项目共计 90 余个，涉及资金 282.1923 亿元；帮助协调织金电厂、中石化煤化工等 2 个国家项目，涉及资金 350 亿元；联引捐资捐款 1 个多亿。

以全国工商联联引的正邦、兴伟、中和等既有经营主体、又有实施主体的企业为代表。这些引进的企业结合自身在农业产业、园林建设等方面的优势，通过在织金成立子公司，采用“专业公司 + 基地 + 农户（贫困户）”的模式，实施集生产、加工、销售一体的对口产业帮扶，引领织金县产业发展的同时实现贫困户增收。其中，正邦集团通过生猪一体化产业扶贫项目，支持当地小微企业、农民合作社、养殖大户、致富带头人等按照“正邦标准”建设国内一流的生猪养殖产业基地；兴伟集团生猪养殖产业扶贫项目，采取“园区 + 公司 + 支部 + 基地 + 合作社 + 贫困户”的运作模式，由村党支部牵头组建村合作社，贫困户将土地、房屋、林木、特惠贷、项目资金等各种资源折价入股参与公司运营，最终实现“一企带富一镇，一人带富一家”目标，达到村企共建、互利共赢的目的；广东中和实业集团计划通过生态旅游园林绿化生产基地项目，以旅游资源开发、生态移民建设、劳动力就业帮扶等方式带动贫困户致富。

全国工商联在织金开展定点帮扶以来，坚持以帮助解决织金县脱贫攻坚实际问题为出发点，聚焦织金县脱贫攻坚存在“两不愁三保障”的主要难点和发展弱项，结合织金县资源环境实际情况，通过实施民生项目改善群众生产生活条件；实施助农发展项目解决农户生产资金短缺问题。全国工商联通过多种形式的项目扶贫补齐织金脱贫短板，为织金贫困户实现脱贫稳定和县域经济发展可持续夯实了基础，充分体现了中国共产党集中力量办大事的制度优势和中国特色社会主义制度的优越性。全国工商联根据贫困地区、贫困群体或个体发展需求，以开发式扶贫与救济式扶贫相结合的方式帮扶织金县，兼顾了扶贫开发中的效率与公平。总之，坚持帮扶目标与改善民生相结合；坚持帮扶举措与培养党政干部相结合；坚持帮扶资源与贫困地区实际相结合，是全国工商联定点帮扶织金县取得显著成效的重要经验。

第三节　山海相连：携手广州花都区推进扶贫协作

东西部扶贫协作工作作为党中央、国务院为加快西部贫困地区扶贫开发进程、缩小东西部发展差距、促进共同富裕作出的重大战略，主要通过政府的行政动员和财政资金的横向转移，把东西部地区的劳动力、资本、技术等生产要素进行跨区域整合，促进相关生产要素有组织的流动和配置，从而带动贫困地区的经济发展。广州帮扶织金的实践证明，东部支援西部、先富带动后富，能够形成优势互补、互利共赢的良好局面。自 2016 年广州市花都区对口帮扶织金县以来，两地积极开展互访对接，认真落实帮扶项目，紧盯东西部扶贫协作“六大任务”，以实施产业发展、基础设施建设、劳务培训输出等帮扶项目为重点，推动经济大融合、发展大联动、成果大共享。

一、多层对接提供智力支持

一是联席推动，建立常规的协调机制。坚持党的领导是实现脱贫的根本保证，自 2016 年帮扶以来，花都、织金两地党委、政府始终高度重视扶贫协作工作。双方积极探索创新工作思路，通过实行“双组长”推动、强化党政交流、定期召开联席会议，总体推进扶贫协作工作开展。

织金县成立由县委书记和县长任“双组长”的“织金县对接广州市花都区对口帮扶工作领导小组”，并明确县委副书记任常务副组长，分管副县长任办公室主任，挂职县委常委、副县长任办公室副主任，具体负责对口帮扶工作的统筹调度、协调推进和组织实施等工作。领导小组研究制定了《织金县对接广州市花都区对口帮扶工作方案》，定期或不定期研究解决工作推进中的重要事项，确保扶贫协作工作有序推进。花都区成立了以区委书记任第一组长，区长任组长，分管副区长任常务副组长的“花都区对接毕节市织金县对口帮扶工作领导小组”，明确区政协副主席任办公室主任，负责对口帮扶工作的统筹调度、协调推进和组织实施。双方党政主要领导充分交流与沟通，各层级各领域深入对接，共同研究解决问题、推动工作落实。双方建立了《花都区·织金县东西部扶贫协作党政联席会议制度》，党委、政府主要负责同志通过召开联席会议，定期协商、研究部署东西部扶贫协作工作。通过“双组长”制和双方党政主要领导的充分交流与沟通，明确了对口扶贫协作工作目标和思路，为扶贫协作指明了方向。

二是引育并举，多方面实施人才交流。习近平总书记强调：“打好脱贫攻坚战，关键在人，在人的观念、能力、干劲。”[①] 广州在人才和科技方面拥有明显优势，这恰恰是织金县的突出短板。花都区采取结对支援、互派党政干部挂职锻炼、人才交流和精准培训等有效方式，着力为织金县培养经济社会发展的急需人才。首先，互派党政干部。花都区选派副处级干部作为援织工作队领队，挂任织金县委常委、县人民政府副县长，负责分管对口帮扶及扶贫协作工作；选派正科级干部到织金县挂职，负责东西部扶贫协作联络联系及业务指导等相关工作。花都区累计选派 17 名党政人才到织金县挂职，充实织金县干部队伍；织金县累计选派 54 名县直单位党政干部赴花都区教育局、人社局等相关部门挂职锻炼、跟班学习。通

① 习近平:《在打好精准脱贫攻坚战座谈会上的讲话》,《求是》2018 年第 9 期。

过互派党政干部，为织金县干部队伍提供脱贫攻坚智力支撑。

其次，选派人才交流。为加强深化东西部扶贫协作人才交流工作，两区县共同选派专业技术人才赴帮扶区县相关部门挂职锻炼。花都区24所学校、19家医疗机构分别与织金县249所学校、36家医疗机构签订结对帮扶协议，并开展培训、讲座、互派挂职干部等帮扶活动。2016年以来，花都区累计选派92名专业技术人才赴织金县开展帮扶；织金县累计选派141名专业技术人才赴花都区相关部门挂职锻炼、跟岗学习。

最后，开展精准培训。花都区根据织金县帮扶需求，按照“专业对口、学术为先”的原则，选派教育、医疗等行业专业技术人才赴织金县进行专题培训，累计举办了206期专题培训，教育、医疗等领域共计11604人次完成参训，为织金县培养了大量的本地专业技术人才。

二、内外结合实现以产富民

（一）企业带动实现农业生产市场化

织金县地处贫困山区，耕地资源少，可流转农地碎片化，农业产业规模总量较小，农业生产市场化程度低，在以往探索农业产业化发展过程中往往出现“重输入，轻培育”现象，造成农业产业投入“落地易，生根难”。花都区通过深入分析织金县地理条件和产业基础，通过发挥广州产业、技术、人才和资金等方面的优势，集合织金既有农业资源和劳动力等方面的优势，按照“市场所需、本地适宜”的要求，大力招商引资，发挥龙头企业带动作用，提升织金农业生产市场化、组织化。

花都区、织金县甄选实力雄厚、经营成熟、市场门路广的企业赴织金县投资带贫。花都区联引企业进驻织金后，织金县在基地建设、企业建设和品牌创建、金融等方面给予支持和补助。花都、织金两区县根据政府适当引导、企业自负盈亏产业发展理念，把市场的事情交给企业来办，推行“农校”“农超”“农企”等合作对接模式和“1+1+N”（即政府 + 经营主体 + 村集体、贫困户、失地农户等 N 个主体）运营模式，建立政府、企业、村集体、贫困户等各类主体积极参与的产业发展机制。部分经营主体由县级统筹解决征地费用和基地土地流转费用，完成基地有关基础设施配套，充分让利于经营主体，确保经营主体“留得下、稳得住、能带富”。

为提升扶贫效果，释放农业产业发展红利，花都区、织金县将密切企业与农户之间的利益联结作为发挥龙头企业带动作用的关键。企业在产业帮扶过程中，与合作社或贫困群众签订种养协议，实行“统一技术标准，统一生产布局，统一农资供应，统一操作规程”的管理模式，即企业统一提供种子、地膜、病虫害处理服务；统一进行技术培训、技术咨询、技术指导和技术示范；统一收购农产品。企业组织技术人员搞好产前、产中、产后服务，实现农产品规模化、标准化的订单式生产，保证贫困户农作物稳定产出，解决农民种不好、销不掉等后顾之忧。根据市场需求，企业将农户有机地组织起来，从而使农产品的生产、加工、销售形成了规模化经营、专业化生产、公司化运作，提高了农业生产的市场化、组织化程度的同时解决了当地农户就业和增收问题。

以花都区所引进的广州耀泓公司为例，耀泓公司在前期经营800多个“扶贫大棚”的基础上发展蔬菜订单农业，与织金县政府签订10万亩南瓜订单合作协议，覆盖30个乡镇（街道），采取“公司+合作社+农户”的模式发展订单农业，并在织金当地建成大型南瓜加工厂，将农户所种植的南瓜统一收购后进行南瓜深加工，为当地居民提供就业岗位和创业机会，推动织金县产业发展的同时拓宽居民的收入渠道，助力当地2800多名贫困人口脱贫致富。

（二）延长农业产业链，破解供需对接难题

过去由于自然环境、农业基础和交通等原因，织金农产品长期处于“养在深闺人未识”的状态。推动“织货出山”是提高织金贫困人口收入水平的直接手段，同时有利于为织金农业产业可持续发展增强市场动力。

首先，大力实施品牌创建战略。“绿色生态”是织金农产品显著优势，但过去织金农业规模小，农产品质量参差不齐，没有形成区域品牌。花都区依托织金县特色农产品，通过引进现代农业龙头企业，采用良种培育、规模种植、科学管护等先进技术，确保织金特色农产品优质充足。同时着力提高特色农产品深加工、检验检测、包装设计、物流配送、品牌营销等环节的现代化水平，鼓励产业链上下游企业集群集聚发展，将织金特色农产品品牌做强、做优、做大，提升市场知名度。

其次，完善产地物流仓储基础设施配套。过去织金农产品更多是自产自销，冷链设施不完善或因冷库使用成本过高造成冷库使用率低，使得农产品采摘后无法实现预冷、冷藏存储。织金山岭沟壑

较多，村庄分布分散，贫困村尤其是深度贫困村距离城市较远，农产品长距离面临运输成本高、损耗大问题。织金县仓储和冷链物流的不完善成为农产品供应销售链中的薄弱环节。织金县在花都区帮扶下，大力投入完善农商互联集配中心、冷链物流等基础设施配套，增强织金作为农产品产地保鲜仓储、分拣加工、包装运输的综合服务能力。鼓励企业就近新建产后预冷、贮藏保鲜、分级包装等冷链物流基础设施，开展分拣、包装等流通加工业务。

最后，多渠道连通市场。花都区充分发挥广州销售市场优势，在经营主体自身原有市场渠道的基础上，通过一头联结和完善织金农产品生产端，一头打通广州市场销售端，打造农业全产业链，破解织金农产品销售难题，帮助经营主体拓宽市场销路。利用“电子商务、订单销售、帮扶平台”等途径，通过线上线下结合以及与基地和厂家签订产品包销协议等方式，连接供需，助力织金农产品销售。第一，整合线下展销平台资源。依托织金县本土农贸企业和广州各类展销平台，如依托广州耀泓公司、织金县慷骅农资集团有限公司在广州江南果蔬市场建立的 7 个“织金优质农特产品销售中心”和销售档口、广州善待家公司设立的织金县农特产品推广中心，多方面多层次展示、体验，将织金的农产品介绍给广州百姓。第二，借力网络电商。采用多元新媒体线上销售方式拓宽织金农产品销售渠道，如构建“一站式”消费扶贫电商平台、“直播带货”推出扶贫专栏等。第三，发动部门单位参与消费扶贫。推动各级机关和国有企事业单位等，采取“以购代捐”“以买代帮”等多种方式带头参与消费扶贫。通过整合线上线下多渠道销售资源，搭建起农产品供销平台，与花都区对口帮扶城市建立稳定农产品供销关系，助推“织货出山”，累计完成将织金农特产品销往广州市场65738.69 吨，销售金额 33348.42 万元，累计带动贫困户 81053 人，有效帮助贫困群众实现增收脱贫。

三、纵深推进拓宽就业渠道

国际劳工组织在全球就业公约中提出：就业是人们赖以生存的重要手段，同时也是人们消除贫困、融入社会、获取个人尊严和给后代带来希望的主要方式。[①] 可见，就业对消除贫困具有重要作用。就业扶贫是实施精准扶贫战略的关键环节，旨在通过为贫困劳动力提供就业岗位和通过教育培训帮助贫困人口和贫困地区发展生产，提高劳动人口的就业数量和就业质量。东西部劳务协作是落实就业扶贫、加快西部农村地区劳动力转移的重要举措。织金县人口较多，是毕节市劳务输出大县。花都、织金始终将织金县人力资源开发、贫困家庭劳动力就业摆在帮扶协作的突出位置。

一是建立劳务协作对接机制。劳动力要素东西部移动的产生和发展，是市场经济情况下生产要素谋求更高收益的必然结果。织金县人社局与花都区人社局签订结对帮扶协议，双方建立劳务工作站，畅通劳务输出就业渠道，搭建企业与贫困劳动力用工平台。通过劳务工作站，织金县转移 1304 名贫困人口赴广东结对区就业。二是加大劳动岗位推送。两区县广泛收集东部地区适合织金贫困劳

① 国际劳工组织：《2009 年世界劳工报告：全球就业危机与后危机》，中国财政经济出版社 2011 年版。

动力就业的岗位，通过开展专场招聘会的形式建立起连接劳动力供需双方的桥梁。2016年以来，共开展招聘会8场，提供岗位4030个。除了推送贫困劳动力前往东部就业，花都、织金引进劳动力密集中小企业到贫困群众安置点和贫困乡镇建设“扶贫车间”，在广州（花都区）帮扶下建成扶贫车间21个，涉及11个乡镇（街道），通过鼓励有劳动能力的贫困户参与到扶贫车间生产，实现贫困劳动力家门口就业。扶贫车间目前已吸纳贫困人口就业630人。三是整合资源开展技能培训。人力资本低下是贫困劳动力难以摆脱贫困的重要因素之一，提高贫困劳动力就业技能有利于增强贫困劳动力的自身发展能力，实现贫困劳动力稳定性脱贫和持续性发展。两区县结合广州市场用工需求及织金贫困劳动力培训意愿，着力抓好“组织、培训、就业”三个环节，整合广州（花都区）资金和师资力量，组织开办“南粤家政”“粤菜师傅”等培训班，共组织开展46期培训，培训建档立卡贫困人口2449人。通过技术传授、培训、实操等方式，使务工农民逐步掌握生产技能，革新生产观念，确保实现“培训一人、就业一人、脱贫一户”的目标。

受地理、气候等方面影响，区域经济呈现出不同的发展水平，而我国的东西部扶贫协作是平衡区域发展，以先富地区多种方式帮扶后富地区，有利于动员全社会力量参与扶贫，在全国范围内实现扶贫资源的有效整合和合理配置，实现共享发展成果的伟大创造。广州花都区坚持精准识别、精准帮扶、精准考核的原则，将政府扶贫资源与社会、市场扶贫资源实现数量、类型、禀赋上的优势互补，进而达到精准帮扶织金县的目标。从花都区的帮扶举措上来看，体现了学者所提出的精准扶贫中的“整分合”范式，即在帮扶过程中推动政府组织、非政府组织、企事业团体等参与协同治贫，在整体推进中分批分类，在分项实施中形成合力，[①]充分发挥了东西部协作的综合效益。

第四节　辐射带动：持续发挥民营企业帮扶强劲动力

2015 年 11 月习近平总书记在中央扶贫开发工作会上指出：“要动员全社会力量广泛参与扶贫事业。”[②]民营企业作为参与脱贫攻坚的重要力量，在资金、技术、人才等方面具有独特优势。在从中央政府到织金政府的扶贫大框架下，民营企业参与扶贫的方式突破了以往简单的捐钱、捐物，通过提供就业岗位、增加农民务工收入、引进先进生产技术等，大力扶持贫困地区主导产业，直接参与到贫困地区的脱贫攻坚事业中，推动贫困地区农业产业化发展，实现履行扶贫社会责任和追求企业利益的有效融合。民营企业积极参与到扶贫开发中，是发挥市场经济主体作用和我国扶贫主体多元化的生动体现。

① 杨平璋、蒋永甫：《协同治理范式下精准扶贫的理念变革及路径转向》，《广西大学学报（哲学社会科学版）》2018 年第 1 期。

② 习近平：《在中央扶贫开发工作会议上的讲话》（2015 年 11 月 27 日），载《十八大以来重要文献选编》（下），中央文献出版社 2018 年版。

一、建立外部企业帮扶的长效机制

2015 年 11 月 28 日，习近平总书记在中央扶贫开发工作会上指出:“要动员全社会力量广泛参与扶贫事业。”外来民营企业通过一揽子综合措施，为强力推进织金县精准脱贫迈出了坚定步伐，树立了民营企业助推精准脱贫的“样本”。

一是产业帮扶，实现增收有门路。帮扶企业始终把发展产业作为助农增收的有效途径。首先，充分发挥贫困户土地资源、劳动力资源优势，依托织金县气候适宜的特点，大力发展蔬菜、经果林、食用菌、中药材、肉牛养殖产业。建造产业发展基础设施，如大棚、露天蔬菜种植基地、养殖场等；引进龙头企业，同时组建、扶持专业合作社组织生产，为专业合作社提供种苗、技能培训、收购加工等服务，着力打造农业特色产业链条，全方位促进农业产业发展带动贫困户增收。通过构建“企业 + 合作社 + 农户”“村集体 + 合作社 + 基地 + 农户”等分工协作的市场机制，引导农户参与生产、经营和管理，使农户参与市场化运行中，实现可持续性发展。其次，依托织金山水资源和良好生态环境，把旅游业作为织金脱贫攻坚重要抓手。帮扶企业积极探索“旅游 + 扶贫”帮扶模式，援建三甲农旅扶贫示范园，建成民俗文化广场、旅游接待中心、文创中心、采摘园、果蔬大棚等设施，丰富织金旅游业态。

二是搬迁帮扶，实现住房有保障。帮扶企业发挥各自领域的业务优势，对居住在深山区的贫困群体开展易地扶贫搬迁帮扶。结合新型城镇化和新农村建设，融合地方民族文化特色进行规划设计，援建织金平远人家等易地扶贫搬迁安置项目。为贫困户打造宜居社区的同时，探索分类摸底、分类讲习、分类就业、分类服务、分类治理“五个分类”工作机制，全力做好搬迁群众后续扶持工作，让群众搬得出、稳得住、能致富。

三是就业帮扶，实现务工有平台。为了实现帮扶效果的持续性，外来帮扶企业始终将稳岗就业作为脱贫攻坚重中之重。组织开展大规模的贫困劳动力技能培训，根据参训对象的意愿，集中分类开展专题培训，提高劳动者专业技能水平。组织召开人才招聘会，为培训对象提供就业平台和机会，积极推荐培训对象到关联企业就业。同时，帮扶企业与织金县共同建立“劳务公司 + 合作社 + 核心管理人员 + 贫困户”四级联动管理体系，推进“十大员”公益性岗位开发，确保建档立卡贫困户、易地扶贫搬迁户、边缘户劳动力家庭实现一户一人以上稳定就业。

外来帮扶企业坚持精准扶贫，因户施策、因人施策；坚持“输血”与“造血”并举；坚持既要“见效快”，更要“利长远”。在资金、人才、技术上倾力帮扶织金，累计投入帮扶资金 13.5 亿元，实施帮扶项目 98 个，覆盖贫困户 11155 户 42901 人。帮扶企业在加大对织金县帮扶力度的同时，充分发挥企业市场经营、高效管理的优势，按照习近平总书记提出的“五个一批”要求，“输血”与“造血”并举、打基础与利长远并重，远近结合，将短期、中期、长期发展兼顾，创新了企业帮扶的新模式。

外来帮扶企业通过产业链培育、基础设施建设、构建市场服务体系、劳动力技能培训，将企业帮扶与织金县经济社会发展紧密结合，不仅切实解决了织金贫困群众急需、紧缺的短期现实问题，同时巩固和提升了织金优势产业的市场竞争力，辐射带动了全产业发展壮大，为织金县稳定脱贫、实现长期、可持续发展提供强力支撑。外来社会企业帮扶织金，是企业履行社会责任的新路径，也是企业实现经济价值与社会价值、企业发展与国家发展相结合的有机统一，为民营企业参与扶贫开发贡献了丰富经验。

二、发挥本土龙头农业企业“带头人”作用

随着农村基础设施的完善、外部市场的渗透和互联网的普及，农村发展异质性和精细化的需要孕育了农民自主创业的机会。织金本土农业企业充分发挥熟悉本土农业生产生活优势，紧密联结农民合作社和农民，在织金县“荣誉村主任”“千凤还巢”等行动的推动下参与到织金脱贫攻坚。本土企业主作为农村经济发展的“能人”和“带头人”，在政府推动下参与扶贫开发，除了直接的经济价值驱动外，因其“生于斯长于斯”的故土情怀，还受情感驱动和责任驱动，具有“天生”的扶贫动机。本土农业龙头企业通过发挥其物质资本和社会资本的优势，紧密联结农民合作社和农户，挖掘贫困地区的土地和人力资源优势，将贫困地区资源优势转化为资本优势，实现扶贫工作与企业经营工作有机结合、经济目标与社会目标的协调和达成。

自全国工商联、国务院扶贫办、光彩基金会发起“万企帮万村”精准扶贫行动以来，民营企业在织金县整体扶贫战略框架下，充分发挥民营企业自身优势，通过产业扶贫、就业帮扶、资金及物

质捐赠等方式，积极参与织金县“百企帮百村”精准扶贫行动。涌现出慷骅集团、织金豪扬、圣铧实业、华旭东等一批本土帮扶企业，积极探索企业帮扶模式，在助力脱贫攻坚行动中取得了良好的效果。

以本土农业龙头企业慷骅集团参与织金扶贫为例。织金县慷骅农资集团有限公司于 2003 年 3 月 13 日成立，经营范围包括农产品和农产品精深加工，因在织金县精准扶贫期间，积极履行企业社会责任，通过为贫困人口提供就业岗位、技术指导和物资帮扶等措施，成为织金县本土企业帮扶模范。2020 年 11 月，获得全国工商联、国务院扶贫办授予全国“万企帮万村”精准扶贫行动先进民营企业称号。慷骅集团作为织金本土龙头企业，明晰织金农业产业定位、熟悉织金农业农村工作、与群众联系密切。慷骅集团充分发挥本土农业经营主体优势，运用现代企业经营、管理理念和手段，通过创新农业产业化经营方式参与到织金精准扶贫工作中。我国农业经营主体组织体系普遍有两种模式，即“垂直一体化农工商经营模式”和“企业 + 合作社 + 农户”模式。“垂直一体化农工商经营模式”指企业通过租种土地或者吸纳土地入股的方式，将农产品生产环节、加工、销售环节统一纳入企业经营范畴之内，形成完全垂直一体化的综合经营。该种模式虽能控制农产品质量，但企业经营成本较高，抵御农产品生产的自然风险能力较弱。“企业 + 合作社 + 农户”模式则指企业通过订单收购等方式，依托合作社实现对农产品生产的监督和控制，是目前被广泛采用的农业产业化模式。慷骅集团将上述两种模式相结合，通过投资建设特色农业种植基地，依托合作社利益联结建档立卡贫困户，采用入股分红、土地流转、就业带动等多种利益联结机制，将企业经营理念和管理方式贯穿在农产品产前、生产、加工、流通、销售各环节。通过采用“公司＋合作社＋农户＋基地扶贫”模式，使农业产业链整合成畅通、统一、协调的整体，从而获得协同效应和规模效应。目前，慷骅集团在织金县多个乡镇建成冷水红粘米、猴头菇、羊肚菌、优质稻、辣椒等特色农产品种植基地，累计带动农户996户4289人，其中建档立卡贫困户585户2652人，有效缓解了当地农户增收和就业困境，辐射和带动了织金县农业发展。

精准扶贫战略推动以来，多元化的市场主体在全国“万企帮万村”行动的推动下参与到织金脱贫事业当中。在织金县脱贫攻坚战场上，民营企业作为非公有制经济的主体，以引领和参与贫困地区农业生产经营的方式成为织金县脱贫攻坚实践中的一个亮点。在参与扶贫过程中，民营企业将资本与土地、农户的人力资源等结合起来，使与市场隔离的贫困户通过加入到企业的生产价值链中而与市场建立联系，并以契约为主的制度设计，使企业与农户之间形成紧密且稳定的利益合作关系，解决贫困户生计困难的同时降低了贫困户参与市场的风险。民营企业参与织金县脱贫攻坚过程中有力地补充了织金县反贫困所必需的人力和财力资源。同时，通过产业扶贫的方式，为织金县建立了完整的生产、加工、销售的农业产业链，使织金农业生产实现协同效应和规模效应，为织金县可持续脱贫提供了支持。

第九章　巨大成就：喀斯特地貌上的攻坚硕果

2015年11月，习近平总书记在中央扶贫开发工作会议上指出："小康不小康，关键看老乡，关键看贫困老乡能不能脱贫。"[①]在习近平总书记提出的一系列新思想新观点、作出的一系列新决策新部署指引下，织金县始终把打赢脱贫攻坚战作为"最大的政治责任、最大的民生工程"，紧紧围绕"两不愁三保障"目标任务，按照"六个精准""五个一批"要求，尽锐出战，精准施策、靶向发力，带领全县贫困人口全面脱贫、贫困村全部出列。织金县委、县政府携手全县人民奋力开创经济发展质量更高、人居环境更加美好、人民生活更加幸福、社会环境更加和谐的新发展格局，助力全面建成小康社会。

第一节　人民生活水平大幅提升

织金县地处集中连片贫困地区，1985年被列为国家级贫困县，

① 中共中央党史和文献研究院：《十八大以来重要文献选编》（下），中央文献出版社2018年版。

1994年被列为《国家八七扶贫攻坚计划》贫困县，1998年实现全县农村贫困人口基本解决温饱，2001年被列为新阶段国家扶贫开发重点县，义务教育、基本医疗和住房安全成为织金县脱贫致富的“拦路虎”。经过全县共同努力，织金县“两不愁三保障”突出问题得到有效解决，全县如期脱贫摘帽。

一、义务教育有保障

进入21世纪以来，揭示贫困在代际之间延续的贫困代际传播理论受到国内学术界和政府机构的重视。普遍认为，百年大计，教育为本。教育是解决贫困代际传递最有效的途径，发展乡村教育，让贫困群体接受公平、高质量的教育能够阻止贫困现象代际传递。为此，保障贫困家庭孩子接受九年义务教育，确保有学上、上得起，成为义务教育有保障的核心要义。织金县教育扶贫工作紧盯脱贫摘帽与巩固提升主线任务，协调推进学生资助、控辍保学、均衡发展三项重点工作，取得了显著成效。

2014年至2019年，通过招聘特岗教师、人才引进等方式增加教师2108名，完成“全面改薄”项目学校104所179个单体，落实教育、行政“双线”责任制和“七长”负责制，资助各级各类贫困学生47.76万人次，累计发放资金4.67亿元。全县小学入学率为99.78%，初中入学率为96.43%，三残儿童少年入学率为97.65%，九年义务教育巩固率为97.87%。有义务教育阶段辍学儿童的建档立卡户数量由2015年的99户降至2019年的0户，建档立卡户家中义务教育阶段辍学儿童数由2015年的99人降为2019年的0人，做到贫困家庭学生应助尽助，确保所有适龄儿童不失学、辍学。织金县在教育扶贫上，通过引入优秀教师、完善教学设施等措施，既是在扶教育之贫，更是通过“扶教育之贫”达到“依靠教育扶贫”的最终目的。

二、基本医疗有保障

“看病难、看病贵、看不起病”曾经一度成为中国社会焦点，因病致贫也曾经是横亘在贫困群体脱贫致富道路上的阻碍。为此，保障贫困人口基本医疗需求，确保贫困人口大病和慢性病得到有效救治和保障，是基本医疗保障的重点内容。织金县积极开展大病专项救治行动，全面落实建档立卡贫困人口住院免交押金的“先诊疗、后付费”“一站式”结算和出院结账“一单清”等便民惠民措施；取消大病医保起付线，实现建档立卡贫困人口动态参保、家庭医生签约服务和贫困人口“三重医疗保障”全覆盖。所有乡镇（街道）均建有卫生院，并配有 1 名以上执业（执业助理）医师，530 个需建设村（居）卫生室的行政村（社区）均已建设达标，有村卫生员 1106 名，实现每个村都有 1 名以上合格村医。

2015 年至 2019 年有 1 名以上家庭成员未享受基本医疗保险的建档立卡户数量和建档立卡人口中未享受基本医疗保险的人数均为 0，医疗保障工作成效显著。织金县通过提升医疗保障水平、提高医疗服务能力和强化公共卫生服务等举措，真正让贫困人口“看得上病、方便看病、看得好病、防得住病”，确保了贫困人口“健康有人管、患病有人治、治病能报销、大病有救助”。

三、住房安全有保障

织金县聚焦贫困人口基本居住条件，确保贫困人口住上安全住房。全县上下深入实施农村危房改造，全力推进建档立卡贫困户住房安全评定全覆盖和农村老旧房透风漏雨排查整治全覆盖，对建档立卡贫困户住房进行安全性评定。

2014 年以来，累计完成农村危房改造 25167 户，覆盖建档立卡贫困户 6355 户 21585 人，同步实施“三改”4262 户，老旧住房整治 7498 户，覆盖建档立卡贫困户 5365 户 21460 人。2015 年至 2019 年住房安全无保障的建档立卡户数量和住房安全无保障的建档立卡人口数量均为 0，住房保障工作成效卓越。

四、贫困人口全部脱贫

脱贫攻坚以来，织金全县贫困人口从 2014 年 28.63 万人减少到 2019 年 1.47 万人，贫困发生率从 27.15% 下降至 1.4%，2014 年至 2019 年，通过发展生产和扶持就业脱贫 48810 户 227841 人、易地扶贫搬迁脱贫 6440 户 31089 人、生态补偿脱贫 1537 户 7214 人、社会保障兜底脱贫 2860 户 5460 人，资助高中（中职）及以上学生 58395 人次，累计脱贫农村贫困人口 59647 户 271604 人，21 个乡镇实现省级减贫摘帽，出列贫困村 333 个，其中深度贫困村 120 个，剩余 5555 户 14783 人已于 2020 年全部脱贫。

2019 年东西部扶贫协作工作代表贵州省、毕节市接受国务院第三方考核评估，助力贵州省、毕节市获“好”的等次；2018、

2019 连续两年在贵州省扶贫开发领导小组对市、县两级党委和政府脱贫攻坚成效考核中综合评价获“好”的等次。2020 年 3 月，织金县退出贫困县序列，顺利实现脱贫摘帽；2020 年 6 月 30 日，全县剩余贫困人口已全部达到脱贫标准，2020 年 8 月顺利完成国家脱贫攻坚普查，书写了织金减贫史上的最好成绩。

五、收入水平稳步提升

织金县紧扣产业发展“八要素”，深入推进农村产业革命，不断提高农业产业的组织化、规模化、市场化水平，夯实群众增收基础。2015 年至 2019 年间，全县城镇居民人均可支配收入从 22343 元增长至 31451 元，2019 年比 2015 年增长 40.76%；全县农村居民人均可支配收入由 6883 元上涨为 10402 元，2019 年比 2015 年增长 51.13%。

借助脱贫攻坚战的快车道，全县贫困户的人均可支配收入增长速度更是高于当地和全国的城镇居民人均可支配收入和农村居民人均可支配收入。2015 年至 2019 年，全县脱贫户人均可支配收入分别为 2799 元、3065 元、3592 元、4963 元和 7747 元，2019 年比 2015 年增长 176.78%，涨幅远高于全县城镇居民人均可支配收入和农村居民人均可支配收入的涨幅。更为重要的是，全县贫富差距不断缩小。

2015 年至 2019 年，全县农村居民人均可支配收入与贫困户人均可支配收入差距由 4084 元缩小至 2655 元，农村地区贫困群体和非贫困群体之间的贫富差距得到有效改善。在2015年至2019年全县贫困户可支配收入中，工资性收入分别为1387元、1587元、1932元、3078元和5556元，分别占比49.55%、51.78%、53.79%、62.02%和71.72%，工资性收入成为贫困户主要收入来源。

表9-1　2015—2019年织金县人均可支配收入统计　　单位：元

	2015年	2016年	2017年	2018年	2019年	5年涨幅
城镇居民人均可支配收入	22343	24131	26735	28854	31451	40.76%
农村居民人均可支配收入	6883	7627	8458	9371	10402	51.13%
脱贫户人均可支配收入	2799	3065	3592	4963	7747	176.78%
其中：经营性净收入	876	925	1100	1133	946	7.99%
工资性收入	1387	1587	1932	3078	5556	300.58%
转移性收入	314	343	365	556	1171	272.93%
财产性收入	222	210	195	196	74	-66.67%

专栏9-1　小小皂角米造就织金县猫场镇大变化

在黔中腹地边缘，原本不起眼的织金县猫场镇，面积在短短20多年扩大了三倍，酒店、娱乐、餐饮等服务业也相继繁荣起来，被外界称为“小贵阳”。带动猫场镇迅速发展的，是当地的皂角米加工产业，数十年产业沉淀，让猫场镇成为全国最大的皂角米加工集散地。

近年来，织金县按照产业发展“八要素”，依托猫场镇皂角米加工产业，精准定位全县脱贫攻坚产业结构调整方向，在全县规划种植50万亩皂角树、建设“皂角城”，紧紧围绕着小小皂角米，做起了脱贫致富的大文章。

统计数据显示，猫场平均每年采购皂角籽2400余吨，加工成品1000余吨，每年销售总额达3亿元，利润达4000万元以上。每年原材料和成品销售价格都有波动，但人工工资浮动不大，每年全镇皂角米加工企业付出的人工费在6000万元左右，带动全镇6120户25000余名群众增收。

据织金皂角产业商会会长谢伟介绍，随着皂角精市场不断打开，猫场镇皂角加工厂从以前的几家增加到现在的78家，年加工皂角籽1310余吨，销售皂角精上千吨。2018年，皂角产值达3.93亿元，利润达4000万元以上，占全国市场份额的90%以上，猫场镇已成为西南地区最大的皂角精加工基地。

随着皂角种植和加工面积不断扩大，如今的猫场镇镇区也在逐渐扩大，兴起了很多酒店、餐饮等服务业。以前的猫场镇和贵州大部分乡镇无异，仅有一条主干道，后来猫场镇经济突飞猛进，新建了两条主干道，扩大镇区面积，镇区社会经济发展水平显著提升。

第二节　农村面貌发生明显变化

位于集中连片特困地区的织金县因其独特的喀斯特而陷入生态环境脆弱、水土资源匮乏、交通不便等严峻挑战，曾在“越穷越垦、越垦越荒、越荒越穷”的恶性循环中苦苦探索。脱贫攻坚以来，织金县委、县政府始终紧密围绕阻碍地区发展的现实难题，按照“缺啥补啥”的原则，坚持把完善基础设施、补齐发展短板作为改善贫困地区群众生产生活条件的重要途径，不断夯实脱贫攻坚根基。

一、基础设施逐步完善

基础设施是贫困地区脱贫奔小康的物质基础。织金县委、县政府始终紧密围绕阻碍地区发展的现实难题，按照“缺啥补啥”的原则，坚持把完善基础设施、补齐发展短板作为改善贫困地区群众生产生活条件的重要途径，不断夯实脱贫攻坚根基。

脱贫攻坚以来，织金县水、电、路、讯、房等基础设施全面改善，综合文化服务中心、文体广场、卫生室和宽带网络全面覆盖，基本公共服务能力显著增强。打通连接外界的大动脉，厦蓉高速、赤望高速、织普高速交汇于织金县；与此同时，全力畅通交通的“毛细血管”，组织完成农村“组组通”公路省下计划 1277 条 1379.8 公里，全县 333 个贫困村全部实现通硬化路，30 户以上村民组全部通硬化路。实施全县农网改造升级工程，新建低压线路 2584 公里，新建和改造台区 2079 台，农村通电率达 100%。建设 3G、4G 基站 4759 个、新增宽带端口 17.7 万个，实现行政村全覆盖，启动 2019 年度第五批电信普遍服务试点项目 304 个点。

深入开展建档立卡贫困户农村饮水安全大普查，全面摸清建档立卡贫困户使用小水窖供水的户数、保障范围、水源类别、使用频率、消毒设施是否配备、是否为“望天水”等重点信息，全面摸清建档立卡贫困户采取集中供水工程、分散供水工程、天然水源等方式保障饮水安全的情况。强化责任落实，各乡镇（街道）切实承担主体责任，围绕存在的问题短板，加快饮水安全存在问题的整改，党政“一把手”要亲自牵头研究部署、推动落实，坚决杜绝把整改落实停在纸上、挂在嘴上、浮在面上。实施“四在农家·美丽乡村”小康水工程 38 处、农村饮水安全巩固提升工程 19 处、脱贫攻坚农村饮水安全集中式供水工程 204 处、分散式小水窖供水工程 4606 口，覆盖 28 个乡镇（街道），解决 90452 户 349737 人饮水安全问题，其中贫困人口 33927 户 125156 人，实现了安全饮水全覆盖，农村地区基础设施明显改善。

二、人居环境日益向好

织金县委、县政府始终坚持把改善人民生活、增进人民福祉作为一切工作的出发点和落脚点。近年来，织金县扎实推进“五城同创”，成功创建国家级卫生乡镇 8 个、省级卫生乡镇 15 个、市级卫生乡镇 20 个，城镇化率达 47.6%。配置乡村卫生设施，发挥公益性岗位作用，扎实开展环境卫生专项整治，广泛开展农村环境综合治理宣传，倡导群众积极主动参与环境卫生整治工作，群众卫生意识逐渐提升，卫生习惯逐渐养成，农村环境卫生发生了深层次、全方位的改变，展现了村美、寨美、屋美、院美、人美的农村“五美”环境卫生新风貌。通过全县各族干部群众同心攻坚、苦干实干，义务教育基本均衡发展通过国家评估认定，医疗卫生、文化事业、社会保障、生态环境持续改善，乡村振兴有力推进，脱贫攻坚让群众的居住环境发生了根本性的变化，人民群众获得感、幸福感和安全感显著增强。

专栏 9-2　摇身变凤凰的织金县群建村

织金县大平乡群建村位于该乡东北角，离大平乡政府驻地 13 公里，距织金县政府驻地约 60 公里，平均海拔 1000 米左右，属织金县海拔最低处。村内三面环山，一面临水，全村辖 2 个村民组，108 户 565 人，其中苗族 409 人，是全县少有的典型贫困村之一。

多年来，群建村人被峰际连天的三面大山深深“锁住”：出山的是一条宽不过两尺、坡度均在 30 度以上的羊肠小道。辛苦种植的农作物难以出山销售，村里小孩外出上学难，上学路程远，很多小孩因为山路不好走放弃上学。群建村群众的贫穷在于一道之难，举步维艰之痛在于困羁于山。这一切被织金县委、县政府及大坪乡党委、政府看在眼里——修路势在必行！只有路通了，才能实现老百姓的“两不愁三保障”。经过县乡各级干部群众的共同努力，2017 年春节，通往群建村的公路全线贯通了。“路通了，政府接着为我们争取了连户路、院坝硬化及危房改造等项目，这真是锦上又添花，大家别提多感谢我们的党了。”群建村村主任赵志说。

脱贫攻坚以前，群建村除了一家“比较有办法”人家拥有一间“气派”的木屋外，几乎家家都是土墙茅草屋。经过改造，如今，家家都住上小洋楼。硬件设施好了，抛弃陋习，营造干净、整洁的卫生环境是最紧迫、最重要的。为此，乡党委分管领导、包村干部、驻村第一书记积极召开了群建村村民代表会、群众会及各种形式的座谈会，村组干部入户进家，张贴发放宣传材料，充分调动广大群众参与环境卫生整治和新农村建设；成立村环境卫生监督会，对各家各户屋前屋后，重点路段、“重点户”进行督促监督。通过开展“三学三争”评选活动，培养群众新农村建设的主体意识，主动参与环境卫生整治；在妇女中开展“十佳媳妇”评选活动，激发她们积极向上创造新生活。

通过一系列的措施，如今走进群建村，给人的第一感觉就是环境优美、村容整洁，看不到乱占乱建、乱堆乱放等现象。村美了，资源就活起来了。为了让群建村更美好，织金县把该村当作旅游重点村来打造，用旅游促脱贫、用旅游促增收。目前，该村已设置游客服务点 1 处，停车场 1 个，引进的开发商建设群建木质民宿乡村旅游产业，建成原生态木质民宿 15 栋，完成游客住宿中心、标准化旅游码头、钓鱼池、观光长廊等项目；现有农家乐 2 家，码头小吃烙锅店 20 余家；组建 2 支文艺宣传队；发展生态旅游开发专业合作社 1 家，带动当地 100 余人就业。据悉，该村村民人均从旅游中获得的年收入就达 6000 元以上。

交通封闭，人多地少，资源缺乏，曾经是“散穷乱”的国家级贫困村，通过党和政府锲而不舍扶贫扶持及干部群众的努力，村美起来了，村民腰包鼓起来了，实现由弱变强，由脏变美，人居环境大幅改善，一幅新时代乡村振兴图在这里徐徐展开。

三、精神风貌焕然一新

实践表明，贫困群体内生动力与发展能力不足已成为阻碍贫困群体摆脱贫困陷阱的重要因素，而贫困群体的贫困状况则反过来弱化其内生动力与发展能力，进一步固化其贫困状况或导致贫困代际传递。为此，脱贫攻坚需要外部力量的帮助与支持，但最为关键的在于增强贫困群体的内生发展动力。而贫困群体内生动力与发展能力增强的外在表现为精神风貌上的焕然一新。脱贫攻坚期间，织金县以多种举措提升贫困群众内生能力与发展能力，极大地提振和重塑了贫困群众的精神面貌。

依托新时代文明实践中心等平台，织金县第一时间把党的好声音、各项支农惠农政策传递给群众，进一步提高群众政策知晓率和满意度，唤起贫困群众的精气神，把群众的“懒病”治愈，拔出他们的“穷根”，进一步激发贫困群众自我发展的内生动力。要坚决克服“简单给钱给物”的扶贫做法，加强对群众的思想发动、感情沟通，通过发展产业、加强就业技能培训等方式，为贫困群众建立“造血”细胞，让脱贫可持续、致富有干劲。发挥榜样的力量，结合脱贫攻坚总结宣传活动，讲好织金减贫的精彩故事，充分挖掘群众身边的脱贫致富先进典型，让贫困群众学有榜样、追有目标，倡导勤劳光荣的价值导向和崇尚劳动的社会风尚，引导贫困群众摒弃“等靠要”思想，激发贫困群众“宁愿苦干、不愿苦熬”、靠勤劳双手脱贫致富的积极性。

此外，织金县还积极开展扶志扶智的活动，充分发挥新时代农民讲习所作用，把政策宣传到位，把技能培训到位，让群众感受党恩、明白政策、掌握技能，不断提升群众政策知晓率、认可度，切实激发贫困群众内生动力。认真倾听群众合理合法诉求，及时帮助群众解决实际困难，扎实做好“边缘户”思想工作。积极引导贫困群众向先进看齐，在全社会形成人人关心、人人支持、人人参与脱贫攻坚的良好局面。深入开展“法治扶贫”，敦促有赡养能力子女履行赡养义务，依法依规打击“两争两隐”和脱贫攻坚领域违法犯罪行为，为脱贫攻坚营造良好的社会环境。开展“法治扶贫”以来，行政拘留 51 人、训诫 42 人、教育 216 人，排查化解涉贫矛盾纠纷 150 件。

专栏 9-3 “党建 + 积分”超市激发群众内生动力

为巩固提升村（社区）党组织在农村经济社会发展中的领导核心地位，织金县龙场镇通过打造“党建 + 积分”超市，充分激发群众内生动力，为如期脱贫攻坚打下坚实基础。

“强”组织领导。镇组织办、村建站、扶贫办、财政分局等多部门协作，将“党建 + 积分”超市建设工作纳入对各村（社区）目标考核管理内容，各村（社区）成立以党支部书记为组长的“党建 + 积分”工作组，及时研究解决工作中遇到的困难和问题，全力推行“党建 + 积分”工作模式。具体做好积分细则，积分兑换管理办法的制定，做好积分申报、审核以及积分超市的管理工作。

"新"管理模式。设置每户农户基础积分为100分，实行正面清单加分、负面清单扣分，进行累计积分，每月评分比重由各村（社区）根据实际情况进行调整。每月以村（社区）为单位对积分情况进行公示。当积分达100分以上，可授予"积分之家"荣誉，并悬挂奖牌。同时，取得申报"优秀共产党员""最美家庭""道德模范""劳动模范""创业模范"等评先选优资格。超过100分部分，按照每分1元价值计算，可到本村（社区）的"积分超市"兑换同等价值的生活用品，兑换后扣除相应积分，未兑换或剩余积分可保留、可累计。

"建"考核机制。由镇组织办、村建站、农业服务中心等部门组建督查组，定期不定期对各村（社区）"党建＋积分"工作开展情况进行专项督查，对工作推进不力的单位和个人，从严追责问责；对每月获得前7名的村（社区）奖励500元创建基金，对每月获得后7名的村（社区）扣除500元创建基金。

"厚"资金保障。各村（社区）结合自身优势，从办公经费或村集体经济积累中拿出一定资金支持积分超市发展，镇财政每月每村（社区）匹配不低于500元的创建"党建＋积分"超市基金，整合县委组织部每个积分超市1000元匹配资金。同时，主动争取县直帮扶单位帮扶、社会资源支持等多种方式，全方位解决积分超市资金来源问题，确保积分超市持续发展。

第三节　基层治理能力不断增强

基层治理是国家治理的基石，是实现国家治理体系和治理能力现代化的基础性、必要性工程。在国家治理体系和治理能力现代化的关键指标中，乡镇（街道）为民服务能力、行政执行能力，以及党的基层组织建设是关键内容之一。在解决全县贫困人口“两不愁三保障”问题的同时，织金全县党政干部，尤其是乡镇（街道）为民服务能力、行政执行能力在实践中不断增强，党的基层组织建设日益完善。

一、密切基层干群关系

干群关系是指党政机关各级领导干部同人民群众之间的血肉关系，既是我国所有社会阶层关系中最重要的一对关系，也是考验党员干部是否密切联系群众、全心全意为人民服务的标准。织金县委、县政府始终把脱贫攻坚作为检验党员干部意志与能力、锤炼忠诚于党政治信仰的主战场，组织干部深入一线全面掌握农村现状，锤炼扶贫“真本领”。全县共组织万名扶贫干部与贫困群众结对子、认亲戚，结对帮扶干部舍小家顾大家，采取“5+2”“白 + 黑”的工作节奏，在脱贫攻坚一线推动政策第一时间落实、工作第一时间推进、误会第一时间消除，帮助解决了一批群众的操心事、烦心事、揪心事，有效解决了一批梗阻干群关系的历史遗留问题，化解了一批疏离干群关系的社会矛盾。在脱贫攻坚的壮阔历程中，基层扶贫干部以自己的青春、热血乃至生命，铸就了新时代“扶贫人”的精神丰碑，涌现出了无数感人至深、催人奋进的故事，紧密联系了与基层群众的关系。

二、夯实基层执政根基

民心所向是党执政的最大底气，也是党执政最深厚的根基。织金县委、县政府以脱贫攻坚为重要抓手，不断加固执政根基。

一是强化一心向党的意识。织金县委、县政府坚持以习近平新时代中国特色社会主义思想为根本遵循，认真学习贯彻党的十九大和十九届二中、三中、四中全会精神，坚决全面贯彻落实中央、省、市各项决策部署，将党中央一项项惠民政策落到实处，唤起群众携手做、同心干的团结氛围，群众在享受脱贫攻坚战带来的好处中增强了对党的信任和信心，党长期执政最可靠的基础不断夯实，国家长治久安的根基更加牢固。基层干部大走访、政策大宣讲、工作大落实，凝聚了党心民心，各类刑事、治安案件大大降低，当地群众安全感测评从 2014 年的 96.97% 提升到 2019 年的 99.06%，社会更加和谐稳定，党的执政基础更加坚不可摧。

二是强化基层战斗堡垒。织金县制定《关于开展新时代基层党建提质攻坚行动的实施方案》《关于加强党支部标准化建设的实施方案》等文件，整顿软弱涣散村级党组织 335 个，调整不胜任现职的村党组织书记 72 名、村委会主任 8 名，创建标准化、规范化达标党支部 396 个，先后有 14 个党组织、13 名党员干部、6 名党支部书记、9 名村“第一书记”分别获全省脱贫攻坚先进党组织、优秀共产党员、优秀党组织书记、优秀村“第一书记”表彰，全县村级集体经济积累达7089.54万元，所有村（社区）集体经济积累均达到3万元以上，基层党组织战斗力得到明显提升。

三、强化社会治理水平

在脱贫攻坚过程中，织金县通过抓党建促脱贫攻坚，构建“党组织＋自治＋法治＋德治”乡村治理体系，健全和完善社会治理工作机制，加快社会治理体系建设，努力为脱贫攻坚构建和谐稳定的社会环境。

一是聚焦党建引领。村村建立“新时代农民讲习所”，落实“村社合一”，推进党支部领办合作社，带领农民发展生产，建立村规民约“红九条”“黑九条”，村民事集体议，以村民组为单位进行网格化管理，做到每个网格都有干部、都有能人负责，实行“十户联防”，既抓治安抓调解，又抓生产发展和疫情防控等社会事务。

二是聚焦基层自治。开展争创“最美媳妇”“最美乡贤”等评选活动，累计获“中国好人”“贵州好人”等各级道德模范称号18人。利用村规民约、村民议事会等协同管理，加强村民管理自治。目前，全县578个村（社区）未发生涉及特殊重点人员重大案，未发生影响社会政治稳定的案（事）件，平安村（社区）创建率达100%。

三是聚焦以德治县。坚持把精神文明建设与农村人居环境整治、农村产业革命等工作有机结合，发动群众开展道德评议活动，引导群众参与乡村德治。

全县创建县级以上文明村（社区）311个，市级以上文明村

（社区）298 个，省级以上文明村（社区）13 个，国家级文明村（社区）2 个，占总行政村的 53.8%。

四是聚焦依法治县。强化法治宣传教育，打造国家级法治民主示范村 1 个、省级法治民主示范村 8 个，帮教法治宣传教育基地 2 个。建成全省第一家关爱医院，率先在全省开通“云上法庭”，成立第一家“阳光劳务合作社”，为全省“阳光工程”建设提供可复制、可借鉴的“织金样本”。织金县把脱贫攻坚作为完善社会治理的重要抓手，深入推进“法治织金”创建，基层组织不断加强，贫困治理能力明显提升，推动农村面貌发生深层次改变，群众安全感测评从 2014 年的 96.97% 提升到 2019 年的 99.06%，党的执政基础更加坚不可摧，为乡村振兴打下坚实基础。

第四节　地区发展水平显著提高

地区发展水平是一个综合性概念，涵盖了地区经济发展水平和社会发展水平。前者是指一个地区经济发展的规模、速度和所达到的水准，常用地区生产总值、规模以上工业增加值、社会消费水平等指标反映某个地区的经济发展水平。后者更倾向于反映一个地区在人口环境、卫生保健、教育科技、文化体育、社会治安等方面的发展状况。在脱贫攻坚期间，织金县以“大党建”为统领，奋力推进“大扶贫、大安全、大发展”战略，在“大扶贫”中当先锋，在“大安全”中做表率，在“大发展”中走前列，经济运行稳中有进、持续向前，社会发展取得新成效，为全面同步小康社会、推进乡村振兴事业奠定坚实基础。

在地区经济发展上，2015 年到 2019 年，全县地区生产总值分别为 154.41 亿元、172.02 亿元、195.16 亿元、205.16 亿元和 206.81 亿元，年均增速 7.63%，人均生产总值分别为 19663.00 元、21910.00 元、24243.50 元、25719.00 元和 25735.00 元，生产总值逐渐由高速发展转向高质量发展；全县规模以上工业增加值分别为 73.60 亿元、88.94 亿元、96.65 亿元、70.91 亿元和 36.14 亿元，工业经济发展水平稳步提升；全县社会消费品零售总额分别为 29.40 亿元、32.64 亿元、36.59 亿元、35.70 亿元和 37.52 亿元，年均增速 4.82%，消费市场活跃，个人消费能力不断提高；全县财政总收入分别为 23.14 亿元、19.63 亿元、23.99 亿元、33.83 亿元和 37.27 亿元，当地财政收入分别为 15.04 亿元、12.66 亿元、13.23 亿元、21.13 亿元和 25.68 亿元，财政收入能力稳中有进。

在地区社会发展上，全县城镇化率分别为 38.10%、40.35%、44.32%、45.91% 和 47.23%，城镇化水平不断提高；全县医疗卫生机构分别为 579 家、575 家、687 家、648 家和 705 家，医疗卫生机构逐年增长，医疗卫生事业稳步发展。2015 年到 2019 年，全县教育机构数量分别为 340 所、327 所、321 所、318 所和 313 所，教育机构专任教师由 2015 年的 8429 人增至 2018 年的 8872 人，教育资源不断优化，教育综合能力稳步提升。2016 年至 2019 年全县贫困村集体经济收入均值分别为 2.35 万元、4.54 万元、10.33 万元和 14.81 万元，4 年间增长 530.21%，贫困村集体经济发展能力大幅度增长。

通过经济和社会同步发展，可见织金县委、县政府坚持把脱贫攻坚作为推动高质量发展的重大机遇，一以贯之地以脱贫攻坚统揽经济社会发展全局，全力推进农业产业化、工业新型化、城镇特色化、旅游全域化，脱贫攻坚力度之大、规模之广、成效之显著前所未有，带动织金实现大踏步前进。2016 年织金县从非经济强县跻身全省经济强县第一方阵，2017 年全县经济发展综合测评在全省县域经济第一方阵排第 19 位，2018 年排名上升至第一方阵第 14 位，2019 年排名下滑至第一方阵第 16 位，虽有小幅下滑，但县域整体经济实力依然呈大幅提升态势。（如表 9–2）

表 9–2　2015—2019 年织金县主要经济发展指标

	2015 年	2016 年	2017 年	2018 年	2019 年
地区生产总值（亿元）	154.41	172.02	195.16	205.16	206.81
人均生产总值（元）	19663.00	21910.00	24243.50	25719.00	25735.00
规模以上工业增加值（亿元）	73.60	88.94	96.65	70.91	36.14
社会消费品零售总额（亿元）	29.04	32.64	36.59	35.70	37.52
全县财政总收入（亿元）	23.14	19.63	23.99	33.83	37.27
地方财政收入（亿元）	15.04	12.66	13.23	21.13	25.68
城镇化率（%）	38.10	40.35	44.32	45.91	47.23
卫生机构（家）	579	575	687	648	705
教育机构（所）	340	327	321	318	313
教育机构专任教师（人）	8429	8923	8915	8872	—
贫困村集体经济收入均值（万元）	—	2.35	4.54	10.33	14.81

第十章　从脱贫攻坚到实施乡村振兴战略

打赢脱贫攻坚战，是党的十八大以来作出的重要战略部署，是将中国特色扶贫开发推进至脱贫攻坚的决战阶段，是全面建成小康社会的基本要求；实施乡村振兴战略，是党的十九大作出的重大决策部署，是决胜全面建成小康社会、全面建设社会主义现代化国家的重大历史任务，是中国特色社会主义进入新时代做好“三农”工作的总抓手。从脱贫攻坚到乡村振兴，对激活“三农”发展活力，谱写发展理念新篇章，具有重要意义。对于刚刚脱贫奔小康的织金县而言，巩固和提升脱贫攻坚成果，推动脱贫攻坚与乡村振兴有效衔接，满足广大群众发展新需要，是织金县接下来需要谋划和致力的焦点、重点。

第一节　理论思考：脱贫攻坚与乡村振兴的区别和联系

脱贫攻坚与乡村振兴作为我国农村发展过程中的两大重要战略，从关系上来看，二者既有区别又有联系。就区别而言，脱贫攻坚主要解决的是人的温饱问题，是短期的阶段性目标；乡村振兴主要解决的是农民、农村和农业“三农”的发展问题，是长期的规划建设目标。就联系而言，二者又是相辅相成、互补互进的关系。一方面，脱贫攻坚是实施乡村振兴的先决条件，脱贫攻坚为乡村振兴奠定了良好的政治基础、经济基础和文化基础；另一方面，乡村振兴又为巩固脱贫攻坚成果提供了政策支持和前进方向。因此，从脱贫攻坚到乡村振兴，既是社会主义中国在不同历史阶段推动乡村发展的不同策略和方式，也是社会主义中国在推动乡村长远发展上一次伟大实践。

一、脱贫攻坚的精髓在于解决绝对贫困

2015 年 11 月，中共中央　国务院印发《关于打赢脱贫攻坚战的决定》，强调“消除贫困、改善民生、逐步实现共同富裕，是社会主义的本质要求，是中国共产党的重要使命”。同时，还明确指出，“到 2020 年，稳定实现现行标准下农村贫困人口不愁吃、不愁穿，义务教育、基本医疗和住房安全有保障（以下称‘两不愁三保障’）。贫困地区农民人均可支配收入比 2010 年翻一番以上，增长幅度高于全国平均水平，基本公共服务主要领域指标接近全国平均水平。确保我国现行标准下农村贫困人口实现脱贫，贫困县全部摘帽，解决区域性整体贫困”[①]。从《关于打赢脱贫攻坚战的决定》的指导原则和总体目标来看，脱贫攻坚的总体目标是为了从根本上消除绝对贫困，让贫困人口和贫困地区同全国一道进入全面小康

① 中共中央　国务院：《关于打赢脱贫攻坚战的决定》，2015 年 11 月 29 日。

社会。

在提出脱贫攻坚总目标和总体思路的同时，国务院于 2016 年印发了关于《“十三五”脱贫攻坚规划》。《“十三五”脱贫攻坚规划》提出“坚持精准扶贫、精准脱贫原则，通过全面落实主体责任、统筹推进改革创新、坚持绿色协调发展、坚持激发群众内生动力，全面打赢脱贫攻坚任务”[①]。在具体举措方面，提出通过产业发展脱贫、转移就业脱贫、易地搬迁脱贫、教育扶贫、健康扶贫、生态保护扶贫、兜底保障、社会扶贫等十大扶贫举措。并强调在解决贫困的过程中，要注重提升贫困地区区域发展能力，通过强化集中连片贫困地区水、电、路、网等基础设施建设和基本公共服务能力建设，强化贫困地区的区域发展能力。

在党中央、国务院出台的一系列战略部署和贵州省“113 攻坚战”工作思路指引下，织金县以“决战贫困、提速赶超、同步小康”为统领，遵照“党领导、政府主导、精准帮扶、群众参与”的基本原则，通过强化各级扶贫主体责任，严格实施精准管理，多方面汇聚扶贫资源，全力打造脱贫攻坚典型示范，促进发展要素向贫困区域聚集、产业布局向贫困村组延伸、扶贫措施向贫困人口集中等扶贫方略，积极推进织金县贫困人口精准脱贫。从《关于打赢脱贫攻坚战的决定》到《“十三五”脱贫攻坚规划》，不论是总体目标还是具体思路、措施，脱贫攻坚的精髓是消除绝对贫困，解决区域性整体贫困。

① 国务院:《“十三五”脱贫攻坚规划》，2016 年 11 月 23 日。

二、乡村振兴的精髓在于推动乡村长远发展

为有效解决人民日益增长的美好生活需要和不平衡不充分发展之间的矛盾，如期实现“两个一百年”奋斗目标和全体人民的共同富裕。中国共产党第十九次全国代表大会提出实施乡村振兴战略。乡村振兴战略强调，要按照“产业兴旺、生态宜居、乡风文明、治理有效、生活富裕”的总要求，通过“七条道路”统筹推动产业、人才、文化、生态、组织“五个振兴”。同时，中共中央、国务院还明确了实施乡村振兴战略的目标任务，即2020年全国各省、市、县要完成乡村振兴的制度框架和政策体系建设；2035年要基本实现农业农村现代化；2050年要实现农业强、农村美、农民富的全面乡村振兴。

从乡村角度来看，实现乡村振兴，需要乡村在保留自身独特性和自身特色乡村文化繁盛的同时，通过优化产业结构、释放生态潜力、打造独具特色的乡村文明和提高治理水平，来实现自我的振兴；另一方面，还需要在发展县域经济的过程中，统筹城乡经济发展的空间结构布局，打破传统城乡二元发展的空间格局，将城市的生产方式、生活方式引进乡村。织金县在探索乡村振兴的工作实践中，深刻认识到只有优化县域经济空间结构，打破城乡二元发展的空间格局，统筹城乡协调发展，才能真正实现“产业兴旺、生态宜居、乡风文明、治理有效、生活富裕”意义上的乡村振兴。为此，织金县提出通过优化县域经济空间结构布局，统筹城乡发展空间，构建城乡协调联动的融合发展，来重塑乡村振兴新格局；通过推进

城乡统筹发展，推进乡村现代经济体系建设，推进乡村组织振兴、文化振兴、人才振兴，最终实现织金县乡村的振兴。

从党的十九大提出乡村振兴战略，再到织金县乡村振兴的探索。我们发现乡村振兴战略是以习近平同志为核心的党中央着眼于党和国家事业全局，把握现代化建设规律和城乡关系变化特征，顺应亿万农民对美好生活的向往，对“三农”工作作出的重大决策部署。就目的而言，实施乡村振兴战略是为了完善和巩固现代化经济建设体系；是为了实现全面建成社会主义现代化强国梦；是为了推动乡村从单一发展模式迈进全面发展模式；是为了从根本上改变农业农村基础差、底子薄、发展滞后的状况。因此，实施乡村振兴战略是我国推动乡村长远发展的又一次重要实践。

三、从脱贫攻坚到乡村振兴，新时代中国乡村发展的特色之路

2018年，中共中央、国务院印发了《乡村振兴战略规划（2018—2022年）》，强调“实施乡村振兴战略是建设现代化经济体系的重要基础；是建设美丽中国的关键举措；是传承中华优秀文化的有效路径；是健全现代社会治理格局的固本之策；是实现全体人民共同富裕的必然选择”[①]。乡村振兴战略是以习近平同志为核心的党中央推动解决好“三农”问题的又一次重大决策部署。同时，《乡村振兴战略规划（2018—2022年）》特别指出“把打好精准脱贫

① 中共中央、国务院:《乡村振兴战略规划（2018—2022年）》，2018年9月26日。

攻坚战作为实施乡村振兴战略的优先任务，推动脱贫攻坚与乡村振兴有机结合相互促进”。2020年3月6日，习近平总书记在决战决胜脱贫攻坚座谈会上再次强调“脱贫摘帽不是终点，而是新生活、新奋斗的起点。脱贫摘帽后，让人民群众过上更加美好的生活，需要做好巩固拓展脱贫攻坚成果同乡村振兴有效衔接，不断促进人的全面发展和社会全面进步，让广大人民群众获得感、幸福感、安全感更加充实、更有保障、更可持续”①。从《乡村振兴战略规划（2018—2022年）》到习近平总书记在决战决胜脱贫攻坚座谈会的讲话，不难看出脱贫攻坚与乡村振兴之间有着较强的前后延续性。

脱贫攻坚与乡村振兴的延续性主要表现在两个方面。一方面，脱贫攻坚为乡村振兴战略的实施创造了良好条件。一是通过推动易地扶贫搬迁、危房改造和水、电、路、网等基础设施建设，逐步完善了乡村的基础设施配套建设，全面改善了乡村人居环境和农民的生产生活条件；二是通过企业、合作社、大户等产业带动，既实现了农户增收，又带动了村集体经济的发展，为村庄未来的发展奠定了坚实的物质基础；三是通过推动移风易俗、树立文明乡风，建设公共文化服务体系，使得乡村文化得到了很好地保护与开发，为乡村振兴的实施提供了文化基础；四是通过思想教育、典型引领和劳动技能培训等，使得农民的主体意识和能动性都得到了很好的提升，为下一步的乡村振兴提供了源源不断的动力基础；五是通过落实生态修复、生态补偿、生态产业等政策措施，为下一步乡村振兴

① 《习近平：在决战决胜脱贫攻坚座谈会上的讲话》，2020年3月6日，新华社（http://www.xinhuanet.com/politics/leaders/2020-03/06/c_1125674682.htm）。

奠定了坚实的生态环境基础。

另一方面，乡村振兴为进一步巩固和提升脱贫攻坚成果明确了政策方向、提供了政策支持和前进动力。乡村振兴旨在通过以城带乡、以工促农、城乡互促的融合发展机制，缩小城乡区域发展差距，缩小乡村内部区域发展差距，实现“农村美、农民富、农业强”的整体性发展目标。因此，乡村振兴战略是对脱贫攻坚成果的巩固与提升，是进一步推动乡村长远发展的重要举措，是党对“三农”工作一系列方针政策的继承和发展。从目标达成上来看，脱贫攻坚旨在缩小农民的内部发展差距，促使处在绝对贫困线下的农民摆脱生活贫困；乡村振兴旨在通过以城带乡、以工促农、城乡互促的融合发展机制，以及产业振兴、人才振兴、文化振兴、生态振兴、组织振兴的“五个振兴”策略，推动乡村实现产业兴旺、生态宜居、乡风文明、治理有效、生活富裕的发展目标。尽管脱贫攻坚和乡村振兴一个重视局部，一个重视整体，但二者都是为了实现“农民富、农村强”。从实施内容上来看，与精准扶贫相比，乡村振兴的政策受众面和政策覆盖面进一步扩展，从精准解决贫困问题，转向了全面解决乡村发展问题。

因此，从脱贫攻坚到乡村振兴，体现了中国共产党带领中国人民探索治理贫困，推动乡村全面发展的整体过程。这一探索过程，既是新时代中国乡村发展的特色之路，同时也是建设社会主义新乡村的必然选择，是中国特色社会主义建设的历史必然阶段。

第二节 承前启后：统筹衔接脱贫攻坚与乡村振兴

一、探索建立巩固脱贫成果“四种机制”

习近平总书记在决战决胜脱贫攻坚座谈会上强调，“着眼脱贫攻坚事业全局，在科学分析、准确把握当前脱贫攻坚工作形势的基础上，建立有效防止脱贫后返贫和巩固脱贫攻坚成果重要机制，是确保实现长期稳定脱贫的重要保障”①。为巩固脱贫攻坚成果，织金县从四个方面出发，探索建立长效稳固的脱贫成果巩固机制。

（一）进一步健全防控返贫风险机制

2018 年 1 月 2 日，由中共中央、国务院印发的《中共中央 国务院关于实施乡村振兴战略的意见》明确提出，“乡村振兴，摆脱贫困是前提，当绝对贫困人口基本脱贫之后，相对贫困问题仍然存在，很多老弱病残的弱势群体依然面临着返贫的巨大风险”②。因此，能够有效建立健全防止返贫机制对于脱贫攻坚而言，就显得尤为重要。为此，织金县从三个方面探索建立了防控返贫机制，为各地建立防控返贫机制提供了参考范本。

一是建立健全返贫风险预警机制。实现脱贫，防止脱贫户返贫，是稳定脱贫成果的重要保障。建立健全返贫风险预警机制，一方面能够确保脱贫的长效稳定；另一方面可以在有效的时间内解决

---

①《习近平：在决战决胜脱贫攻坚座谈会上的讲话》，2020 年 3 月 6 日，新华社（http://www.xinhuanet.com/politics/leaders/2020-03/06/c_1125674682.htm）。

②《中共中央 国务院关于实施乡村振兴战略的意见》，2018 年 2 月 4 日，新华社（http://www.gov.cn/zhengce/2018-02/04/content_5263807.htm）。

困难群众陷入二次贫困，巩固脱贫成果。在建立健全风险预警机制方面，织金县一是根据自身脱贫短板和薄弱环节，开展动态监测管理。对已经消除致贫返贫风险的，进行持续跟踪监测；对还没有消除致贫返贫风险的，采取一对一的帮扶措施进行解决，确保消除致贫返贫风险。二是按照返贫可能性大小，建立分级预警机制。通过对脱贫不稳定户、边缘易致贫户，以及因疫情或其他原因导致的收入骤减、支出骤增户，加强抗风险能力分级监测、分级预警和分类管理，有效阻止和降低脱贫户的返贫风险。

二是实行常态化“回头看、回头帮”工作制度。“回头看、回头帮”工作制度是织金县在防控返贫方面的一项创新性制度。织金县把“回头看、回头帮”作为稳定脱贫的推手，通过建立常态化动态跟踪管理机制，发挥驻村干部、帮扶干部、村干部作用，对脱贫群众实际情况进行动态管理，及时排查和化解返贫风险。对有劳动能力的贫困户，开展以“扶”为主的措施，通过加强劳动技能培训、转移就业等带动脱贫增收；对劳动能力较弱的贫困户，开展以“帮”为主的举措，通过扶持发展扶贫车间、开发公益性岗位等手段，促进贫困人口就近就地就业，提升贫困家庭基本收入；对无劳动能力的特殊贫困户，通过兜底保障，落实低保、医疗、养老保险和特困人员救助供养等综合性社会保障措施，做到应保尽保。

三是强化平台建设及挂牌督战管理。织金县聚焦贫困人口、教育保障、医疗保障、住房保障、饮水安全、易地搬迁、产业扶贫、道路建设、就业情况、民政兜底保障、问题整改 11 个方面，推进督战平台建设，利用大数据手段统计分析脱贫攻坚工作。同时，加强挂牌预警管理，定期调度督战，悬挂“蓝、黄、红”牌，下发评定挂牌结果通报，通过严格管理来倒逼责任落实。

（二）建立健全促进农民持续增收机制

持续增加贫困户收入，是巩固脱贫成果的重要组成部分。2020年3月11日，中共中央、国务院《关于抓好“三农”领域重点工作确保如期实现全面小康的意见》中，提出要“保障重要农产品有效供给和促进农民持续增收”。为进一步稳定增加农民收入，织金县通过进一步实施农业“十百千万”工程，持续推进农村产业革命，提档升级皂角产业，引导发展生态产业，科学发展旅游产业，推动农村产业向绿色化、规模化，品牌化发展等，多角度、多方位增加农民收入。

一是持续推进农村产业革命。织金县坚持把发展产业作为稳住脱贫后续动力的根本之策，紧盯“村有主导产业、户有增收门路、人有增收技能”目标。按照已制定的种植业“5311”①、养殖业“3311”②发展思路，布局乡村产业。同时，抓住织金皂角产业列入全省12大特色产业重点支持发展机遇，用活“中国竹荪之乡”“全国最大皂角米集散地”等名片优势，做大做强特色优势产业，提高农产品“三化”水平，大力发展农产品精深加工，促进产业融合发展。此外，通过产销对接、利益联结，助推传统农业向现代农业转变，辐射带动更多贫困群众稳定增收。织金县持续推进农村产业革

① “5311”即发展50万亩皂角、30万亩南瓜蔬菜、10万亩药用银杏、10万亩竹荪及菌材。

② “3311”即发展30万头肉牛、30万只羊，100万头猪、1000万羽家禽。

命的众多举措，为贫困持续增收奠定了坚持基础。

二是持续推进创业就业稳增收。织金县通过落实“八个一批”措施，加大“十大员”岗位开发力度，强化兜底保障，稳住现有就业，增加新的就业，助推贫困户增收。首先，通过开展就业指导、就业培训、产业吸纳、创业带动等，提升已脱贫户、易地扶贫搬迁户、监测户和边缘户劳动力就业创业能力，促进贫困劳动力广泛就业，确保群众持续稳定增收。其次，通过建立和完善县、乡、村三级就业帮扶工作机制和劳动力资源数据库，按照人岗匹配原则，引导已脱贫劳动力到扶贫车间、扶贫基地、重大项目、重点企业就业，确保有劳动力的贫困家庭、脱贫不稳定家庭、易地扶贫搬迁家庭、边缘户家庭实现“一户一人”以上稳定就业。

三是持续推进党支部领办集体合作社，以集体发展助推农户发展增收。织金县按照章程统一审核、资源统一评估、项目统一论证、收益统一规范、财务统一管理、社务统一公开、文档统一保管的“七统一”要求，抓住“支部”核心、“集体”属性、“合作”基础、“产业”关键、“利益”引擎，推动合作社实体化运营，增强集体经济发展实力，带动村民持续增收。

（三）建立健全长效稳固的帮扶机制

在打赢脱贫攻坚战行动中，织金县紧紧围绕“两不愁三保障”目标，千方百计促进农民增收，想方设法筑牢三个保障，为织金县打赢脱贫攻坚奠定了坚实基础。在“摘帽不是终点，而是新生活起点”的号召下，织金县通过强化领导协调机制、夯实长效帮扶体系，建立健全长效稳固的帮扶制度，来实现以帮扶巩固脱贫成果，以帮扶带动村民长远发展的目标任务。

一是进一步强化“一把手”负责的领导协调机制。中央出台的脱贫攻坚责任制实施办法，强化“中央统筹、省负总责、市县抓落实”的扶贫管理体制，构建起的责任清晰、各负其责、合力攻坚的责任体系，形成五级书记一起抓扶贫的工作格局，为织金县脱贫攻坚的顺利完成提供了强有力的领导力量和组织保证。高效指挥体系是稳固长效脱贫的重要保证。在巩固脱贫成果期间，织金县进一步强化“一把手”负责的领导协调机制，健全党委全面统一领导、党委农村工作部门统筹协调、农业生产城乡建设等职能部门具体推进落实的农村帮扶工作机制，为长效脱贫保驾护航。

二是进一步夯实长效的帮扶体系。自脱贫攻坚以来，织金县各部门、各乡镇领导班子，全面展开包乡、包村、包户扶贫。根据困难群众的自身条件和致贫原因，有针对性地制定实施长效帮扶措施，确保户户有生活保障、人人有致富门路。稳定脱贫攻坚成果，就要持续巩固提升扶贫队伍的“雁阵效应”。为进一步夯实帮扶体系，织金县着重从乡村能人、复退军人、退休干部、返乡大中专毕业生、创业青年等群体中，选配政治坚定、能力突出、公道正派、群众认可的同志担任村“两委”干部，给农村留下一支“永远不走的工作队”。通过培养一批“爱农业、懂技术、善经营”的新型职业农民，强化乡村新型人才队伍建设。

三是培养一批“爱农业、懂技术、善经营”的新型职业农民。乡村脱贫离不开人才，乡村振兴更离不开人才。“培养更多知农爱农、扎根乡村的人才推动，更多科技成果应用到田间地头；畅通各类人才下乡渠道、支持大学生、退役军人、企业家等到农村干事创业”，是帮助农村、农业发展的重要手段。在具体工作中，织金县以 12 个农业特色优势产业为重点，积极挖掘“土专家”“田秀才”，加强对农村实用人才的跟踪管理和服务，通过技能培训不断提高劳动技能，将农村实用人才培训成热爱农村、服务农村和繁荣农村经济的新型农民，实现农民从“身份”到“职业”的转变。人才的培养一方面解决了乡村发展需要人才，乡村发展离不开人才的问题，为乡村的长远发展提供了稳定不竭的动力；另一方面为形成后期稳固长效的帮扶提供了重要的人才保障和智力保障。

（四）建立健全易地搬迁后续保障机制

易地扶贫搬迁是一项复杂的系统工程和社会工程，政策性强，难度大，既要精心组织做好安置住房、配套水电路气网等基础设施和教育、卫生、文化等公共服务设施建设，也要依据不同安置方式，扎实推进产业培育、就业培训等后续发展工作。不仅需要各地因地制宜、精准施策，更需要激发广大搬迁群众的内生动力，提升他们的发展能力。可以说，通过易地扶贫搬迁来改善贫困人口的生产生活条件，让他们共享发展成果，增进贫困地区的民生福祉，是攻克深度贫困地区贫困陷阱的重要途径。高质量有序推进安置点各项后续管理服务，是稳定脱贫成果的重点。在易地搬迁后续服务机制建设上，织金县从三个方面进一步完善了易地搬迁后续帮扶机制。

一是持续完善后续帮扶“五个体系”。“五个体系”是织金县在探索易地搬迁工作过程中形成的解决“搬后怎么办”的总体工作思路。这五个体系指的是政治、法治、自治、德治、智治“五治”基层综合治理体系。通过政治强引领、法治强保障、自治强基础、德治强教化、智治强支撑，打造共建、共治、共享的社会治理新格局。“五个体系”创造了易地搬迁基层治理的新模式，筑牢了社区治理根基，拉近了干群间心与心的距离。在进一步强化易地搬迁后续帮扶过程中，织金县通过进一步强化“五个体系”工作模式，来实现搬迁社区的管理创新。在具体做法上，织金县一方面通过加快安置点配套学校、卫生服务中心等配套设施建设，实现基本公共服务全覆盖。另一方面围绕推动搬迁群众生计方式非农化转变，在全员培训、稳定就业上持续用力，确保“一户一人”以上稳定就业。同时，聚焦感恩教育、文明创建、公共文化、民族传承“四进社区”，丰富社区文化活动内容，孕育社会好风尚，焕发文明新气象。聚焦机构设置科学化、社区管理网格化、居民自治规范化、治安防控立体化建设，实现党领导下的政府治理和社会调节、居民自治良性互动。

二是继续深化“七彩标记法”。“七彩标记法”，是织金县为方便搬迁群众生活，提供解决生活难题的快速咨询渠道，提高社区公共服务上的一种创新做法。“七彩标记法”通过在楼栋单元门口信息公开栏，用七种不同的颜色将党员、留守儿童、空巢老人、残疾人、低保户等进行分类标记，明晰搬迁群众家庭人员信息，将楼栋长、楼栋负责人、社区干部、联系领导的照片、联系电话等公示于信息栏，提供全天候的服务。在工作开展过程中，织金县不断深化“七彩标记法”工作做法，在安置点各楼栋单元口处制作小区公告栏上墙，内容涵盖公告、通知、信息、监督、就业招聘广告等栏目，进一步扩大服务覆盖面，实现从生活类服务向全方位服务的转变。

三是持续推广“五分类工作法”。织金县创新探索出分类摸底、分类讲习、分类就业、分类服务、分类治理“五分类工作法”。“五分类工作法”使得织金县搬迁社区的公共服务、社区治理、发展帮扶得到了显著提升。“五分类工作法”坚持党政主导、群众自愿，积极稳妥、应搬尽搬的原则，创新易地扶贫搬迁集中安置区后续管理体制机制，从解决好“怎么搬”向“搬后怎么办”转变、从“搬得出”向“稳得住、能发展、可致富”转变，让搬迁群众生产生活得到明显改善，社会保障全面加强，收入水平明显提升，实现了搬迁群众“稳得住、能发展、可致富”的目标。

二、探索建立脱贫攻坚与乡村振兴有机衔接

2018 年 7 月 19 日，习近平总书记对毕节试验区工作作出重要指示，强调要着眼长远、提前谋划，做好同 2020 年后乡村振兴战略的衔接，着力推动绿色发展、人力资源开发、体制机制创新，努力把毕节试验区建设成为贯彻新发展理念的示范区。① 习近平总书记的重要指示，为织金县统筹衔接脱贫攻坚与乡村振兴指明了前进方向，提供了根本遵循，注入了强大动力。为有效落实习近平总书记的重要指示精神，织金县按照产业兴旺、生态宜居、乡风文明、治理有

① 《习近平总书记对毕节试验区工作作出重要指示》，2018 年 7 月 19 日，新华社（http://www.xinhuanet.com/politics/leaders/2018-07/19/c_1123150609.htm?agt=72）。

效、生活富裕的总要求，有序推进脱贫攻坚与乡村振兴有效衔接。

（一）产业经济发展有机衔接

习近平总书记在十九届中央政治局第八次集体学习时指出：“产业兴旺，是解决农村一切问题的前提，从‘生产发展’到‘产业兴旺’，反映了农业农村经济适应市场需求变化、加快优化升级、促进产业融合的新要求。”[①] 习近平总书记关于产业兴旺是乡村发展物质基础的重要论述，为织金县持续推动农村产业革命，壮大乡村产业提供了重要的理论依据。在探索乡村振兴过程中，织金县以脱贫攻坚主导产业为基础，把推进产业结构优化升级作为加快经济发展和乡村振兴的重要抓手，通过构建现代农业产业体系、生产体系、经营体系，进一步推动产业农村产业结构优化升级。

一是优化产业结构，夯实现代农业生产体系。农业生产体系是产业兴旺的动力支撑。脱贫攻坚时期，织金县通过资金撬动、技术推动、政策拉动的方式形成了以皂角、南瓜、竹荪为主导的农业产业格局。在探索乡村振兴过程中，织金县以脱贫攻坚主导产业为基础，把推进产业结构优化升级作为夯实现代农业生产体系，加快经济发展和乡村振兴的重要抓手。首先，通过强化农业产业结构区域化、规模化、标准化、产业化、组织化、市场化、特色化、高效化发展，着力建成一批标准化、规模化生产基地、加工基地和仓储物流基地，延长产业链和价值链，提高附加值，提高市场占有率和品牌影响力。其次，以实施种植业“5211”和生态畜牧业“3311”规

① 《脱贫攻坚要以产业扶贫为抓手》，《光明日报》2019 年 9 月 3 日第 2 版。

划为带动，促进农业结构不断优化升级。最后，按照连点成线、连线成片、连片成块、优势产品向优势产区集中的发展思路，推进产业集群建设。

二是巩固和完善现代农业经营体系。农业经营体系是产业兴旺的关键环节。织金县在坚持家庭联产经营的基础上，以合作与联合为纽带，构建家庭经营、集体经营、合作经营、企业经营等共同发展新型农业经营体系，以此提高农业经营的集约化、专业化、组织化水平。在巩固和完善现代农业经营体系方面，织金县一方面通过巩固和完善农村基本土地制度，强化农业经营基础。织金县通过落实农村土地承包关系稳定和长久不变，积极推进土地承包经营权确权登记，确保经营权的长期稳定。另一方面，通过实施新型农业经营主体培育工程，培育发展家庭农场、合作社、龙头企业、社会化服务组织，强化农业生产体系在企业经营管理能力和现代农业技术应用的水平，推进织金县农业生产经营规模化、专业化、标准化。

织金县通过构建现代农业产业体系、生产体系、经营体系，进一步推动产业农村产业结构优化升级，加快构建现代农业产业体系、生产体系、经营体系，推动农村一二三产业融合发展，从而为实现脱贫攻坚与乡村振兴在产业发展上的有机衔接打下坚实基础。

（二）生态环境保护有机衔接

在探索脱贫攻坚与乡村振兴生态衔接过程中，织金县坚持绿色发展理念，把生态建设放在乡村振兴发展的突出地位，树立“绿水青山就是金山银山”理念，坚持尊重自然、顺应自然、保护自然，结合推进大生态战略行动，以绿色为底色，着力打造设施便捷完善、村容村貌整洁、山绿水清景美、人与自然和谐共生的生态宜居乡村。从而推动脱贫攻坚与乡村振兴在生态环境保护上的有机衔接。

在脱贫攻坚与乡村振兴在生态环境保护有机衔接方面，织金县的具体做法包括：

一是加快构建农村现代能源体系。在乡村振兴过程中，织金县通过进一步加快新一轮农村电网升级改造，推动农村用电公共服务均等化，解决农村电网可靠性低、电压稳定性差等问题，推进全县农村实现稳定可靠的供电服务全覆盖。通过大力推进农村“煤改电、煤改气”步伐，加快管道天然气建设，推进支线管网和储备设施建设向农村延伸。通过推进农村可再生能源综合利用示范工程，开发利用养殖场废弃物、太阳能、风能等可再生能源，推广普及经济实用技术，促进农村炊事、取暖和洗浴用能高效化、清洁化。

二是进一步推进农村人居环境整治。在推进农村人居环境整治方面，织金县一方面将进一步实施农村垃圾治理行动，通过建立健全符合农村实际、方式多样的生活垃圾收运处置体系，加快推进农村生活垃圾治理和分类，构建农村生活垃圾“户分类—村收集—镇转运—县处理”的治理模式。另一方面通过实施农村污水治理行动，进一步提升农村生态环境治理。织金县将根据农村不同区位条件、村庄人口聚集程度、污水产生规模，总结推广适用于不同地区的农村生活污水治理模式，梯次推进农村生活污水治理。最后，通过实施村容村貌提升和厕所革命行动，全面提升村庄宜居环境。织金县明确将通过深入实施农村改水、改路、改电、改房、改厨、改厕、改圈，村庄增绿、生活污水治理和垃圾治理，抓好农村危房改造，引导农房规划建设，整治公共空间和庭院环境，消除私搭乱建、乱堆乱放等，打造富有地域特色、承载田园乡愁、体现现代文明的美丽乡村。

三是进一步推进农业绿色发展。在推进农业绿色发展方面，织金县一方面通过强化农业资源保护与节约利用，实施农业节水行动，建设节水型乡村，严格控制未利用地开垦，加强动植物种质资源保护利用，实现资源保护与节约利用。另一方面通过转变农业发展方式，加快农业循环经济发展。最后是强化农业环境治理。通过加大力度实施农业环境突出问题治理工程，集中治理农业环境突出问题，遏制农业生态环境恶化趋势。

（三）乡村文明建设有机衔接

织金县不断革新工作思路、创新工作方法，坚持从多点出发，引导贫困群众将争取上级扶持与自力更生、艰苦奋斗相结合，走出了一条有效激发群众脱贫致富内生动力的新路子，在扶贫扶智方面取得了很好的效果。在乡村振兴规划中，织金县坚持物质文明和精神文明一起抓，以社会主义核心价值观为引领，将现代文化中新的思想理念、道德标准、行为准则与织金丰富多彩的民族文化相结合，加快形成道德文化进步、现代文化活跃、民族文化兴盛、乡土文化延承、生态文化繁荣的乡村文明新风尚。

一是继续深入开展乡村文明行动。乡村振兴期间，织金县继续坚持教育引导、实践养成、制度保障三管齐下，加强爱国主义、集体主义和习近平新时代中国特色社会主义思想教育，弘扬新时代织金精神。通过在农民群众中实施时代新人培育工程，推出一批新时代农民先进模范人物，激励民志。通过推进农村精神文明建设，提高农民思想觉悟、道德水准和文明素养，提高农村社会的文明程度，激励民心。

二是进一步巩固农村思想文化阵地建设。织金县深刻意识到加强基层党组织的思想引领作用，推动农村基层党组织、基层单位、农村社区有针对性地加强农村群众性思想政治工作，是新时期强化农村文化阵地建设的关键。为此，织金县通过加强农村党员干部党性修养教育，深化文明村镇、星级文明示范户、文明家庭等群众性精神文明创建活动，开展“文明家庭”、五好家庭、“最美家庭”等评比创建活动等，强化农村文化阵地建设。

三是进一步弘扬新时代社会主义乡风文明。乡村振兴期间，织金县将积极挖掘优秀传统农耕文化蕴含的思想观念、人文精神、道德规范；挖掘乡村特色文化符号，因地制宜建设一批民俗生态博物馆、乡村博物馆、历史文化展室、民俗旅游特色村等，来传承和发展乡村优秀文化。

四是进一步推动乡村公共文化建设。乡村振兴期间，织金县将继续推动城乡公共文化服务体系融合发展，增加优秀乡村文化产品和服务供给，活跃繁荣农村文化市场，为广大农民提供高质量的精神营养。

（四）乡村治理体系有机衔接

在实现乡村振兴与乡村有效治理的过程中，乡村治理组织体系是基础、村集体资产是保障、集体合作社是动力、工作队伍是关键。在打赢脱贫攻坚的基础上，织金县通过“四个留下”，即留下一支永远不走的工作队，留下一批活力强劲的合作社，留下一份殷实厚重的村集体资产，留下一套高效管用的乡村治理体系，为实现乡村振兴的有效治理做好功课。

一是为进一步提高基层的治理能力，织金县积极探索落实“留下一支永远不走的工作队”，为下一步乡村振兴提供人才保障。在探索落实“留下一支永远不走的工作队”的过程中，织金县一方面突出政治标准“选”好干部，做到干部选择有标准。在“选”好干部的过程中，织金县通过加强党组织书记队伍建设；加强村“两委”班子成员队伍的建设；加强村级后备干部队伍建设，保证选出来的干部是一批有作为、有担当、有能力的乡村治理人才。另一方面突出能力提升“育”好村干部。在育好村干部方面，织金县通过开展“不忘初心、牢记使命”教育，引导各级党员干部牢固树立“四个意识”、增强“四个自信”、做到“两个维护”。然后是突出规范化建设，“管”好村干部。干部管理不仅关乎乡村治理的成效，还直接关系到乡村治理的成败。在如何管理好村干部上，织金县一是突出职业化管理；二是突出差别化考核；三是强调动态调整，抓好村干部的管理。

二是留下一批活力强劲的合作社。家庭联产承包责任制在历史实践中激发农民家庭生产积极性的同时，也弱化了基层组织与家庭之间的经济联系，降低了农民的组织化程度，弱化了义务观念和集体意识。集体经济的壮大不但事关村级治理单元在“脱贫攻坚”战略阶段的工作成效，更与乡村振兴战略的实施相互依存。在新型农业发展思路指引下，织金县通过党支部领办合作社的发展模式，在所有行政村创办了集体合作社。集体合作社的存在，一方面可以激发村干部带头发展产业的热情，另一方面也为村庄管理事业的发展提供了一定的支持和保障。为进一步推动合作社的发展，织金县通过“生产要素整合”“公共资源整合”和“人才队伍整合”三方面的整合，为接下来的乡村振兴，留下了一批活力强劲的合作社。

三是留下一份殷实厚重的村集体资产。在乡村治理过程中，村集体资产既是农村经济的重要组成部分，又是推进农村基层治理的重要保障。拥有优厚的村集体资产，一方面能够增强村级基层组织的社会号召力，另一方面能够为村民提供必要的基本公共服务，同时还能够树立村级基层组织权威。只有村集体资产优厚，才能真正破解集体穷、支部弱、群众散的难题。在落实“留下一份殷实厚重的村集体资产”工作过程中。织金县通过盘活“资源性资产”“经营性资产”“非经营性资产”“三类资产”，增强集体资产存量。通过“政策一律向合作社倾斜；资金一律向合作社集中；项目一律由合作社实施”的“三个一律”，做大做强集体资产增量。通过“联社＋分社”的运作模式；“强村＋弱村”的发展模式，“企业＋村社”合作模式，三种模式来实现合作主体的共赢局面。殷实厚重的村集体资产，为织金县接下来的乡村振兴提供了重要的经济基础保障，对推动乡村振兴和村庄的长远发展具有重要意义。

四是留下一套高效管用的乡村治理体系。乡村治理体系是实现乡村有效治理的重点和关键，是国家治理体系和治理能力现代化的重要组成部分。乡村治理体系的完善与否关系着党和国家政策的有效落实。为有效落实脱贫攻坚与乡村振兴在治理体系上的有机衔接，织金县一是坚持把党的政治建设摆在首位。通过开展“文艺下乡”“院坝会”等多种方式，将党的政治理念、政治思想、政策方针送到广大人民群众的心间，引导广大群众增强对习近平新时代中国特色社会主义的政治认同、思想认同、情感认同。二是完善自治管理体系，强化村民自治。通过推行“党建 + 积分”工作机制，完善村规民约，树立勤俭节约的文明新风；建好用好村务监督委员会，群防群治理事会等工作机制，形成民事民议、民事民办、民事民管的多层次治理格局；通过完善德治培育体系，深化乡村德治建设，强化村民自治能力；通过推进“党支部 + 法治宣传”“党支部 + 法律服务”“党支部 + 依法治理”“3 支党支部 +”治理模式，引导村民依法自治，推进法治成为社会的价值追求和行为准则。织金县通过“留下一套高效管用的乡村治理体系”，为接下来的乡村振兴提供了重要的治理机制和治理保障。

第三节　总结与讨论

在脱贫攻坚过程中，织金县坚持苦干、实干的奋斗精神、坚持从实际出发、因地制宜，以改革创新为根本动力，建构一体化的脱贫攻坚治理体系和政府、市场、社会共同参与的扶贫开发格局，充分激发群众参与脱贫攻坚的内生动力，不断促进脱贫攻坚事业深入前进。在具体实践中，织金县从战略部署、政治保障、工作格局以及脱贫主体等方面极大地丰富了扶贫工作的理论内涵，深刻阐明了具有“织金特色”的反贫困理论，为新时代脱贫攻坚提供了实践路径和操作方案，为中国的脱贫攻坚事业贡献了“织金力量”和“织金智慧”。然而，农村绝对贫困人口实现脱贫和贫困县摘帽，并不意味着农村贫困的消失，也不意味着扶贫开发工作的结束。从长远发展来看，解决脱贫问题是“治标”，实现乡村振兴才是“治本”。在谋划乡村振兴的过程中，织金县按照产业兴旺、生态宜居、乡风文明、治理有效、生活富裕的总要求，建立健全城乡融合发展体制机制和政策体系，通过“五个紧扣”加快推进农业农村现代化建设，为实现乡村振兴打好坚实基础。

一、织金县脱贫攻坚的经验与启示

习近平总书记指出：“在发展中国家中，只有中国实现了快速发展和大规模减贫同步，贫困人口共享改革发展成果，这是一个了不起的人间奇迹。”[①]联合国秘书长古特雷斯认为，中国在减贫方面的骄人业绩，对全球产生了积极的“溢出效应”，中国的经验可以为其他发展中国家提供有益借鉴。习近平总书记对中国脱贫攻坚成果的肯定和联合国秘书长的认可，说明中国的脱贫攻坚是人类减贫史上的一次伟大的成就和宝贵经验。织金县作为脱贫攻坚中的一份子，在脱贫攻坚过程中同样取得了重大成就，积累了具有长远启发意义的经验，为中国新时代的脱贫攻坚实践乃至全球贫困的减轻或消除提供了有益借鉴。

---

① 思力：《这是一个了不起的人间奇迹》，2019年8月19日，求是网。

（一）秉持精准的扶贫理念

在精准扶贫实施以前，我国扶贫工作长期瞄准的对象是区域而非个体。这种“大水漫灌”式的，以区域经济增长带动贫困人口脱贫的扶贫方式，虽然在扶贫初期取得了显著成效，但随着客观环境等多重因素的变化，剩余绝对贫困人口却难以依靠这种扶贫方式摆脱贫困问题。新形势需要新方法，新形势催生新理念。2013 年 11 月，习近平总书记在湖南十八洞村考察时首次提出“精准扶贫”理念。“精准扶贫”理念的提出，为开展新时期的扶贫开发工作提供了新的理论依据和指导方法。

首先，精准意味着扶贫工作思路的转变。从原来的“大水漫灌”，走向“点滴渗透”，从原来的侧重区域发展间接带动贫困人口脱贫，转向精准对接帮扶，直接带动贫困人口脱贫。

其次，精准意味着扶贫工作方式的转变。以往的扶贫工作方式更多的是由单一部门、单一主体，依靠有限的经济资源，通过塑造典型，阶段化和分类式的推进扶贫任务。受限于单一部门的资源限制和阶段化、分类式的扶贫推进方式，扶贫的进度和效果十分有效，并且容易造成所谓的“政治关系户”的背后操纵。从而使得扶贫开发的有效性和真实性受到一定程度的影响。

最后，精准意味着扶贫过程的改变。以往扶贫工作更关注的是结果，即短期内贫困人口数量下降多少，对扶贫的质量和扶贫的过程缺乏关注。由于缺乏对扶贫过程的监管和扶贫质量的把控，使得扶贫的短期效应明显，而长效性不足。在认识到扶贫方式的核心是依靠科学有效的标准、程序，实行精准识别、精准帮扶、精准管理与精准考核之后，以习近平同志为领导核心的党中央提出了“精准扶贫”的理念，并将这一理念贯彻于中国扶贫的实践当中。

在脱贫攻坚过程中，织金县始终秉持精准的扶贫理念，积极贯彻落实“四个切实”“五个一批”“六个精准”要求，建立健全工作机制，凝聚精准帮扶合力，压紧压实脱贫攻坚责任，加强精准识别、精准施策、精准帮扶、精准脱贫，保证了织金县在2019年现行标准下全县农村贫困人口的全部脱贫。织金县秉持和贯彻精准扶贫理念的实践经验告诉我们，战胜贫困需要先进理念的指导，先进的工作理念与战胜贫困之间是相互促进相互依托的关系。只有先进的理念指导，才能克服看似难以克服的困难，才能战胜一切看似不可能战胜的问题。

（二）超常规组织体系和多元主体参与的大扶贫格局

党的十九大报告明确指出，“要动员全党全国全社会力量，坚持精准扶贫、精准脱贫，坚持中央统筹、省负总责、市县抓落实的工作机制，强化党政一把手负总责的责任制，坚持大扶贫格局”[①]。大扶贫格局，就是要以临战的状态，超常规的组织体系，统筹协调各方力量，投入到脱贫攻坚当中；大扶贫格局就是要动员一切可以动员的力量，利用一切可以利用的资源，投入到脱贫攻坚战当中；大扶贫格局就是要充分发挥中国共产党集中力量办大事的制度优势、领导优势和组织优势，到脱贫攻坚中去；大扶贫格局就要引导和动员社会各界参与到脱贫攻坚当中去。最后形成“党委主责、政

① 《习近平在中国共产党第十九次全国代表大会上作报告》，2017年10月27日，新华社（http://www.xinhuanet.com/photo/2017-10/27/c_1121868728.htm）。

府主抓、干部主帮、基层主推、社会主扶”的大扶贫工作机制，为最终打赢脱贫攻坚提供坚实的基础。

在党中央提出的大扶贫格局指导下，织金县发挥县委总揽全局、协调各方的领导核心作用，坚持从“高位推动、挂牌督战、明确责任、精准调度”四个维度，探索创新脱贫攻坚作战体系，以自上而下的高压态势促使脱贫攻坚责任真正落地，最大限度整合脱贫攻坚进程中的政策资源、人力资源、信息资源，确保各项工作有序进行。同时，为有效贯彻大扶贫格局，织金县始终把走好“三位一体”扶贫路线作为践行大扶贫格局的重要法宝，通过专项扶贫、行业扶贫和社会扶贫，来动员和组织政府各级各部门、各行业主体和各社会主体参与到扶贫开发中去。

织金县依托超常规组织体系和多元主体参与形成的大扶贫格局，一方面解决了以往在扶贫过程中有行动而无组织保障的问题；政策落实不到位，政策执行力不足，过程监管不到位以及责任目标不明确的问题。另一方面解决了以往在扶贫过程中有政府而无社会参与的问题；有发展而无带动的问题；有发展而无产业的问题；有想法而无资金保障的问题。

（三）人民至上的实践逻辑

全心全意为人民服务是中国共产党的根本宗旨，这一根本宗旨要求中国共产党要做到老百姓关心什么、期盼什么，改革就要抓住什么、推进什么；要求党的领导干部要以人民忧乐为忧乐、以人民甘苦为甘苦，始终怀着强烈的忧民、爱民、为民、惠民之心，察民情、接地气，倾听群众呼声，反映群众诉求。决战决胜脱贫攻坚，是一代代中国共产党人的梦想，是全面建成小康社会的必然抉择，是为中国人民谋幸福、为中华民族谋复兴的必由之路。同时，决战决胜脱贫攻坚也反映出“中国共产党人的初心和使命，就是为中国人民谋幸福，为中华民族谋复兴”。“为人民谋幸福”就是要坚持以人民为中心的发展思想，顺应人民群众对美好生活的向往，不断实现好、维护好、发展好最广大人民根本利益，做到发展为了人民、发展依靠人民、发展成果由人民共享。

由中国共产党的根本宗旨衍生出的人民至上逻辑，在脱贫攻坚过程中得到了进一步的应用和提升。这种应用和提升表现为：一是多种形式的产业发展带贫精神。发展产业是实现贫困户脱贫和贫困地区振兴的核心引擎，对于改变贫困地区“扶而不起、帮而不富、助而不强”的困境有着显著效果。织金县通过政府统筹协调、践行生态理念、龙头带头、社企参与，培育织金县特色产业体系。通过贫困户和村集体“两个联结”一起抓；增加农民收入和壮大村集体经济“两个效益”一起要；发展基金和风险基金“两个基金”一起建，龙头企业和合作社一起绑等方式，搭建利益联结机制，增强产业益贫带贫效果。

二是始终如一的驻村帮扶精神。自脱贫攻坚以来，织金县各部门、各乡镇领导班子，全面展开包乡、包村、包户扶贫。根据困难群众的自身条件和致贫原因，有针对性地制定实施长效帮扶措施，确保户户有生活保障、人人有致富门路。脱贫攻坚期间织金县先后选派 1775 名科级及优秀干部到村担任第一书记；抽派 6094 名干部开展“万名干部下基层、蹲驻一线促脱贫”工作；明确 14 名县级领导挂任脱贫任务较重的14个乡镇（街道）党委（党工委）第一书记，65名县直部门主要负责同志带队到乡镇（街道）开展蹲点帮扶。始终如一的驻村帮扶，不仅大大提升了脱贫攻坚的工作进度，同时还提高了为民办事的效率，解决了群众以往想办没渠道、想办没条件的困扰。

三是孜孜不倦激发脱贫主体内生动力的引领带动精神。习近平总书记说过："打铁还需自身硬。"物质上的贫困并不可怕，真正可怕的是精神的匮乏。外援能在短期内缓解贫困，但不能真正帮助贫困人口跳出贫困的泥潭，只有激发群众的主观能动性和创造性，才能真正实现脱贫致富。脱贫攻坚以来，织金县坚持"扶贫先扶志"的工作理念，以"造血式"扶贫为手段、以增智培技为渠道，激发贫困群众强大的内生动力。一方面坚持扶贫同扶智、扶志相结合，激发群众内心动力。为实现群众从"要我脱贫"向"我要脱贫"的观念转变，织金县一方面强化政策宣传，改变以往政策信息不对称的扶贫开发局面，让贫困群众知政策，懂政策，用政策。另一方面积极开展增智培技，提高群众"精气神"和脱贫致富"能力"，让群众脱贫有精神、致富有能力。另一方面积极构建参与式扶贫机制，激发群众脱贫致富主动性。织金县在做好精神扶贫的同时，也重视调动贫困群众的积极性和主动性，帮助扶贫对象通过参与扶贫项目提高自我持续发展能力。通过孜孜不倦的引领和带动，织金县脱贫主体的内生动力更足，发展意愿更强，精神状态和精神面貌得到了极大的改变。

二、织金县从脱贫攻坚到乡村振兴的展望与思考

乡村是具有自然、社会、经济特征的地域综合体，兼具生产生活、生态、文化等多重功能，与城镇互促互进、共生共存，共同构成人类活动的主要空间。全面建成小康社会和全面建设社会主义现代化强国，最艰巨最繁重的任务在农村，最广泛最深厚的基础在农村，最大的潜力和后劲也在农村。因而实施乡村振兴战略具有重大的现实意义和深远的历史意义。这一重要现实意义和历史意义表现在，实施乡村振兴战略，是着力解决好发展不平衡不充分问题的战略选择；是加快新旧动能转换实现高质量发展的必然要求；是顺利实现“两个一百年”奋斗目标的现实需要；是深化农业供给侧结构性改革，构建现代化经济体系的新引擎。

（一）从脱贫攻坚到新发展理念：织金县乡村振兴的新思路

2015 年 10 月，中共十八届五中全会首次提出“实现‘十三五’时期发展目标，破解发展难题，厚植发展优势，必须牢固树立并切实贯彻创新、协调、绿色、开放、共享的发展理念”。2017 年 10 月，中共十九大明确提出把“坚持新发展理念”作为十四条新时代坚持和发展中国特色社会主义的基本方略之一。同年 12 月，中央经济工作会议提出，要坚持新发展理念，紧扣我国社会主要矛盾变化，按照高质量发展的要求，促进经济社会持续健康发展。新发展理念，明确了我国发展的历史方位、现代化建设的指导原则和经济现代化建设的路径选择，反映了我们党对我国经济发展规律的新认识。新发展理念的提出，为织金县实施乡村振兴战略，转变发展

思路提供了依据。为此，织金县着力围绕推动绿色发展、人力资源开发、体制机制创新贯彻新发展理念，推进乡村振兴有效实施。

首先，在践行绿色发展理念方面，织金县以绿色发展为导向，推动形成农业绿色生产方式，以“一控两减三基本”为重点，确保耕地数量不减少、质量不降低，化肥、农药使用量零增长，秸秆、畜禽粪污、农膜高效利用，实现农业可持续发展。其次，在人力资源开发方面，织金县继续通过开展“教育+培训”模式，在教育、医疗、就业、社保、养老、文化、科技等方面补短板；同时，通过加快人口资源红利释放，推动人口大市向人力资源大市转变；通过实施一揽子引才、育才、用才、留才政策，推动高端人才扩容、中端人才提质、初端人才倍增，为示范区建设提供源源不断的生力军。最后，在机制创新方面，织金县紧盯体制机制创新，找差距、谋对策、想办法，通过重塑城乡发展空间布局，分类推进乡村振兴新方法；构建乡村现代经济体系和完善乡村组织建设等，不断推进乡村振兴的机制建设和创新。

从脱贫攻坚到乡村振兴，织金县一方面坚持因地制宜，因时制宜，以脱贫攻坚统揽经济社会发展全局，带领织金县决战决胜脱贫攻坚。在谋划和布局乡村振兴过程中，织金县以新发展理念作为推进乡村振兴的指导宗旨。不同阶段的发展理念指导，为织金县时刻保持发展活力，提供了强大的生命动力。同时，也为织金县在不同阶段实现发展目标打下了坚实的基础。

（二）从脱贫攻坚到协调型城乡关系，织金县乡村振兴的新路径

脱贫攻坚与乡村振兴是我国为实现“两个一百年”奋斗目标而做出的重要战略部署。总的来看，脱贫攻坚是乡村振兴的基础和前提，乡村振兴是脱贫攻坚的巩固和深化，两者既相互独立又紧密联系。但从发展路径上来看，二者又存在一定程度的差异。这是因为脱贫攻坚是为了解决绝对贫困问题，为了实现全面建成小康社会的阶段性目标，而实施的一套庞大而系统的贫困治理工程。乡村振兴则是为了有效解决人民日益增长的美好生活需要和不平衡不充分的发展之间的矛盾。这使得脱贫攻坚在路径选择上要始终围绕精准展开，始终围绕贫困人口展开，并且更多依靠政府的主导。脱贫攻坚的精准路径选择，在一定程度上形成了一种由政府主导、社会帮扶、全民参与的纵向发展关系。这种由政府主导构建的纵向发展关系，尽管在一定程度上确保了脱贫攻坚任务的如期完成，但在乡村振兴的过程中却需要进一步的改进和提升，才能发挥它的最大优势。

这是因为乡村振兴解决的是发展的不平衡、不充分的问题。不平衡、不充分既包括贫困户和非贫困户，贫困村和非贫困村之间不平衡、不充分的问题；同时也包括城市和乡村之间在发展上的不平衡、不充分的问题。因此，从脱贫攻坚到乡村振兴的过程中，不仅需要脱贫攻坚时期形成的由政府主导的纵向发展路径；同时还需要协调城乡之间的横向发展路径。而协调城乡之间的横向发展路径，则需要建构一种协调型的城乡发展关系，从而打破发展过程中不平

衡、不充分的问题。

织金县在充分认识到脱贫攻坚与乡村振兴的内在差别后，将突破城乡二元发展的空间格局，统筹城乡协同发展作为布局乡村振兴的关键环节。在构建协调型城乡发展关系过程中，织金县一是统筹推进城乡规划一体化。通过推动多规合一，加快城乡产业发展、基础设施、公共服务、资源能源、生态环境保护等一体化进程，在空间形态上使城市更像城市，乡村更像乡村。二是以人的城镇化为核心，以基本公共服务均等化为关键，构建中心城区、小城镇和农村新型社区等空间载体，实现城乡空间结构整合。三是稳步推进城乡人口流动。发挥县城基础好、落户成本低、吸引力强的优势，把县城打造成为农业转移人口市民化的重要平台，努力构建“农旅互促、城乡互补、共同繁荣”的新型城乡关系。

织金县从政府主导下的纵向扶贫发展路径向城乡协调的横向发展路径转变，既体现出织金县脱贫攻坚与乡村振兴的内在衔接，同时也为织金县推进乡村振兴提供了新的发展路径，并在一定程度上为织金县的乡村振兴，增添了新的发展方向。

（三）从脱贫攻坚转向乡村振兴的思考和建议

从脱贫攻坚到乡村振兴，是特色社会主义中国在改造农村、发展农村、建设农村上的一次新规划、新方法和新实践。在完成这一任务的过程中，既需要充分认识和总结前阶段的经验、成效和教训，做好下一步的发展规划，同时也需要深刻领会新阶段的发展任务，寻找新阶段的发展路径和发展方式。在脱贫攻坚过程中，织金县秉持精准理念，创新组织体系和构建多元主体参与的大扶贫格局，坚持人民至上的实践逻辑，为打赢脱贫攻坚鉴定了坚实基础。在探索脱贫攻坚与乡村振兴有效衔接过程中，织金县通过编制乡村振兴发展规划，描绘了织金县乡村振兴的总体要求和目标愿景，展示了织金乡村振兴的主体路径和实施方法。但在乡村振兴的具体实施过程中，织金县也面临着不少挑战。这一挑战包括乡村振兴的主体参与路径有待进一步明确；乡村振兴多元投入的保障机制有待进一步加强；解决三产业融合的发展渠道有待进一步深化。针对织金县在乡村振兴过程中面临的挑战，本书试图提出一些建议供其参考。

1. 以均衡帮扶和协同发展为导向，构建政府、市场、社会合力参与乡村振兴的主体路径。

乡村振兴是新型城乡关系下对乡村发展宏观把握、战略引导的纲领性指导谋划，是对规划区经济、生态、文化、政治、社会等条件的全局性、战略性把握。其核心思想是从战略、宏观、全局、整体的角度明确规划乡村阶段性发展目标、关键问题、核心主题、特有理念等内容。实施乡村振兴战略是一项长期历史任务，因此乡村振兴需要从发展需求出发，建构一整套完备的参与体系和发展路径，才能有效推动乡村的振兴。织金县在搭建参与体系，建构政府、市场、社会合力参与乡村振兴的主体路径方面，可以采取的措施包括：一是加快培育扶持乡村振兴类社会组织，完善政府购买乡村振兴服务体制机制，提升社会组织参与乡村振兴的合法性，扩大社会组织的社会资源，发挥社会组织的技术优势，提高社会组织参与乡村振兴的深度，促进政府与社会组织合作的制度化、常态化。

二是深化政府与市场、市场与社会在乡村振兴上的合作机制，如推动市场有价值的使用土地资源，发展农村小微企业等形式充实农村市场经济，激活农村区域市场经济，大力发展农村经济，加强社会组织等社会机构规范管理，促进市场主体与社会性机构在乡村振兴资金、技术等方面深度协同。

2. 以项目带动为依托，健全多元投入保障机制。

织金县的脱贫攻坚成就，与织金县在脱贫攻坚中的各种投入是密不可分的。面对贫困范围广、贫困程度深、脱贫任务重等诸多事项，没有多元投入保障，就无法确保脱贫攻坚取得完全胜利。因此，从脱贫攻坚再到乡村振兴，建立健全多元投入保障机制，是织金县克服一个又一个发展难题的关键。为此，在乡村振兴过程中，织金县同样要加快形成财政优先保障、社会积极参与、金融支撑有力的多元投入格局。

一是坚持财政优先保障乡村振兴。织金县可以通过完善财政支农投入稳定增长机制，明确和强化政府“三农”投入责任，确保支农投入力度不断增强、总量持续增加。通过改进耕地占补平衡管理办法，落实高标准农田建设等新增耕地指标和城乡建设用地增减挂钩结余指标跨区域调剂机制，将调剂收益用于巩固脱贫攻坚成果和支持乡村振兴。通过发行一般债券用于支持乡村振兴领域公益性项目，统筹安排新增债券，进一步向乡村振兴相关项目倾斜。通过优化财政供给结构，推进行业内资金整合与行业间资金统筹相互衔接配合，加快建立涉农资金统筹整合长效机制，强化支农资金监督管理。通过发挥政府财政投入撬动作用，成立以国有资本为主体的农业发展公司，以政府引导、市场主导、社会参与的方式，承担农业、农村基础设施融资、投资建设以及营运管理、农业产业化发展、农业扶贫任务，有效解决现代农业发展资金瓶颈，推动全县现代山地特色高效农业发展。

二是持续引导社会资本投向乡村振兴。通过发挥财政资金的引导作用，引导和撬动社会资本更多投向乡村振兴。通过积极创新运营模式、充分挖掘项目商业价值、将项目建设与优质资产开发整体打包等，建立项目合理回报机制，吸引社会资本参与乡村振兴。通过深化“放管服”改革，鼓励工商资本投入农业农村，支持工商企业为乡村振兴提供综合性解决方案。通过利用外资开展现代农业、产业融合、生态修复、人居环境整治和农村基础设施等建设。支持农垦、供销系统和大型国有企业发挥示范带动作用。

三是继续实施乡村振兴金融支持行动。通过实施金融机构网点延伸工程，支持各类金融机构向乡镇及村组延伸机构和网点，发展乡村普惠金融，形成多样化农村金融服务主体，加大对乡村振兴的信贷投放力度。大力发展乡村普惠金融，鼓励国有商业银行延伸服务到乡村，引导农业银行和邮政储蓄银行增强“三农”金融功能，加大对乡村振兴的支持力度。引导国家开发银行、农业发展银行创新金融产品和服务方式，加大对农业农村的中长期信贷支持。加快农村信用社改制农村商业银行的步伐，持续升级“信合村村通”服务功能，加快农村互联网金融和移动互联网金融服务建设。此外，通过创新推广金融支农产品服务，扩大支农融资规模。

3. 以三产融合为契机，构建城乡市场互动新格局。

推进农村一二三产业融合是城乡发展格局发生的重要变化，是实现乡村振兴的重要一环。三产融合之所以是农村发展格局的新变化，是因为一直以来，小农经济被当成是一种自给自足的经济形态。自给自足既不强调产业结构升级调整，又不强调农业的流通性。这种状况造成农业经济发展的滞后性以及低商品化。要想提高农业经济效率，仅仅通过三产融合，能否真正解决农村的发展问题，还有待商榷，其中最重要的原因是，三产融合解决的仅仅是农业的发展问题或者说农业产品的商品化问题，但流通问题尚未解决，这就要求各地方在推进三产融合的过程中，还有注意解决农业产品的流通问题，而构建城乡市场互动的新格局，则是解决这一问题的关键环节。这是因为，三产融合解决的是发展问题，而城乡市场互动解决的是流通问题。没有流通的发展很难走远，也很难做强。而建立城乡互动的市场流动格局，既是实现城乡市场一体化，打破原先相互分割的城乡市场，同时也能够优化城乡商贸资源的配置，实现城乡之间在商贸资源上的统筹。因此，如何构建城乡双向流动的市场新格局，不仅关乎农业产业的发展问题，同时也降低了由双向流通带来的经济效率。

在构建双向互动的城乡市场过程中，需要注重如下内容。

一是要加强和完善基础设施建设，健全城乡商贸流通服务体系。通过高标准规划和建设一批商贸购物中心，合理规划建设商业中心区、专业商品市场等，逐渐形成功能齐全、特色突出，具有较大区域影响的新型商业中心；完善农产品检验、检疫设施建设，加快农产品储藏、运输等物流设施建设；搞好农产品批发市场的标准化改造和建设，扶持流通企业改善农产品加工、储藏、运输等环节，加大对农产品批发市场或大型流通企业的配送中心、仓储等建设。在市场服务体系方面，整合农村信息技术推广服务资源，构建面向城乡商贸统筹发展的农业信息网，促进农业信息商务化、数字化和网络化，为农民提高技术和市场信息服务，建立适应农村的统一的电子支付结算管理和服务体系。

二是加快物流信息平台建设，构建城乡商品流通信息网络。通过建立覆盖呈现的物流信息网络，促进城乡物流信息良性互动，实现城乡物流信息的一体化；加强城乡物流信息系统的管理，实现对物流环节的及时有效跟踪和全程管理；加快城乡之间项目信息、技术信息、人才信息、市场信息的交流与合作。

三是完善相关法律法规，不断创新市场管理制度，促进城乡市场体系建设。在市场管理、行业准入、网点建设、商品质量安全、消费者权益保护等方面，提供法律保障；加强法制宣传，引导和督促企业、商品交易双方严格遵守国家有关法律依法依规诚信经营；加大支持力度，积极培育和壮大城乡商贸流通主体，通过扶持和规范农村合作经济组织的建设与法制，鼓励壮大新型经营合作组织；推动连锁经营向农村更大范围、更深层次发展和延伸，拓展农产品的经营品种和范围。

后　记

《中国县域脱贫攻坚案例研究：人民至上的织金县实践》是积极响应习近平总书记“脱贫攻坚不仅要做得好，而且要讲得好”的重要指示精神，由织金县乡村振兴局委托华大智库具体组织完成。

脱贫攻坚期间，织金县在以人民为中心的思想引领下，全面贯彻国家脱贫攻坚总体部署和政策要求，充分凝聚织金力量，攻克万难，实现从国家级贫困县到取得打赢脱贫攻坚战伟大胜利。本书深度展现了织金县走向全面小康的宏伟历史进程，为系统实施乡村振兴战略奠定了坚实基础。

《中国县域脱贫攻坚案例研究：人民至上的织金县实践》在中国扶贫发展中心的指导和织金县大力的支持下完成。本书撰写全程得到华中师范大学乡村振兴研究院专家的多次审议，由湖北省社会科学院社会学研究所原所长冯桂林研究员系统审定。

藉本书出版之际，谨向参与和支持本书编撰工作的所有机构和个人致以诚挚谢意。

全书存在的不足之处，敬请读者批评指正！

本书编写组

2022年9月